Wetterfest und robust!

Für die Innenseiten dieses Buches haben wir uns etwas Besonderes einfallen lassen. Die Seiten bestehen aus hochwertigem Landkartenpapier, welches mit einer robusten und wasserabweisenden Beschichtung versehen wurde. Somit übersteht es unbeschadet auch mal ein Regenwetter.

Bitte beachten Sie: wetterfest und wasserabweisend bedeutet nicht wasserfest! Die Seiten sind gut gegen Spritzwasser geschützt und kleben, wenn sie feucht werden, nicht aneinander. Dennoch darf das Buch nicht komplett durchnässt werden.

Bitte verwenden Sie bei Dauerregen zusätzlich einen Regenschutz.

wetterfest
reißfest

Elbe-Radweg 1

Von Prag nach Magdeburg

Ein original *bikeline*-Radtourenbuch

VERLAG**ESTERBAUER**

bikeline®-Radtourenbuch Elbe-Radweg 1

A-3751 Rodingersdorf, Hauptstr. 31
Tel: +43/2983/28982-0, Fax: -500
E-Mail: bikeline@esterbauer.com
www.esterbauer.com
15. überarbeitete Auflage 2013

ISBN: 978-3-85000-425-1

Bitte geben Sie bei jeder Korrespondenz die Auflage und ISBN an!

Dank an alle, die uns bei der Erstellung dieses Buches tatkräftig unterstützt haben, auf S. 150

Das *bikeline*-Team: Heidi Authried, Beatrix Bauer, Markus Belz, Michael Bernhard, Michael Binder, Veronika Bock, Sandra Eisner, Roland Esterbauer, Gabi Glasstetter, Dagmar Güldenpfennig, Tobias Klein, Martina Kreindl, Nora Ludolph, Bettina Müllauer, Eveline Müllauer, Gregor Münch, Karin Neichsner, Niki Nowak, Carmen Paradeiser, Julia Pelikan, Petra Riss, Christian Schlechte, Erik Schmidt, Martina Specht, Matthias Thal, Martin Wischin, Wolfgang Zangerl.

Umschlagbilder: Blick auf Meißen: Tourismusverein Meißen e.V.; Basteibrücke: Marketingpool Sächsische Schweiz; Magdeburg: Archiv

Bildnachweis: Birgit Albrecht: 10, 24, 28, 59; B. Blume: 88; Dresden Werbung und Tourismus GmbH Krull: 60; Grischa Begaß: 10, 26, 28, 30, 32, 34, 40, 42, 48, 54, 56, 82, 90, 103, 106, 107, 114; Gerd Schindler: 64; Harald Jäckel: 98; Holger Stein: 67; Information Riesa: 8; KWE Königstein GmbH, Touristinformation: 52; Lutz Wagner: 76; Magdeburg Marketing GmbH (MMKT), Centrum Aqua: 122; Marketingpool Sächsische Schweiz: 50; Prager Informationsdienst: 21, 22; Riesa-Information, Ronny Rozum, Uwe Päßler: 80; Riesa Information, Udo Leupold: 78; Stadtinformation Coswig: 102; Stadt Litomerice: 38; Stadt Magdeburg: 120; Stadt Radebeul: 64; Stadt Radebeul, Dieter Schubert: 63; Tina Beulmann: 46; TI Pirna: 54; Torgau-Info-Center: 88; TourismusRegion Anhalt-Dessau-Wittenberg e.V., O. Alimov: 100; TourismusRegion Anhalt-Dessau-Wittenberg e.V., R. Gössinger: 96; Tourismusverbad Sachsen-Anhalt: 121, 122; Tourismusverband Sächsisches Elbland e. V.: 84; Tourismusverein Meißen e.V.: 11, 71, 76; Touristinformation Meißen GmbH: 70, 74; Touristinformation Meißen GmbH / B. Helbig: 104; TV Sächsisches Elbland e.V: 67; Verwaltungsgemeinschaft EL-SAL-Ta-L / Ulrich Kasparick: 110, 111, 112

Kartografie erstellt mit axpand (www.axes-systems.com)

GPS-Track Download

GPS Tracks

Die GPS-Tracks zu diesem Buch erhalten Sie nach Registrierung im Internet unter: www.esterbauer.com

Produktcode: 425-89er-96ui

Dieses Buch wird empfohlen von:

Faszination Sächsisches Elbland
DAS HABEN SIE NOCH NIE GESEHEN
Magdeburger Tourismusverband Elbe-Börde-Heide
Dresden
Tourismusverband e.V. Sächsische Schweiz
Trekkingbike
Naturfreunde Österreich

bikeline

Was ist bikeline?

Wir sind ein Team von Redakteuren, Kartografen, Geografen und anderen Mitarbeitern, die allesamt begeisterte Radfahrerinnen und Radfahrer sind. Ins „Rollen“ gebracht hat das Projekt 1987 eine Wiener Radinitiative, die begonnen hat Radkarten zu produzieren. Heute tun wir dies als Verlag mit großem Erfolg. Mittlerweile gibt's bikeline® und cycline® Bücher in fünf Sprachen und in vielen Ländern Europas.

Um unsere Bücher immer auf dem letzten Stand zu halten, brauchen wir auch Ihre Hilfe. Schreiben Sie uns, wenn Sie Unstimmigkeiten oder Änderungen in einem unserer Bücher entdeckt haben.

Wir freuen uns auf Ihre Rückmeldung (redaktion@esterbauer.com),

Ihre bikeline-Redaktion

Vorwort

Der nächste Radurlaub soll ein ganz besonderes Erlebnis werden? Dann sollten Sie Ihr Rad schnappen und sich auf den Weg von Prag über Dresden nach Magdeburg machen. Auf gut 500 Kilometern Radroute an der Elbe erwartet Sie eine Mischung aus aufregendem Abenteuer, gemütlichem, erholsamen und naturverbundenen Radurlaub und einer höchst interessanten Kulturreise. Natur, Sport, Kultur und fremde Länder – was können Sie mehr von einem Urlaub ganz in Ihrer Nähe erwarten: die kulturhistorisch interessanten Großstädte Prag und Dresden, die schmucken böhmischen Städtchen mit ihrem ganz eigenen Flair, das landschaftlich reizvolle Elbsandsteingebirge, Porzellan aus Meißen, die Sächsische Weinstraße, die Lutherstadt Wittenberg, die weiten Elbauen und als abrundender Schluss die Stadt Magdeburg, um nur einiges aufzuzählen.

Präzise Karten, verlässliche Routenbeschreibungen, Hinweise auf das kulturelle und touristische Angebot der Region und ein umfangreiches Übernachtungsverzeichnis – in diesem Buch finden Sie alles, was Sie zu einer Radtour entlang der Elbe benötigen.

Kartenlegende

Radrouten

Hauptroute, wenig KFZ-Verkehr

- asphaltiert (main cycle route, low motor traffic)
- nicht asphaltiert (main cycle route, unpaved road)
- schlecht befahrbar (main cycle route, bad surface)

Radweg / Hauptroute, autofrei

- asphaltiert (cycle path, without motor traffic, paved road)
- nicht asphaltiert (cycle path, unpaved road)
- schlecht befahrbar (cycle path, bad surface)

Ausflug od. Variante
(excursion or alternative route, low motor traffic)

- asphaltiert (excursion or alternative route, paved road)
- nicht asphaltiert (excursion, unpaved road)
- schlecht befahrbar (excursion, bad surface)

Ausflug od. Variante, autofrei / Radweg
(excursion or alternative route, without motor traffic /cycle path)

- asphaltiert (excursion or alternative route, paved road)
- nicht asphaltiert (excursion, unpaved road)
- schlecht befahrbar (excursion, bad surface)

- sonstige Radrouten (other cycle routes)
- Radweg in Planung (planned cycle path)
- Radweg gesperrt (closed cycle path)
- Fährverbindung (ferry connection)

KFZ-Verkehr (vehicular traffic)

- Radroute auf mäßig befahrener Straße (cycle route with moderate motor traffic)
- Radroute auf stark befahrener Straße (cycle route with heavy motor traffic)
- Radfahrstreifen (cycle lane)
- mäßig befahrene Straße (road with motor traffic)
- stark befahrene Straße (road with heavy motor traffic)

Steigungen / Entfernungen (gradient / distance)

- starke Steigung (steep gradient, uphill)
- leichte bis mittlere Steigung (light gradient)
- 3,2 Entfernung in Kilometern (distance in km)
  Durch Rundungen können Differenzen zu den tatsächlich gefahrenen Kilometern entstehen.
- Kopfsteinpflaster (cobbled street)
- Tunnel (Tunnel)
- 374 5424 UTM-Gitter (2 km) (UTM-grid)
- Routenverlauf (cycle route direction)
- Stadt- /Ortsplan (city map)
- 5 Wegpunkt (waypoint)

Radinformationen

- Fahrradwerkstatt* (bike workshop*)
- Fahrradvermietung* (bike rental*)
- überdachter Abstellplatz* (covered bike stands*)
- abschließbarer Abstellplatz* (lockable bike stands*)
- Gefahrenstelle (dangerous section)
- Text beachten (read text carefully)
- Treppe* (stairs*)
- Engstelle* (narrow pass, bottleneck*)

Nur in Ortsplänen

- P Parkplatz* (parking lot*)
- P Parkhaus* (garage*)
- Post* (post office*)
- Apotheke* (pharmacy*)
- H Krankenhaus* (hospital*)
- F Feuerwehr* (fire-brigade*)
- Polizei* (police*)
- Theater* (theatre*)

* Auswahl (* selection)

Maßstab 1 : 75. 000

1 cm ≙ 750 m   1 km ≙ 13,3 mm

0 1 2 3 4 5 6 7 8 9 10 11 12 13 14 15 km

Wichtige bzw. sehenswerte thematische Informationen

- Schönern sehenswertes Ortsbild (picturesque town)
- Einrichtung im Ort vorhanden (facilities available)
- Hotel, Pension (hotel, guesthouse)
- Jugendherberge (youth hostel)
- Campingplatz (camping site)
- Naturlagerplatz* (simple tent site*)
- Tourist-Information (tourist information)
- Einkaufsmöglichkeit* (shopping facilities*)
- Kiosk* (kiosk*)
- Gasthaus (restaurant)
- Rastplatz* (resting place*)
- Unterstand* (covered stand*)
- Freibad (outdoor swimming pool)
- Hallenbad (indoor swimming pool)
- Kirche; Kloster (church, monastery)
- Schloss, Burg (palace, castle)
- Ruine (ruins)
- Museum (museum)
- Ausgrabungen (excavation)
- andere Sehenswürdigkeit (other place of interest)
- Tierpark (zoo)
- Naturpark, -denkmal (nature reserve, monument)
- Aussichtspunkt (panoramic view)

Topographische Informationen

- Kirche (church)
- Kapelle (chapel)
- Kloster (monastery)
- Schloss, Burg (castle)
- Ruine (ruins)
- Turm (tower)
- Funk- und Fernsehanlage (TV/radio tower)
- Kraftwerk (power station)
- Umspannwerk (transformer)
- Windmühle; Windkraftanlage (windmill; windturbine)
- Wassermühle (water mill)
- Wegkreuz (wayside cross)
- Höhle (cave)
- Bergwerk (mine)
- Leuchtturm (lighthouse)
- Sportplatz (sports field)
- Denkmal (monument)
- Flughafen; Landeplatz (airport; airfield)
- Schiffsanleger (boat landing)
- Quelle (natural spring)
- Kläranlage (water treatment plant)
- Staatsgrenze (international border)
- Landesgrenze (country border)
- Kreisgrenze, Bezirksgrenze (district border)

- Wald (forest)
- Felsen (rock, cliff)
- Sumpf; Heide (marshy ground; heath)
- Weingarten (vineyard)
- Friedhof (cemetary)
- Garten* (garden)
- Gewerbe-, Industriegebiet (commercial area)
- Steinbruch*, Tagebau* (quarry, open cast mining)
- Gletscher (glacier)
- Düne, Strand (dunes, beach)
- Watt (shallows)
- Damm, Deich (embankment, dyke)
- Staumauer (dam, groyne)
- Autobahn, Schnellstraße (motorway, expressway)
- Hauptstraße (main road)
- untergeordnete Hauptstraße (secondary main road)
- Nebenstraße (minor road)
- Fahrweg (carriageway)
- Weg (track)
- Straße geplant/in Bau (road planned/under construction)
- Eisenbahn m. Bahnhof (railway with station)
- Schmalspurbahn (narrow gage railway)
- Höhenlinie 100m/50m (contour line)

Inhalt

Stadtpläne

Der Elbe-Radweg

Die Quelle der Elbe befindet sich im südlichen Riesengebirge an der Grenze zu Polen, danach durchfließt sie das Böhmische Mittelgebirge und das Elbsandsteingebirge und mündet schließlich hinter dem Norddeutschen Tiefland bei Cuxhaven in die Nordsee. Ihre gesamte Länge beträgt 1.165 Kilometer. In diesem Buch beginnt die Radroute in Prag und führt zunächst entlang der Moldau (tschech.: Vltava) nach Mělník, wo sie in die Elbe (tschech.: Labe) mündet. Von dort bis Magdeburg wird der Radweg an der Elbe abwechselnd am linken und am rechten Ufer entlanggeführt; streckenweise gibt es zwei gleichwertige Varianten.

Die Flusslandschaft der Elbe ist berühmt für ihre Fauna und Flora und deshalb auch größtenteils unter Naturschutz gestellt. Hier gibt es nicht nur Allerweltsarten wie Stockenten, Lachmöwen, Graureiher und Mäusebussarde, sondern auch Störche, Gänsesäger, Kormorane, Turmfalken und nicht zuletzt Biber. Erwähnenswerte Pflanzenarten sind Silberweide, Schwarzerle, Wiesenfuchsschwanz, Wiesenknäuelgras, Wiesenkerbel, Ampfer-Knöterich oder Bachweidenröschen.

Die Elbe ist auch als Verkehrsweg sehr wichtig; auf rund 940 Kilometern ist sie schiffbar: von der Nordsee bis hinauf ins Nordböhmische Becken. Es gibt mehrere angeschlossene Kanäle, wie etwa zur Oder, zum Rhein oder auch zur Ostsee. Die beiden größten und wichtigsten Häfen an der Elbe sind Hamburg und Magdeburg.

Streckencharakteristik

Länge

Die Länge des ersten Teils des Elbe-Radweges beträgt insgesamt etwas mehr als 500 Kilometer. Zusätzlich finden Sie in diesem Buch über 300 Kilometer Ausflüge und Varianten am anderen Ufer.

Wegequalität

Insgesamt betrachtet reicht die Wegequalität des Elbe-Radweges zwar immer noch nicht ganz an die des Donau-Radweges heran, der jahrelange kontinuierliche Ausbau lässt aber nur noch wenige Wünsche offen.

Haben Sie bitte Verständnis dafür, dass im Zuge eines weiteren Ausbaus und aufgrund von Deichbaumaßnahmen die Routen im Buch und jene in der Natur beschilderten nicht immer ganz übereinstimmen können.

Rieseneiche in Riesa

In der Tschechischen Republik wurde in den letzten Jahren vor allem zwischen Mělník und der Grenze zu Deutschland viel gebaut. Es sind zahlreiche neue Radwege direkt am Flussufer entstanden, sodass nur noch selten auf unbefestigten Feldwegen/Uferpfaden oder auf stark befahrenen Straßen geradelt werden muss. Mit dem Ausbau des Radweges wurde auch eine gute Infrastruktur (Rastplätze usw.) geschaffen.

Sachsen erweist sich als äußerst radfreundliches Bundesland, der Ausbau des Elbe-Radweges ist zum Großteil fertiggestellt. Die Strecke verläuft hier teilweise auf ruhigen Nebenstraßen, meist aber auf glatt asphaltierten Radwegen.

In Sachsen-Anhalt gibt es in den Elbauen nur noch wenige Schotterpassagen, die aber in aller Regel auch mit Gepäck gut zu befahren sind.

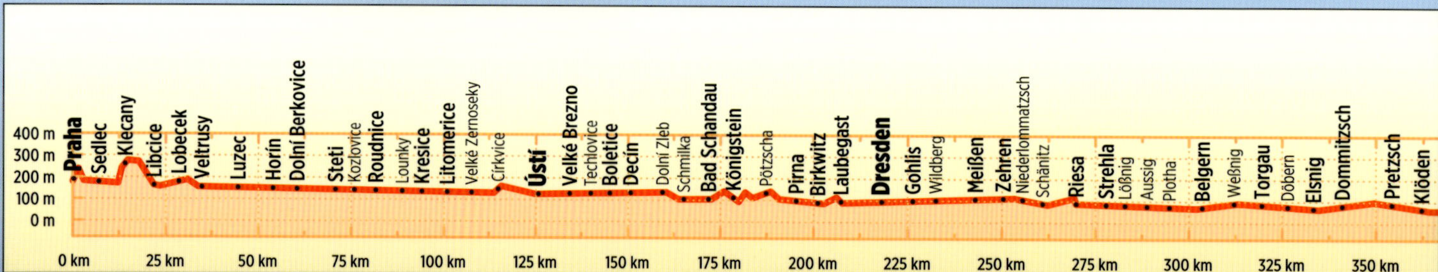

Beschilderung

Auf dem ersten Teilstück durch Tschechien bis zur deutschen Grenze folgen Sie der Fahrradwegweisung des Radwegs Nr. 2, generell zu finden auf den Radwegen; entlang der Landstraßen nur gelegentlich. Die Schilder sind zwar in ausreichender Zahl vorhanden, allerdings an manchen Stellen schwer erkennbar. In Sachsen gibt es eine durchgehende Radwegweisung mit eigenem Logo des Elbe-Radwegs. In Sachsen-Anhalt ist dieses zusätzlich mit „R 2", dem landesinternen Namen der Route, gekennzeichnet.

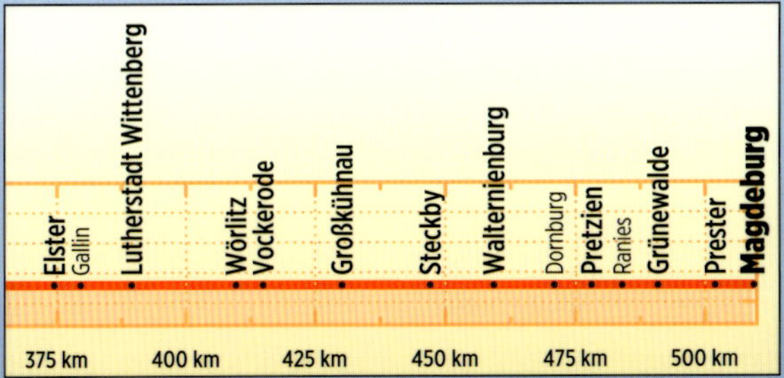

Tourenplanung

Internationale Telefonvorwahl

Die **Telefonvorwahl für die Tschechische Republik** lautet: 00420 + Teilnehmernummer

In Tschechien gibt es seit dem Jahr 2002 keine Ortsvorwahlen mehr. Stattdessen hat jeder Festnetzanschluss eine 9-stellige Nummer, die mit den Ziffern von 2 bis 5 beginnt. Anhand der ersten Ziffer lässt sich auf die Region schließen, in der sich der Anschluss befindet:

2 – Prag

3 – West-, Süd- und Mittelböhmen

4 – Nord- und Ostböhmen

5 – Mähren

Mit den Ziffern 6 und 7 beginnen die Mobilfunknummern.

In den Datenblöcke zu den tschechischen Orten sind die Telefonnummern daher immer komplett dargestellt. Bei Nummern mit „/" handelt es sich i. d. R. um Mobilfunkanschlüsse.

Infostellen

Czech Tourist Authority, Vinohradská 46, CZ-12041 Praha 2, info@czechtourism.cz, www.czechtourism.com

Tourismusportal Sächsische und Böhmische Schweiz: www.saechsisch-boehmische-schweiz.de

Tourismusverband Sächsische Schweiz e. V. Bahnhofstr. 21, 01796 Pirna, ✆ 03501/470147, www.saechsische-schweiz.de

Tourismus Marketing Gesellschaft, Sachsen mbH, Bautzner Str. 45-47, 01099 Dresden, ✆ 0351/491700, www.sachsen-tour.de
Tourismusverband Sächsisches Elbland e.V. Fabrikstr. 16, 01662 Meißen, ✆ 03521/7635-0, www.elbland.de
ADFC KV Dresden e. V.,
Bischofsweg 38, 01099 Dresden,
✆ 0351/5013915, www.adfc-dresden.de
TourismusRegion Wittenberg e. V.
Neustr. 13, 06886 Lutherstadt Wittenberg,
✆ 03491/402610,
www.tourismusregion-wittenberg.de
Magdeburger Tourismusverband Elbe-Börde-Heide,
Domplatz 1b, 39104 Magdeburg,
✆ 0391/738790, www.elbe-boerde-heide.de
Dresden Marketing GmbH
Theaterstr. 6, 01067 Dresden,
✆ 03501/501730, www.dresden.de
IMG – Investitions- und Marketinggesellschaft des Landes Sachsen-Anhalt mbH, Am Alten Theater 6, 39104 Magdeburg, ✆ 0391/56283820,

Fahrradbeschilderung in Prag

www.sachsen-anhalt-tourismus.de bzw. www.tourismusverband-sachsen-anhalt.de
Gesamtübersicht: www.elberadweg.de bzw. www.elberadweg-r2.de

An- & Abreise mit der Bahn

Aufgrund der sich ständig ändernden Preise und Bedingungen für Fahrradtransport bzw. -mitnahme empfehlen wir Ihnen, sich bei nachfolgenden Infostellen über Ihre ganz persönliche Anreise mit der Bahn zu informieren.

Informationsstellen
Reise Service Deutsche Bahn AG: ✆ 01805/996633 (€ 0,14/Min. aus dem Festnetz, Tarif bei Mobilfunk ggf. abweichend), Mo-So 8-20 Uhr, Auskünfte über Zugverbindungen, zur Fahrradmitnahme (Tastenwahl: 15 oder Stichwort: Fahrrad), Fahrpreise im In- und Ausland, Buchung von Tickets und Reservierungen, www.bahn.de, www.bahn.de/bahnundbike
Automatische DB-Fahrplanauskunft: ✆ 0800/1507090 (gebührenfrei aus dem Festnetz), ✆ 0180/5221100 (gebührenpflichtig aus dem Mobilfunknetz, den jeweiligen Tarif erfahren Sie bei Ihrem Netzbetreiber)
ADFC, Allgemeiner Deutscher Fahrrad-Club e.V.: weitere Infos und aufgeschlüsselte Einzelverbindungen unter www.adfc.de/bahn
Tschechien: Ceské Dráhy (CD)
Eine bequeme Anreisemöglichkeit nach Prag besteht mit EC- und IC-Zügen z. B. via Dresden

und Bad Schandau. Magdeburg ist mit überregionalen Zügen aus ganz Deutschland zu erreichen.

Fahrradtransport

Hermes-Privat-Service:

✆ 0900/1311211 (€ 0,60/Min.)
www.privatpaketservice.de
Unter der Rubrik „Koffer/Fahrradversand" erfahren Sie die genauen Zustellzeiten und die aktuellen Preise für den Fahrradversand.

An- und Abreise mit dem Auto

Mit dem Auto nach Prag anzureisen und dort das Fahrzeug stehen zu lassen ist nicht unbedingt empfehlenswert, da die Gefahr eines Diebstahls nicht zu unterschätzen ist. Es empfiehlt sich in diesem Fall eher, das Auto in Deutschland abzustellen, z. B. an einem Grenzbahnhof (da die Fahrradmitnahme innerhalb von Tschechien im Zug sehr einfach und kostengünstig ist) oder in Dresden oder Magdeburg, und von dort mit dem Zug nach Prag zu fahren.

Radverleih

In Tschechien wird bisher leider keine überregionale Fahrradvermietung angeboten.

Meißen, Albrechtsburg

Deutschland:
Sachsen: Dresden, ✆ 0351/4613262
Dresden-Neustadt, ✆ 0351/8041370
Sachsen-Anhalt: Lutherstadt Wittenberg, ✆ 03491/402849
Pretzsch, ✆ 034926/57307
Wörlitz, ✆ 034905/22117
Dessau-Waldersee, ✆ 0340/2160113

Übernachtung

Übernachtungsmöglichkeiten sind in Tschechien, abgesehen von Prag, noch nicht so dicht gesät. Dafür ist es sicher nicht schwierig, Privatunterkünfte zu finden, die uns offiziell nicht bekannt geworden sind. In Sachsen, besonders

im Bereich Sächsische Schweiz, gibt es sehr viele Nächtigungsmöglichkeiten. Achten Sie aber darauf, dass dies eine Urlaubsregion und ein Ausflugsgebiet der Dresdner ist. Daher könnten in Ferienzeiten und am Wochenende die Zimmer knapp werden. Zu diesen Zeiten empfiehlt es sich, im Voraus zu reservieren.
Im restlichen Sachsen und in Sachsen-Anhalt finden Sie entlang der Elbe zahlreiche Unterkünfte in fast allen Preislagen. Abgesehen von ausgesprochenen Ausflugswochenenden (z. B. Ostern oder Pfingsten) können Sie problemlos meist auch ohne Vorbestellung unterkommen.

Bei unseren Recherchen haben wir natürlich versucht eine größtmögliche Auswahl für Sie zusammenzustellen. Für alle, die Alternativen oder einfach noch mehr Anbieter suchen, gibt es nachfolgende Internet-Adressen, die auch Beherbergungen der etwas anderen Art anbieten:
Der ADFC-Dachgeber funktioniert nach dem Gegenseitigkeitsprinzip: Hier bieten Radfreunde anderen Tourenradlern private Schlafplätze an. Mehr darüber unter www.dachgeber.de.
Das **Deutsche Jugendherbergswerk** stellt sich unter www.djh.de mit seinen 14 Landesverbänden vor.
Auch die **Naturfreunde** bieten mit ihren **Naturfreundehäusern** eine Alternative zu anderen Beherbergungsarten, mehr unter www.naturfreunde.de.
Und unter www.camping-in.de oder www.campingplatz.de finden Sie flächendeckend den **Campingplatz** nach Ihrem Geschmack.
Und zuletzt bietet **Bett+Bike** unter www.bettundbike.de zusätzliche Informationen zu

den beim ADFC gelisteten Beherbergungsbetrieben in ganz Deutschland.

Mit Kindern unterwegs

Es ist nicht ratsam, die gesamte Tour von Prag bis Magdeburg mit Kindern unter 10 bis 12 Jahren zu unternehmen, da es doch immer wieder Strecken mit stärkerem Autoverkehr oder teilweise weniger gut befahrbare Wegstücke (Naturpfade, bei Regen schlammige Feldwege) zu bewältigen gilt.

Der Elbe-Radweg ist ab der Böhmischen Pforte (Porta Bohemica) hinter Litomerice fast durchgehend als eigener Radweg ausgebaut; von Děčin bzw. spätestens von der deutschen Grenze aus bis nach Torgau und weiter nach Sachsen-Anhalt – zumindest bis Dessau – können Sie fast problemlos auch mit kleineren Kindern fahren. Die weitere Strecke bis nach Magdeburg ist dann wieder nicht so kinderfreundlich.

Das Rad für die Tour

Den besten Komfort bieten Reiseräder mit einer auf Ihre Körpergröße abgestimmten Rahmenhöhe. Diese Räder gewährleisten auch bei großer Beladung des Rades einen ruhigen Lauf und sind mit sehr guten Bremsen, einer Schaltung mit einem großen Übersetzungsbereich und stabilen Gepäckträgern vorne und hinten zur gleichmäßigeren Gewichtsverteilung ausgestattet. Auch ein stabiler Fahrradständer ist wichtig, vor allem wenn Sie Gepäck auf dem Fahrrad mitführen. Für einen unbeschwerten Radurlaub sollte auf jeden Fall ein Fahrradcheck vor der Tour erfolgen.

Versuchen Sie, vor der Abreise eine bequeme Sitzposition auf Ihrem Rad zu finden, wobei Sie dem

Sattel besonderes Augenmerk schenken sollten. Bei richtiger Sattelneigung und Sitzposition können schmerzvolle Erfahrungen vermieden werden. Sie sollten die Bereifung der Tour entsprechend anpassen. Je mehr unbefestigte Wege zu bewältigen sind, desto breiter und profilierter sollte die Bereifung ausfallen. Viele asphaltierte Strecken erlauben hingegen auch schmalere Reifen. Hinweise zur Oberfläche der Wege und zu den Steigungen finden Sie in diesem bikeline-Radtourenbuch in der Einleitung und auf den Abschnittsseiten.

Auch einen Kartenhalter oder eine Lenkertasche werden Sie auf Ihrer Tour sehr gut brauchen können. Wasserdichte und somit auch staubdichte Hinterradtaschen mit einem unkomplizierten Befestigungssystem erweisen sich bei längerer Fahrt als zweckmäßig. Achten Sie auch auf genügend Möglichkeiten, Trinkflaschen an Ihrem Rad zu befestigen.

Und da selbst das beste Fahrrad vor Pannen nicht gefeit ist, empfiehlt es sich, immer eine kleine Fahrradapotheke mitzuführen. Eine Grundausstattung an Werkzeug und Zubehör sollte folgende Teile beinhalten: Ersatzschlauch und/oder Flickzeug, Kompaktwerkzeug, Luftpumpe, Brems- und Schaltseil, Öl, Ersatzkettenniete und einen Putzlappen.

Details zu all diesen Fragen klären Sie am besten mit Ihrem Fahrradhändler und überlassen den Service im Zweifelsfall dem Profi.

Gepäcktransport/Radreiseveranstalter

Folgende Radreiseveranstalter bieten einen Gepäckservice entlang der Elbe an:

Eurobike, Mühlstr. 20, A-5162 Obertrum am See, ✆ 0043/6219/7444, Fax: 8272, eurobike@eurobike.at, www.eurobike.at

Augustus Tours, Turnerweg 6, D-01097 Dresden, ✆ 0351/5634820, Fax: 5634822, www.AugustusTours.de

Corso – die reiseagentur, Jagdsteig 25, D-01662 Meißen, ✆ 03521/710501, Fax: 710502, www.corso-reisen.de

Elbe-Gepäcktransport Transfer Gästeservice Wolfgang Barth, Torgauer Str. 20, D-01616 Strehla, ✆ 035264/9860, www.elbe-gepaecktransport.de

Flusskultur Radreisen, Waldweg 54, D-06846 Dessau, ✆ 0340/2214881, www.flusskultur-radreisen.de

Pedalo, Kickendorf 1a, A-4710 Grieskirchen, ✆ 0800/2400999 (gebührenfrei aus A+D), ansonsten ✆ 0043/7248/635840, info@pedalo.com, www.pedalo.com

Elbe Rad Touristik, Gepäcktransfer von Ort zu Ort am Elbe-Radweg, Gerhart-Hauptmann-Str. 2, 39108 Magdeburg, ✆ 0391/7330334, Fax: 0391/7330335, www.elbe-rad-touristik.de

Rückenwind Reisen GmbH, Am Patentbusch 14, D-26125 Oldenburg, ✆ 0441/48597-0, Fax: 48597-23, www.rueckenwind.de

Rad & Reisen GmbH, Schickgasse 9, A-1220 Wien, ✆ 0043/1/40538730, Fax: 0043/1/405387317, office@radreisen.at, www.radreisen.at

velociped, Alte Kasseler Str. 43, D-35039 Marburg, ✆ 0049/6421/886890, Fax: 8868911, info@velociped.de, www.velociped.de

velotours Touristik, Bücklestr. 13, D-78467 Konstanz, ✆ 0049/7531/98280, Fax: 982898, info@velotours.de, www.velotours.de

Fahrradtouristik Gepäcktransport Frank Seifert, Holzweißigstr. 27, 04860 Torgau, ✆ 0177/8356648, Fax: 03421/774574, www.elberadtouristik-seifert.de

Mecklenburger Radtour, Zunftstr. 4, D-18437 Stralsund, ✆ 03831/30676-0, Fax: -19, www.mecklenburger-radtour.de

Europe Bike Tours, Na Kozačce 1289/7, 12000 Praha 2, ✆ +420 731447478, www.elbe-radweg.biz

Cyklobus, Transport von Gepäck, Personen und Fahrrädern, Pod Lesem 1634/8, 405 02 Děčín 4, Czech Republic ✆ +420 603 213 063 o. +420 412 514 657, j.chabr@cyklobus.eu, www.cyklobus.eu

Enthusia-Reisebüro, Thunská 32, 405 02 Děčín 6, ✆ +420 724 004 601, info@enthusia.cz, www.enthusia.cz

Zu diesem Buch

Dieser Radreiseführer enthält alle Informationen, die Sie für den Radurlaub entlang der Elbe benötigen: Exakte Karten, eine detaillierte Streckenbeschreibung, ein ausführliches Übernachtungsverzeichnis, Stadt- und Ortspläne und die wichtigsten Informationen zu touristischen Attraktionen und Sehenswürdigkeiten.

Und das alles mit der ***bikeline*-Garantie**: die Routen in unseren Büchern sind von unserem professionellen Redaktionsteam vor Ort auf ihre Fahrradtauglichkeit geprüft worden. Um höchste Aktualität zu gewährleisten, nehmen wir nach der Befahrung Korrekturen von Lesern bzw. offiziellen Stellen bis Redaktionsschluss entgegen, die dann jedoch teilweise nicht mehr an Ort und Stelle verifiziert werden können.

Die Radtour ist nicht in Tagesetappen sondern in logische Abschnitte aufgeteilt, weil die Tagesleistung zu sehr davon abhängt, wie sportlich oder genussvoll Sie die Strecke in Angriff nehmen möchten.

Die Karten

Die Detailkarten sind im Maßstab 1 : 75.000 erstellt. Dies bedeutet, dass 1 Zentimeter auf der Karte einer Strecke von 750 Metern in der Natur entspricht. Zusätzlich zum genauen Routenverlauf informieren die Karten auch über die Beschaffenheit des Bodenbelages (befestigt oder unbefestigt), Steigungen (leicht oder stark), Entfernungen sowie über kulturelle, touristische und gastronomische Einrichtungen entlang der Strecke.

Allerdings können selbst die genauesten Karten den Blick auf die Wegbeschreibung nicht ersetzen. Komplizierte Stellen werden in der Karte mit diesem Symbol ⚠ gekennzeichnet, im Text finden Sie das gleiche Zeichen zur Markierung der betreffenden Stelle wieder. Beachten Sie, dass die empfohlene Hauptroute immer in Rot und Violett, Varianten und Ausflüge hingegen in Orange dargestellt sind. Die genaue Bedeutung der einzelnen Symbole wird in der Legende auf den Seiten 4 und 5 erläutert.

Höhen- und Streckenprofil

Das Höhen- und Streckenprofil gibt Ihnen einen grafischen Überblick über die Steigungsverhältnisse, die Länge und die wichtigsten Orte entlang der Radroute. Es können in diesem Überblick nur die markantesten Höhenunterschiede dargestellt werden, jede einzelne kleinere Steigung wird in dieser grafischen Darstellung nicht berücksichtigt. Die Steigungs- und Gefälleverhältnisse entlang der Route finden Sie im Detail mit Hilfe der Steigungspfeile in den genauen Karten.

Der Text

Der Textteil besteht im Wesentlichen aus der genauen Streckenbeschreibung, welche die empfohlene Hauptroute enthält. Stichwortartige Streckeninformationen werden von dem Zeichen ~ begleitet. Manche besonders markante oder wichtige Punkte auf der Strecke sind als Wegpunkte **1**, **2**, **3**, .. durchnummeriert und – zur besseren Orientierung – mit dem selben Symbol in den Karten wieder zu finden.

Unterbrochen wird dieser Text gegebenenfalls durch orangefarbige Absätze, die Varianten und Ausflüge behandeln.

Ferner sind alle wichtigen **Orte** zur besseren Orientierung aus dem Text hervorgehoben. Gibt es interessante Sehenswürdigkeiten in einem Ort, so finden Sie unter dem Ortsbalken die jeweiligen Adressen, Telefonnummern und Öffnungszeiten.

Die Beschreibung der einzelnen Orte sowie historisch, kulturell oder naturkundlich interessanter Gegebenheiten entlang der Route tragen zu einem abgerundeten Reiseerlebnis bei. Diese Textblöcke sind kursiv gesetzt und unterscheiden sich dadurch auch optisch von der Streckenbeschreibung.

TIPP Textabschnitte in Violett heben Stellen hervor, an denen Sie Entscheidungen über Ihre weitere Fahrstrecke treffen müssen, z. B. wenn die Streckenführung von der Wegweisung abweicht oder mehrere Varianten zur Auswahl stehen u. ä.

AUSFLUG Sie weisen auch auf Ausflugstipps, interessante Sehenswürdigkeiten oder Freizeitaktivitäten etwas abseits der Route hin.

Übernachtungsverzeichnis

Auf den letzten Seiten dieses Radtourenbuches finden Sie zu fast allen Orten entlang der Strecke eine Vielzahl von Übernachtungsmöglichkeiten vom einfachen Zeltplatz bis zum 5-Sterne-Hotel.

Eine kleine Sprachhilfe Tschechisch:

Die Aussprache:

C	=	wie Z in Zeit
Š	=	sch
Ch	=	ch wie in Bach
Ž	=	wie g in Genie
Č	=	tsch
Z	=	stimmhaftes s wie in Nase
Ď	=	dj
Ě	=	je
Ň	=	nj
Ř	=	Mischlaut zwischen englischem r und g in Genie

Ein paar wichtige Vokabeln:

Guten Tag	Dobrý den oder Ahoj (eher familiär)
Guten Morgen	Dobré jitro
Guten Abend	Dobrý večer
Gute Nacht	Dobrou noc
Auf Wiedersehen	na shledanou ahoj und čau
Nein	ne
Ja	ano
Danke	Děkuji
Bitte!	prosím
Entschuldigen Sie!	Promiňte

Die Zahlen:

0	nula
1	jeden
2	dva
3	tři
4	čtyři
5	pět
6	šest
7	sedm
8	osm
9	devět
10	deset
11	jedenáct
12	dvanáct
13	třináct
14	čtrnáct
15	patnáct
16	šestnáct
17	sedmnáct
18	osmnáct
19	devatenáct
20	dvacet
21	jedenadvacet
22	dvaadvacet
30	třicet
40	ctyřicet
50	padesát
60	šedesát
70	sedmdesát
80	osmdesát
90	devadesát
100	sto

Wochentage:

Pondělí	Montag
Úterý	Dienstag
Středa	Mittwoch
Čtvrtek	Donnerstag
Pátek	Freitag
Sobota	Samstag
Neděle	Sonntag

Von Prag nach Dresden

214,5 km

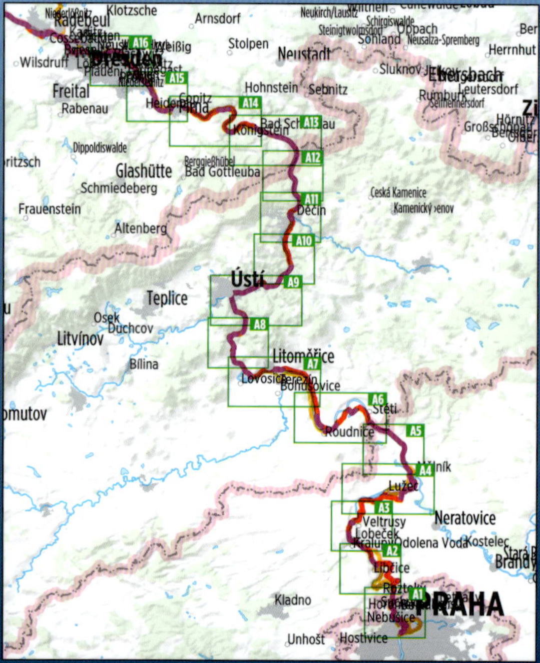

Beinahe in eine andere Welt fühlt man sich zunächst entlang der Moldau versetzt, sobald man Prag hinter sich gelassen hat. Man taucht ein in die Atmosphäre des ländlichen Tschechiens: die Farben, die Gerüche, die Menschen kommen einem beinahe exotisch vor. Schmuck sind dann die kleinen Elbstädte wie Mělník und Litoměřice (Leitmeritz) und nachdenklich stimmt die Gedenkstätte Terezín (Theresienstadt). Je weiter Sie nun der Elbe nach Norden folgen, um so eindrucksvoller wird die landschaftliche Kulisse, die ihren Höhepunkt mit dem Elbsandsteingebirge bei Bad Schandau und Königstein erreicht. Das ist aber noch nicht alles: Schloss Pillnitz und die Sehenswürdigkeiten Dresdens warten noch auf Sie.

Die erste Etappe entlang der Moldau kann teilweise recht abenteuerlich werden, dicke Reifen oder keine Angst vor verkehrsreichen Straßen heißen hier die Alternativen. Die Strecke entlang der Elbe beschert Ihnen dann schon viele neu gebaute Radwege. Die Teilstücke auf öffentlichen Straßen sind größtenteils nur mäßig befahren. Steigungen sind nur zu Beginn in und bei Prag und hinauf nach Mělník zu überwinden, da die Route ansonsten direkt am Fluss entlangführt. An den Radwegen in Sachsen werden Sie dann Ihre helle Freude haben!

Praha / Prag

PLZ: 10000-19000

TZT, Vinohradská 46, ✆ 221580611

Prager Informationsdienst, Infostellen: Staroměstské nám. 1, Rytířská 31, am Hauptbahnhof, Mostecká und am Flughafen ✆ 221714444, www.pis.cz

DC SERVICE - Prague Incoming Travel Agency, Maiselova 4, ✆ 224816346, www.dc-service.com

Prazska paroplavebni spolecnost (Prager Dampfschiff-Gesellschaft), Rašínovo nábřeží, ✆ 224931013

Muzeum Antonína Dvořáka (Antonín-Dvořák-Museum), Ke Karlovu 20, ✆ 224923363, ÖZ: Di-So 10-13.30 Uhr und 14-17 Uhr (Do bis 19 Uhr). Thema der Ausstellung sind Leben und Werk des Komponisten.

Vila Bertramka – muzeum W. A. Mozarta a menželů Duškových (Museum über W.-A.-Mozart und die Dušeks), Mozartova 169, ✆ 241493547, ÖZ: tägl. 10-18 Uhr. Seit 1956 besteht in den Räumlichkeiten der Villa Bertramka eine Mozartgedenkstätte, die sich mit der Beziehung des Komponisten zu Prag und Böhmen beschäftigt.

Prag

Židovské muzeum v Praze (Staatliches Jüdisches Museum), u Staré školy 1, ✆ 221711511, ÖZ: Sommer So-Fr 9-18 Uhr, Winter So-Fr 9-16.30 Uhr. In den ständigen Ausstellungen wird u. a. das Leben und die Geschichte der Juden in Böhmen und Mähren dokumentiert. In der Pinkassynagoge wurde eine Gedenkstätte für die jüdischen Opfer des Nationalsozialismus eingerichtet.

Uměleckoprůmyslové muzeum (Museum der dekorativen Kunst in Prag), 17. listopadu 2, ✆ 251093111, ÖZ: Di 10-19 Uhr, Mi-So 10-18 Uhr. Europäisches und tschechisches Kunsthandwerk des 16.-19. Jhs. ist hier ausgestellt.

Muzeum hlavního města Prahy (Museum der Hauptstadt Prag), Na Poříčí 52, ✆ 224816772 - 3, ÖZ: Di-So 9-18 Uhr, jeden 1. Do im Monat bis 20 Uhr. In den ständigen Ausstellungen wird das Leben der Prager von der Frühzeit bis in die Renaissance dargestellt.

Náprstkovo muzeum (Náprstek-Museum), Betlémské nám. 1, ✆ 224497500, ÖZ: Di-So 10-18 Uhr. Das Museum beschäftigt sich mit asiatischen, afrikanischen und amerikanischen Kulturen.

Národní muzeum (Nationalmuseum), Václavské nám 68, ✆ 24497111, ÖZ: Mai-Sept., tägl. 10-18 Uhr, Okt.-Apr., tägl. 9-17 Uhr, jeden ersten Di im Monat geschlossen. Ausstellungen gibt es zur vorzeitlichen Geschichte Böhmens, Mährens und der Slowakei, zu Mineralogie, Petrologie, Paläontologie, Zoologie und Anthropologie. Aufgrund von Renovierungsarbeiten bleibt das Hauptgebäude bis 2015 geschlossen.

Národní Technické muzeum (Nationales Technisches Museum), Kostelní 42, ✆ 220399111, ÖZ: Di-So 10-18 Uhr. Das Museum war eines der ersten technischen Museen der Welt und ist die zentrale tschechische Stelle für die Dokumentation und Präsentation der Entwicklung von Wissenschaft und Technik in Böhmen und Mähren sowie im Ausland.

Anežský klášter (Agneskloster), U Milosrdných 17, ✆ 224810628. Das ursprüngliche Klarissinnenkloster, das 1234 von König Wenzel I. gegründet wurde, ist das älteste, künstlerisch und historisch bedeutendste frühgotische Baudenkmal Prags.

Kostel Panny Marie Vítězné (Kirche Maria de Victoria), Karmelitská 9. Die Kirche der Siegreichen Maria aus dem frühen 17. Jh. ist die erste frühbarocke Kirche in Prag.

Sv. Mikuláš-Kostel (Nikolauskirche). Die Kirche befindet sich auf dem Kleinseitner Ring und ist das bedeutendste Bauwerk des Prager Barock. Auch die Innenausgestaltung ist von hohem künstlerischen Wert.

Hradčany - Pražský hrad (Hradschin - Prager Burg), Informationen: II. Burghof, ✆ 224372423, ÖZ: April-Okt., tägl. 9-17 Uhr, Nov.-März, tägl.

Prag

9-16 Uhr. Das Wahrzeichen der Stadt und der heutige Amtssitz des Präsidenten entstand im Verlauf eines Jahrtausends. Einmalig ist dadurch die Symbiose der Bauten im romanischen, gotischen, Renaissance-, Barock- und klassizistischen Stil. Herzstück der Burg ist die mit Fresken und Halbedelsteinen geschmückte Wenzelskapelle.

- **Letohrádek královny Anny (Lustschloss der Königin Anna).** Das Lustschloss, das in den Jahren 1538-1564 erbaut wurde, ist eines der schönsten und stilmäßig reinsten Renaissancebauwerke nördlich der Alpen.
- **Zlatá ulička (Goldmachergässchen)**, Prager Burg. Vor 400 Jahren sollen hier Alchimisten für Rudolf II. Gold und ein Lebenselixier hergestellt haben.
- **Židovské město (Jüdische Stadt)**. Erhalten geblieben sind sieben Synagogen und der einzigartige jüdische Friedhof mit neun Gräberschichten und rund 12.000 Grabsteinen.
- **Karluv most (Karlsbrücke).** Sie wurde unter Karl IV. 1357 erbaut. Einmalig sind die 30 Statuen und Statuengruppen, die die Brücke auf beiden Seiten säumen.
- **Malá Strana (Kleinseite).** Enge Gassen, barocke Adelspaläste, prachtvolle Bürgerhäuser und die St. Niklas Kirche prägen den Stadtteil zu Füßen der Burg.
- **Prašna Brána (Pulverturm)**, Na Příkopě. Der spätgotische Turm wurde 1475 errichtet und ersetzte eines der 13 Tore der ursprünglichen Befestigung der Prager Altstadt.

Für Goethe war Prag „der schönste Stein in den Kronen der Welt". Die Liste der genannten Sehenswürdigkeiten ist bei weitem nicht vollständig. Vieles, das an dieser Stelle nicht genannt wurde, kann bei einem Besuch der tschechischen Hauptstadt entdeckt werden. So wurde der 750 Hektar große historische Stadtkern 1971 zum Denkmalschutzgebiet erklärt. Dieses umfasst 3.500 Gebäude, von denen mehr als 1.400 im staatlichen Verzeichnis der Kulturdenkmäler eingetragen sind.

Die Außergewöhnlichkeit der Stadt liegt einerseits in der schönen Lage im Talkessel der Moldau, andererseits ist es vor allem die Vielfalt verschiedener städtebaulicher Stile und deren Symbiose, die den besonderen Reiz ausmachen. Die Gestalt des historischen Stadtkerns wurde am nachhaltigsten von Gotik und Barock beeinflusst. Von Beginn des 13. Jahrhunderts bis in die ersten Jahrzehnte des 16. Jahrhunderts beherrschte der gotische Baustil die städtebauliche Entwicklung. Ihren Höhepunkt erreichte sie unter der dreißigjährigen Herrschaft Karls IV. (1346-1378). Sein Verdienst war es, dass Prag zum Zentrum des Heiligen Römischen Reiches, zum Sitz des Erzbistums und zur ersten Universitätsstadt Mitteleuropas wurde. In seine Regentschaft fällt auch die Gründung der Prager Neustadt, ein Meisterwerk des mittelalterlichen Städtebaus.

Das Zeitalter des Barock begann im Gegenteil zu einer Zeit, als Prag aufhörte, Residenzstadt zu sein, und nach der Niederschlagung des Aufstandes der böhmischen Stände gegen die Habsburger in der Schlacht auf dem Weißen Berg (1620). Die Gegenreformation hatte voll

Prag

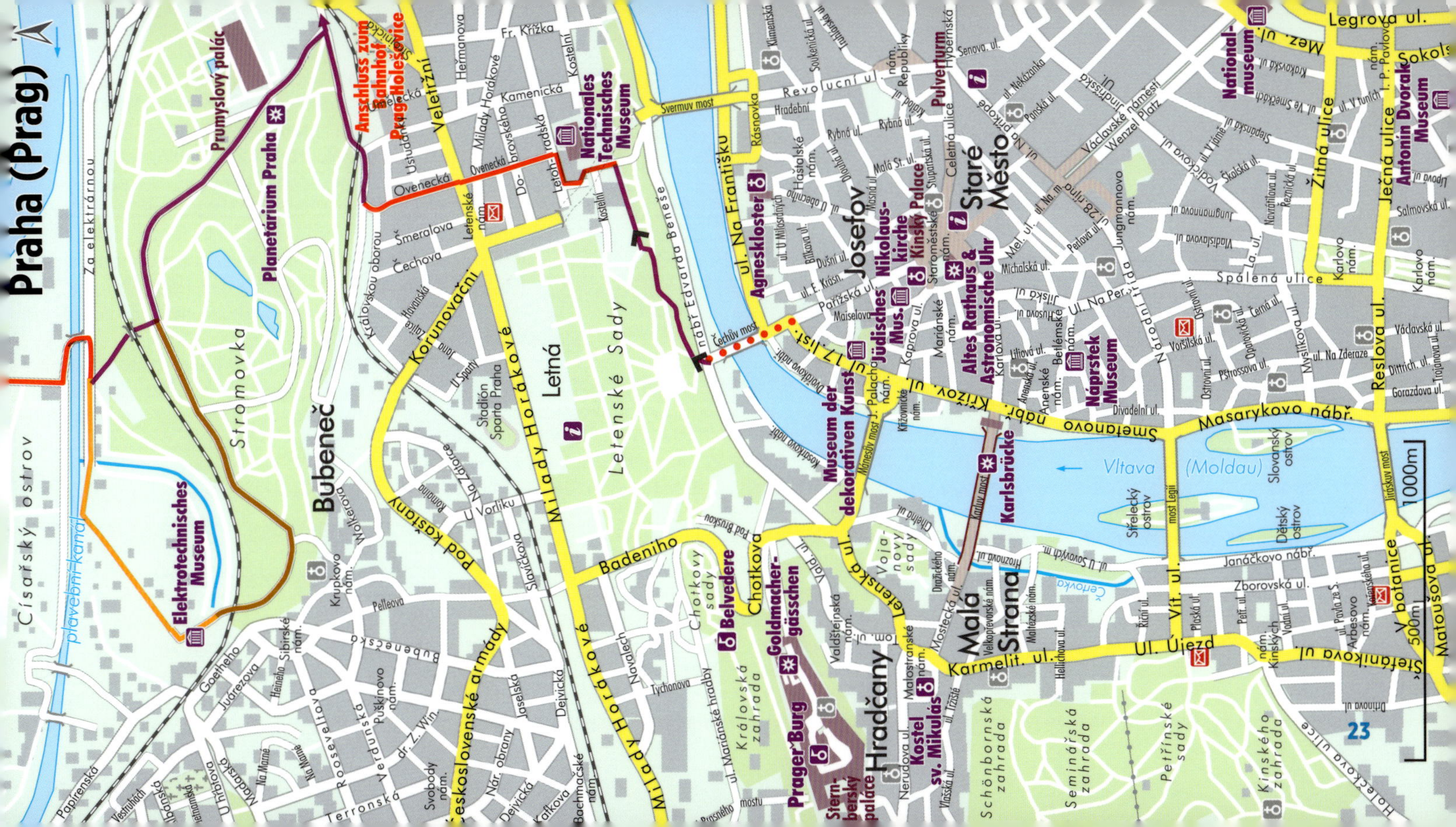

Praha (Prag)
Prumyslový palác
Planetárium Praha
Stromovka
Bubeneč
Elektrotechnisches Museum
Císařský ostrov
plavební kanál
Za elektrárnou
Anschluss zum Bahnhof Prag-Holešovice
Nationales Technisches Museum
Letná
Letenské Sady
Stadión Sparta Praha
Milady Horákové
Korunovační
Pod kaštany
Československé armády
Badeniho
Chotkova
Chotkovy sady
Belvedere
Goldmachergässchen
Královská zahrada
Prager Burg
Šternberský palác
Hradčany
Kostel sv. Mikuláš
Malá Strana
Vojanovy sady
Karlsbrücke
Karlův most
Vltava
(Moldau)
Střelecký ostrov
Slovanský ostrov
Dětský ostrov
most Legií
Jiráskův most
Mánesův most
Čechův most
Švermův most
Museum der dekorativen Kunst
Jüdisches Mus.
Josefov
Agneskloster
Nikolauskirche
Kinský Palace
Altes Rathaus & Astronomische Uhr
Staré Město
Pulverturm
Náprstek Museum
Nationalmuseum
Antonín Dvořák Museum
Václavské náměstí
Wenzelplatz
Národní třída
Smetanovo nábř.
Masarykovo nábř.
Janáčkovo nábř.
Karmelitská ul.
Ul. Újezd
Vít. ul.
Štefánikova ul.
V botanice
Matoušova ul.
Petřínské sady
Seminářská zahrada
Schönbornská zahrada
Kinského zahrada
Holečkova ulice
Spálená ulice
Žitná ulice
Ječná ulice
Resslova ul.
Legerova ul.
Revoluční ul.
Na příkopě
Pařížská ul.
Křižovnické nám.
Malostranské nám.
Nerudova ul.
1000m
500m

eingesetzt. So wirkten auch die ersten Barockbauten, die demonstrativ den Reichtum des fremden Adels, heimischer Abtrünniger und der Kirche demonstrierten, im damaligen Panorama Prags fremd und heterogen. Die Situation veränderte sich erst Ende des 17. Jahrhunderts, als die erfolgreiche Rekatholisierung dem Barock zur Einbürgerung verhalf. Eine neue Generation von Architekten wie Christoph Dientzenhofer oder dessen Sohn Kilian Ignác hoben die Prager Barockarchitektur auf Weltniveau.

Nach dem Zerfall der Donaumonarchie und dem Ende der 400-jährigen Herrschaft der Habsburger nach dem Ersten Weltkrieg wurde Prag die Hauptstadt der selbstständigen Republik Tschechoslowakei. 1920 wurden dem historischen Stadtkern fast vierzig Gemeinden angegliedert – Groß-Prag entstand. In der Folge war der hiesige Städtebau einerseits durch einen reinen Funktionalismus und andererseits durch das Entstehen ganzer Villenviertel gekennzeichnet. Die Bautätigkeit während der Zeit des Kommunismus ist durch ausgedehnte Wohnsiedlungen in einem uniformen, Fertigbauteile benützenden Stil geprägt und trägt nicht wirklich zu einer Bereicherung des 1.000-jährigen Stadtbildes bei.

Schloss Troja

Von Prag nach Kralupy — 27,5 km

TIPP ⚠ Prag ist zwar Startpunkt des ersten Teils des Elbe-Radwegs (in Tschechien Internationaler Fernradweg Prag–Hamburg genannt), doch zunächst radeln Sie natürlich entlang der Moldau (tschech.: Vltava), bis nach gut 50 km in Mělník die Elbe (Labe) erreicht ist.

1 Nach der Stadtbesichtigung von Prag beginnen Sie an der **Brücke Čechův most** gegenüber vom Park **Letenské Sady** ⤳ über die Brücke und dann über die Straße.

VARIANTE Wenn Sie sich den **Letná-Hügel** ersparen möchten, gibt es zwei alternative Routen. Die erste Route, die zwar wesentlich länger, jedoch fast verkehrsfrei ist, führt vom südlichen Ende der **Karluv most (Karlsbrücke)** auf Radwegen entlang des rechten Flußufers. Für die zweite Route, die zwar kürzer ist aber durch dichten Verkehr führt, müssen Sie zunächst am nördlichen Ende der **Karluv most** am linken Ufer entlang fahren. Links in die **Dukelských hrdinů** abbiegen und den Straßenbahnschienen bis zum Beginn des Parks folgen. Hier kommt man rechts (Richtung Zoo) zurück auf die Hauptroute.

Für die Hauptroute das Fahrrad rechts vor der Freitreppe schieben, dem Fahrradwegweiser nach **Letná** folgend, steil durch den Park hinauf ⤳ oben angelangt geradeaus weiter auf dem Radweg ⤳ bei der ersten Kreuzung im Park links ⤳ zwischen Sport- und Spielplatz hindurch ⤳ rechts Richtung Stromovka ⤳ vor dem blau gekachelten Gebäude rechts am Sportplatz entlang ⤳ links in die Straße **Muzejní** ⤳ rechts in die Straße **Letohradská**, dann links in die Straße **Ovenecká** ⤳ immer geradeaus ⤳ an der großen ampelgeregelten Kreuzung geradeaus weiter, auf der rechten Seite verläuft ein Radweg, der das Fahren gegen die Einbahn erlaubt ⤳ weiter geradeaus

AndersRum (Karte A1): Von **Klecánky** am Uferweg bis zum **Schloss Troja** ~ auf der Brücke rechts über die Moldau, dahinter kurz nach rechts, dann gleich scharf links in den **Park Stromovka** ~ hinter dem **Planetarium** entweder links auf die Hauptstraße zum **Bahnhof Praha-Holešovice** oder der Route im Stadtplan nach rechts folgen.

bis zum **Stromovka-Park** ~ rechts in den Park hinein ~ **2** bergab über die Bahngleise ~ unten angelangt über die Straßenbahnschienen, dem Radweg links wieder in den Park hinein folgen ~ am **Planetarium** vorbei, den Wegweisern zum Zoo folgend ~ rechts unter der Bahnlinie hindurch Richtung **Troja** ~ am Ende des Parkes rechts, dann im spitzen Winkel links auf die Brücke hinauf ~ einen Kanal queren und daraufhin die **Moldau** ~ **3** nach der Brücke nach links.

Troja

Zámek Troja (Schloss Troja), U Trojského zámku 1, ✆ 283851614, ÖZ: April-Okt., Di-So 10-18 Uhr, Nov.-März, Sa, So 10-17 Uhr. Das eindrucksvolle Barockgebäude stammt aus dem 17. Jh. und beherbergt einen Teil der Nationalen Gemäldegalerie tschechischer Malerei aus dem 19. Jh. Der Garten ist im französischen Stil angelegt.

Zoo, U Trojského zámku 3, ✆ 296112230, ÖZ: April, Mai, Sept., Okt., tägl. 9-18 Uhr, Juni-Aug., tägl. 9-19 Uhr, März, tägl. 9-17 Uhr,

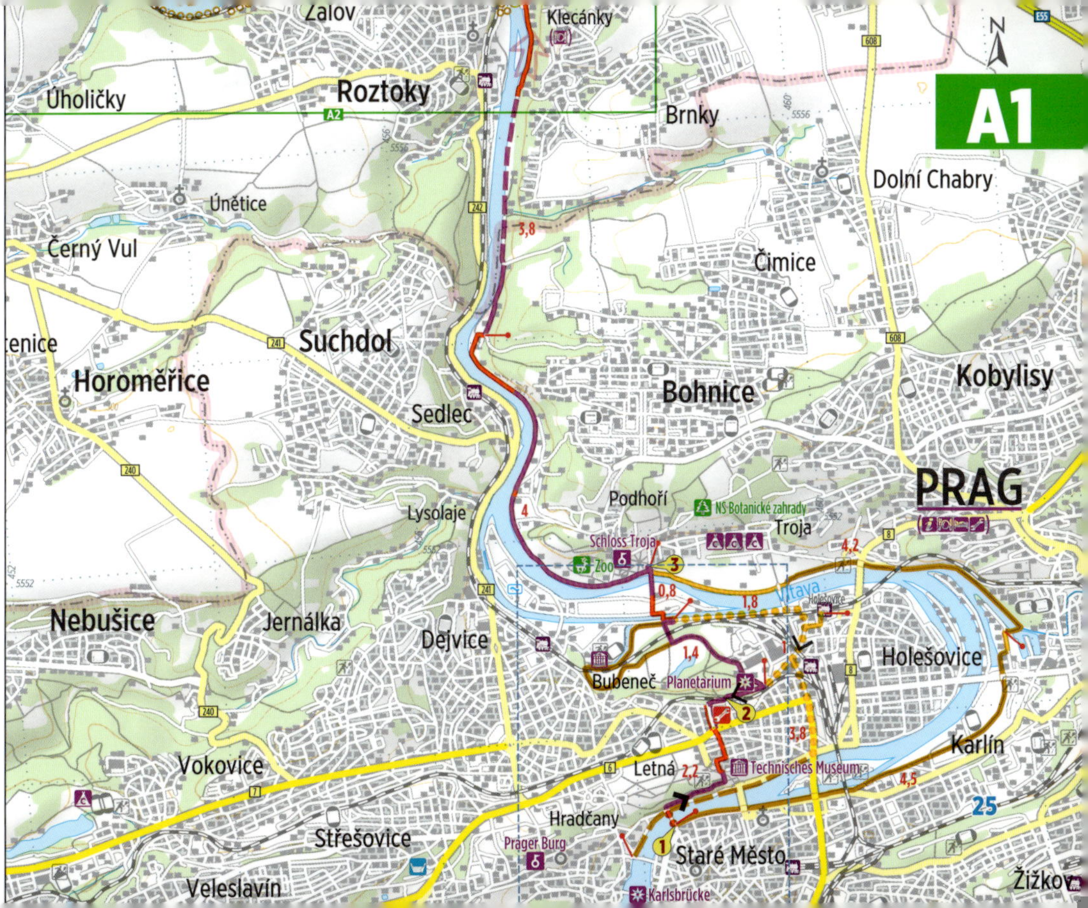

Nov.-Feb, tägl. 9-16 Uhr. Besondere Attraktion sind die Przewalski-Pferde.

Auf dem asphaltierten Weg am Ufer der Moldau weiter nach **Podhoří** → am Ufer auf teils unbefestigten Radwegen weiter bis in den kleinen Hafen **Klecánky**.

ACHTUNG ⚠ Der offizielle Radfernweg Nr. 2 geht eigentlich direkt an der Moldau entlang. Dieser Weg verläuft flach, größtenteils aber sehr schmal, holprig und teilweise direkt am steil bzw. senkrecht abfallenden Flussufer entlang (siehe Bild) und ist zur Zeit definitiv nicht zu empfehlen! Der Weg soll zwar im Zuge des Europa-Projekts Moldau-Elbe ausgebaut werden, allerdings hat sich hier leider schon seit Jahren nichts getan.

VARIANTE Aufgrund der sehr schlechten, für Radfahrer teilweise gefährlichen Wegequalität beschreiben wir als Hauptroute derzeit die Ausweichroute über das Hochufer der Moldau. Sie haben auch die Möglichkeit über Husinec zu fahren; die Strecke führt zwar auf die gleiche Höhe, allerdings ist die Auffahrt aufgrund der längeren Strecke weniger steil.

4 Sie müssen nun beim Hafen **Klecánky** rechts ab und in das auf der Anhöhe gelegene Klecany hinaufstrampeln.

Klecany R

An der Vorfahrtstraße im Ort im spitzen Winkel nach links → entlang einer Kastanienallee → an der Kreuzung am Ortsende geradeaus → **5** an dem folgenden Abzweig rechts Richtung Vodochody → in weiten Kurven durch die Ortschaft **Drasty** → in **Vodochody** nach der Brücke und vor der Linkskurve die linke Straße nach Dól nehmen, diese führt ans Flussufer zurück → **6** unten rechts auf den unbefestigten Weg → das nächste Wegstück von ca. 1 km Länge ist schlecht befahrbar, zur Belohnung folgt ein frisch asphaltierter Weg bis nach Chvatěruby.

Am Steilufer zwischen Řež und Dolánky

Chvatěruby R

PLZ: 27801

Centra cyklostezky Praha–Drážďany (Information Radrouten Prag - Dresden), Chvateruby 223

7 Kurz vor der Bahnlinie links → nun auf asphaltiertem Radweg in Flussnähe nach **Lobeček** → geradeaus bis zur querenden Hauptverkehrsstraße.

Lobeček R

Fahrradwerkstatt Ekor – Koloservis, Vodárenská 199, Kralupy-Lobeček, ✆ 315723620

Diese Straße wird am besten ein Stück nach rechts versetzt an der Kreuzung gequert → dann auf dem parallelen Radweg auf die **Moldaubrücke** zu → kurz davor rechts halten und die Fußgänger- und Radlerbrücke hinüber nach Kralupy benutzen.

Kralupy nad Vltavou L

PLZ: 27801

Městské muzeum v Kralupech (Stadtmuseum), Vrchlického 590, ✆ 315723035, ÖZ: Di-Fr 9-12 u. 13-16 Uhr, Sa, So 13-17 Uhr

Milan Křížek, Žižkova 155, ✆ 315726842

Von Kralupy nad Vltavou nach Mělník 26,5 km

Am anderen Ufer rechts zum Fluss hinab → dem anfangs asphaltierten, später unbefestigten Uferweg und den gelben Radwegweisern parallel der Bahnlinie bzw. des Tunnels folgen.

Nelahozeves L

Památník Antonína Dvořáka (Antonín-Dvořák-Gedenkstätte), c. p. 12, ✆ 315785099 od. 724412282. Im ehemaligen Wohnhaus des Komponisten Antonín Dvořák ist heute ein Museum untergebracht.

AndersRum (Karte A2): In **Chvatěruby** rechts halten und geradeaus nach **Dolánky** ~ holprig zur **Fähre nach Libčice** dann auf bergigen Straßen über **Vodochody**, **Drasty** und **Klecany** nach **Klecánky** ~ vor dem Fluss links und am Uferweg weiter.

Zámek Nelahozeves (Schloss), ✆ 315709121 od. 315709155, ÖZ: Apr.-Okt., Di-So 9-16 Uhr. Die auf einem Felsen oberhalb der Moldau gelegene Anlage stammt aus dem 16. Jh. und gilt als eines der bedeutendsten Renaissanceschlösser in Böhmen. Seit den 1990er Jahren gibt es im Inneren eine Dauerausstellung mit Exponaten der berühmten Lobkowitzschen Sammlung zu sehen. Diese umfasst prächtige Möbel, mittelalterliche Reliquiaren, eine Waffensammlung, alte Musikinstrumente etc. Hervorzuheben sind im besonderen die Lobkowitz-Bibliothek und die beeindruckende Gemäldesammlung mit Werken u. a. von L. Cranach d. Ä., Sir Peter Paul Rubens oder Antonio Canaletto.

Unweit vom Schloss, das hinter Ihnen liegt, links zur Straße, hier nach rechts ~ auf der kleinen Landstraße mit nur geringem Verkehr bis **Hled'sebe** ~ **8** Hinter der **Kläranlage** rechts über die Gitterbrücke, die nur Radlern und Fußgängern offen steht, hinüber nach Veltrusy.

Veltrusy R

PLZ: 27746

Galerie U Brány, Chotkova 86, ÖZ: in der Saison Di-Fr 9-17 Uhr, Sa, So 9-18 Uhr

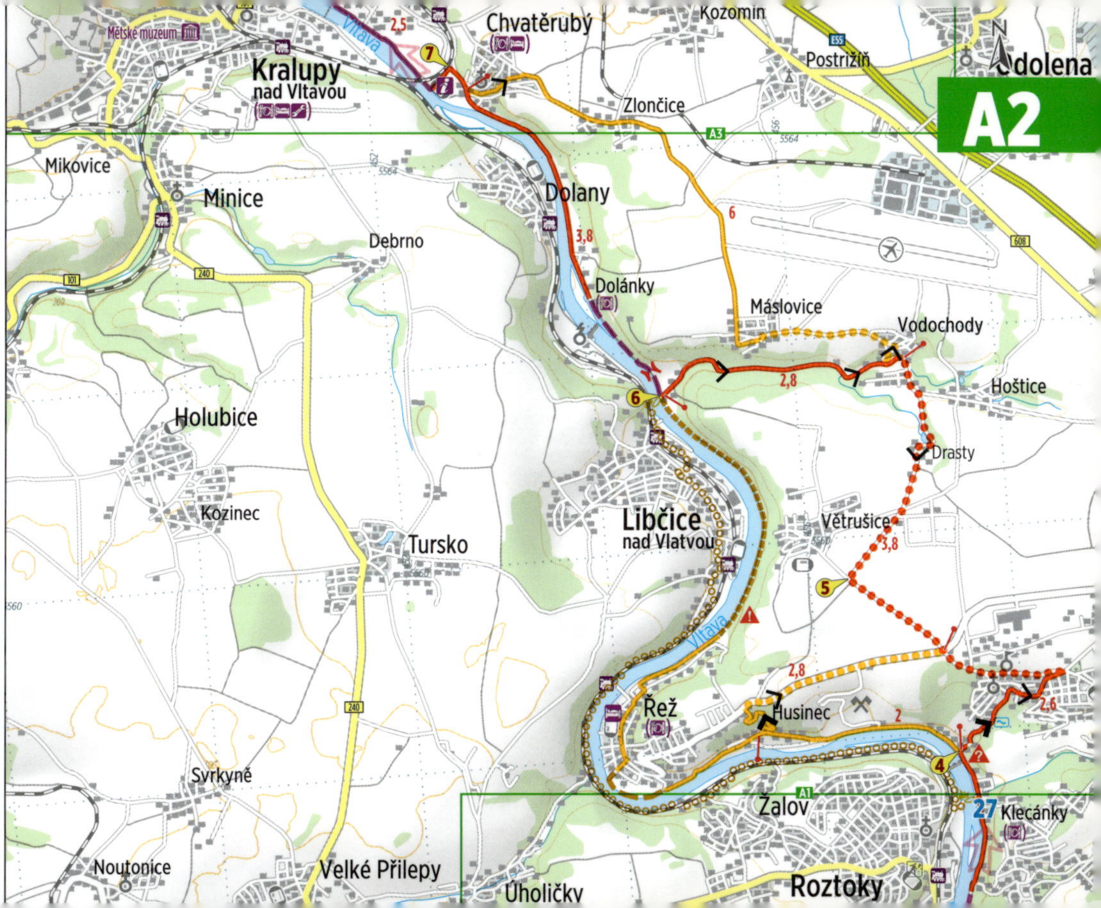

Zámek Veltrusy (Schloss), Ostrov č. p. 59, ☎ 315781146, ÖZ: April-Okt., Di-So 8.30-17 Uhr. Das barocke Lustschloss wurde zu Beginn des 18. Jhs. auf einer Insel in der Moldau errichtet. Neben der Rokoko-Innenausstattung gibt es auch eine Porzellansammlung zu sehen.

Veltruský park. Das weitläufige Gelände ist mit zahlreichen Skulpturen, Pavillions etc. ausgestattet

Wildgehege

An der Kreuzung nach der Brücke nach links ~ unweit des Moldau-Ufers aus dem Ort hinaus ~ unter der Schnellstraßenbrücke hindurch bis zum **Campingplatz**, hier rechts ab und links des Wäldchens in den **Veltruský park** ~ vor dem Schloss nach links auf die schnurgerade Allee ~ nach einer **Engstelle** im Wald rechts halten und nach Všestudy hinein.

Veltruský park

Všestudy R

Im Dorf links auf die Straße ~ ⚠ obwohl der Wegweiser in den Hof hinein zu führen scheint, geht es auf dieser kleinen Straße halblinks weiter ~ aus dem Örtchen hinaus ~ **9** unter der Schnellstraße hindurch ~ Sie passieren die Dörfchen **Dušníky nad Vltavou** und **Dědibaby** ~ in **Křivousy** links halten, weiter auf der kleinen Ortsverbindungsstraße nach Bukol.

Bukol R

Fähre nach Lužec, ☎ 315691039 od. 604922940, Fährzeiten: Winter tägl. 6-9.30 und 13-17.30 Uhr, Sommer tägl. 6-19 Uhr

Nach Durchquerung des Örtchens liegt links die kleine Fähre.

TIPP ⚠ Da die Hauptroute die Moldau kurz vor Vbrno über eine Pipeline-Brücke mit steilen, engen Treppen quert, bietet sich die Fähre nach Lužec als bessere Alternative an. Von dort können Sie entweder unbefestigt am Ufer entlang oder auf der nur mäßig befahrenen Landstraße nach **Vrbno** gelangen.

Die offizielle Radroute Nr. 2 führt am rechten Moldauufer weiter auf der kleinen Straße vorbei an **Kozárovice** nach Zálezlice.

Zálezlice R

10 Im Dorf links und entlang der Pipeline bis zur Moldau ~ nun geht's steil gut 45 Stufen hinauf und am anderen Ufer noch ein paar mehr hinunter; nur der Ausblick über die stillen Wasser zu beiden Seiten der Brücke entschädigt ein wenig ~ rechts flussparallel weiter auf den Ortsrand von Vrbno zu.

Vrbno L

Rechter Hand des Dorfes den Sportplatz passieren ~ dann windet sich der Feldweg bis zur **Kanalschleuse von Hořin** durch die halboffene Aulandschaft – mal entlang eines Altwassers, mal einen flachen Flussdeich begleitend.

Zusammenfluss von Elbe und dem Kanal Vraňany-Hořin unterhalb von Mělník

Hořin L

Zámek Horín (Schloss). Schönes Schloss aus der Zeit des Barocks. Leider kann nur der Schlosshof besichtigt werden.

Die **Historische Schleuse** wurde 1905 erbaut.

Im Ort zunächst rechts halten, am Rand des

AndersRum (Karte A3): Von **Bukol** auf der kleinen Straße nach **Křivousy** ~ rechts über **Dědibaby** und **Dušníky** nach **Všestudy** ~ im Linksknick der Straße rechts ~ links in den Wald und geradeaus durch den **Veltruský Park** ~ am Ende rechts zum **Campingplatz** ~ unter der Bundesstraße hindurch, rechts über die alte Brücke nach **Hled'sebe** und links weiter ~ in **Nelahozeves** links ans Ufer hinunter ~ über die Brücke von **Kralupy** nach **Lobeček** hinüber ~ rechts und auf dem Uferradweg bis nach **Chvatěruby.**

Hořinský Parks entlang ~ dann an der T-Kreuzung vor dem Schloss nach rechts ~ es geht quer durch den Wald, dann unter der Straße hindurch ~ **11** gleich nach dem Unterqueren der Straße wenden Sie sich nach rechts.

Brozánky L

VARIANTE

Bevor Sie am linken Ufer weiterfahren, sollten Sie einen Abstecher ins sehenswerte Mělník unternehmen. Um dorthin zu kommen, biegen Sie hier links ab und fahren zur Brücke hinauf. Nach Querung der Elbbrücke entweder links im Verkehr mit weniger Steigung oder rechts steil, dafür aber verkehrsfrei ins reizvolle Zentrum hinauf.

Mělník R

PLZ: 27601

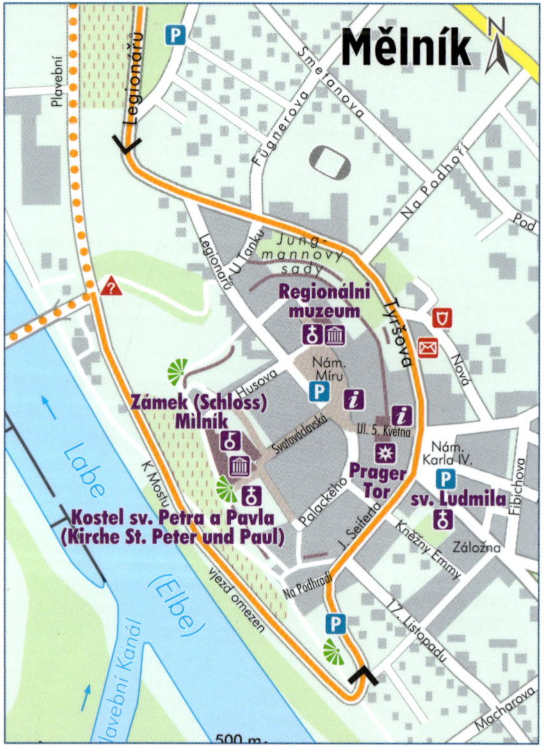

Turistické Informační Středisko Mělník (Infozentrum), Legionářů 51, ✆ 315627503, www.melnik.info

Regionální muzeum (Regionalmuseum), nám. Míru 54, ✆ 315630936 u. 315630922, ÖZ: Di-So 9-12 u. 12.30-17 Uhr. Im ehemaligen **Kapuzinerkloster** wird unter anderem eine ständige, sehr umfangreiche Ausstellung historischer Kinderwagen (~1890 bis 1968 und Ausblick auf die Zukunft) gezeigt.

Galerie a čajovna ve Věži, Pražská brána, ul. 5, ✆ 315621954, ÖZ: Mo-Do 12-22 Uhr, Fr 12-23 Uhr, Sa 14-23 Uhr, So 14-22 Uhr

Kostel sv. Petra a Pavla (Kirche St. Peter und Paul), Na Vyhlídce, ✆ 315622337, ÖZ: Jan.-Dez., Di-Fr 9.30-12.30 u. 13.15-16 Uhr, Sa, So 10-12.30 u. 13.15-16 Uhr. Neben der großen Bedeutung als Baudenkmal und ihrer reichen Ausstattung ist die Gebeinegruft der Kirche sehenswert; sie gilt als eine der bedeutendsten Tschechiens.

Zámek Mělník (Schloss), Svatováclavská 19, ✆ 315622121, Schloss- und Kellerführungen tägl. 10-17 Uhr und Verkostung der berühmten hiesigen Weine in der Vinothek. Ehemals Sitz der böhmischen Fürstinnen (ab dem 10. Jh. romanische Burg), im 13. Jh. in ein gotisches Schloss umgebaut, von dem noch Reste eines Turmes im Schlosshof erkennbar sind. Neben diesen Baustilen hinterließen vor allem die Baumeister der Renaissance deutliche Spuren (u. A. die Sonnenuhr). Seit das Schloss 1992 wieder in den Besitz der Familie Lobkowitz kam, wird ständig restauriert. Zu besichtigen sind das fürstliche Appartment, der Konzertsaal, ein Kartensaal sowie die historischen Weinkeller.

AndersRum (Karte A4): Bei **Brozánky** links unter der Brücke hindurch oder hoch zur Brücke für einen Abstecher nach **Mělník** ~ quer durch den Wald ~ vor dem Schloss in **Hořín** nach links ~ am Ende links über die **Schleuse** ~ rechts ein kurviger Feldweg nach **Vrbno** ~ links und über die **Moldaubrücke mit steilen Treppen** oder weiter am Ufer zur **Fähre Lužec** ~ weiter nach **Zálezlice** ~ dort rechts via **Kozárovice** nach **Bukol**.

Pražská brána (Prager Tor). Das um 1500 errichtete Tor war Teil der Stadtbefestigung, die nur noch in Resten erhalten ist. Von oben hat man eine herrliche Aussicht über die Stadt.

Hukol – sport servis, Čechova 468, ✆ 315624798

Ottis – cyklosport, Českolipská 1165, ✆ 315670500

Mělník, Weinberg unterhalb von Schloss und Kirche St. Peter und Paul

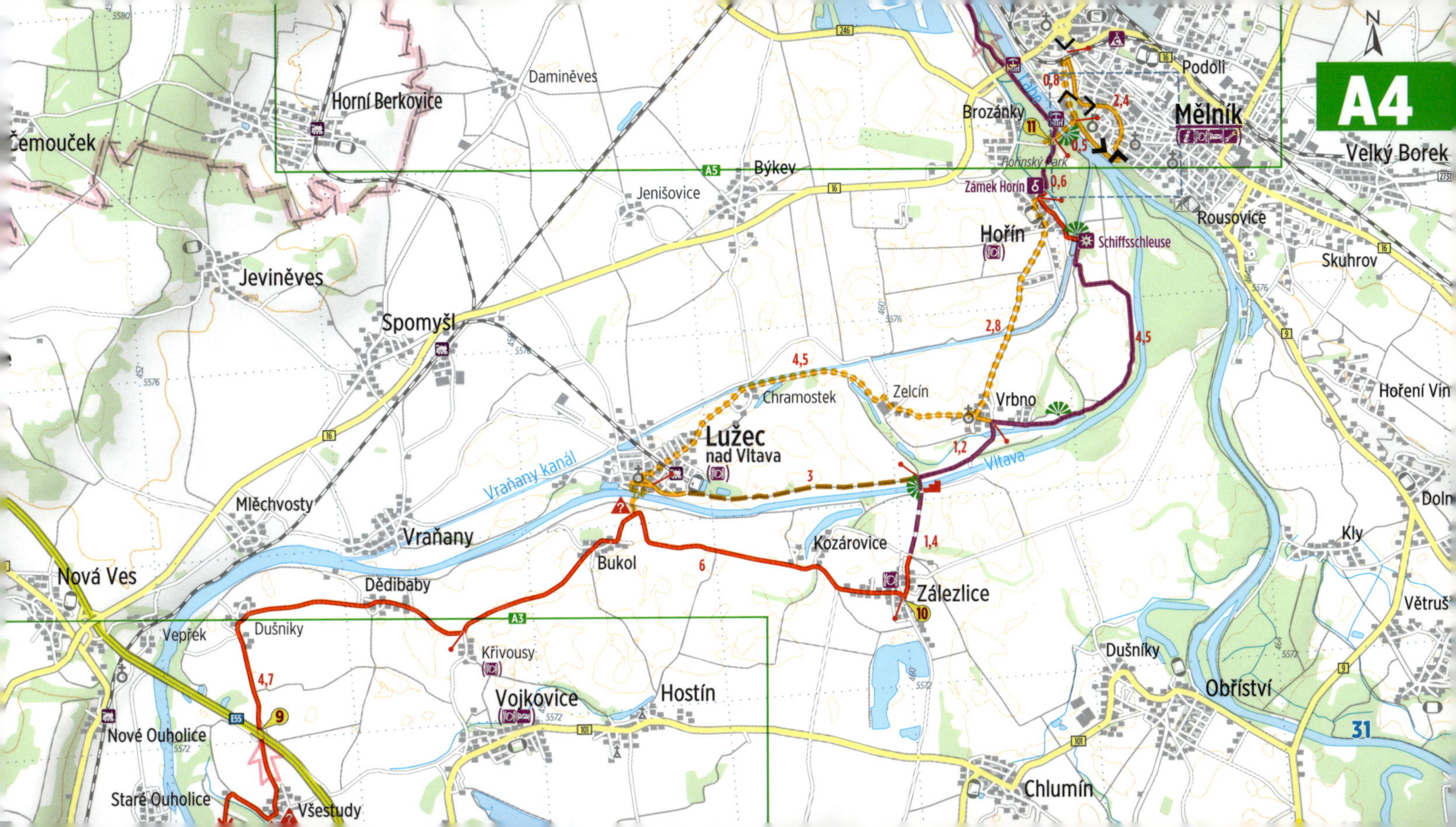
A4
Mělník
Podolí
Velký Borek
Brozánky
Labe
Hořínský park
Zámek Hořín
Hořín
Schiffsschleuse
Rousovice
Skuhrov
Horní Berkovice
Daminěves
Čemouček
Býkev
Jenišovice
Jeviněves
Spomyšl
Chramostek
Zelcín
Vrbno
Lužec
nad Vltava
Vraňany kanál
Vltava
Mlěchvosty
Vraňany
Nová Ves
Kozárovice
Bukol
Dědibaby
Zálezlice
Vepřek
Dušniky
Křivousy
Vojkovice
Hostín
Nové Ouholice
Staré Ouholice
Všestudy
Dušníky
Obříství
Chlumín
Kly
Hoření Vín
Větruš
Doln
246
16
9
101
E55
A5
A3
31
0,8
2,4
0,5
0,6
2,8
4,5
1,2
3
1,4
6
4,7
9
10
11

Das schmucke Städtchen Mělník, auf einem Hügel über dem Zusammenfluss von Elbe und Moldau gelegen, hat seine Ursprünge in einer slawischen Siedlung aus dem 9. Jahrhundert. Die ursprünglich hölzerne Burg wurde im 10. Jahrhundert im romanischen Stil umgebaut. Im 13. Jahrhundert wurde die Burganlage, der Sitz der böhmischen Fürstinnen, in ein gotisches Schloss umgestaltet. Nach der Zerstörung der Festung während des Dreißigjährigen Krieges, wurde sie neu errichtet. Sehenswert ist außerdem die St.-Peter-und-Paul-Kirche, ein gotisches Bauwerk aus dem 15. Jahrhundert mit barocken An- und Ausbauten.

Hinter dem Schloss erwartet Sie ein herrlicher Ausblick auf den Zusammenfluss von Moldau und Elbe. Die steilen Hänge rund um die Stadt bieten mit ihrem Saum von Weinreben ein liebliches Bild.

Von Mělník nach Roudnice 25,5 km

Für die Weiterfahrt am linken Ufer der Elbe folgen Sie dem asphaltierten Radweg neben dem Fluss ⤳ unter der Brücke hindurch ⤳ in **Vlíněves** leitet Sie der Radweg am Ufer direkt hinter der **Kirche** vorbei ⤳ nach etwa 1,5 km unter der Rohrbrücke hindurch ⤳ an **Dolní Beřkovice** vorbei ⤳ bei der Schleuse führt der Radweg links zur Straße, hier dann rechts einbiegen ⤳ am Ende der Straße geradeaus auf den Radweg und zurück zum Elbufer ⤳ am **Kraftwerksgelände (elektrána Mělník)** erst über den Zu-, dann über den Abflusskanal hinüber, dahinter führt der Radweg vom Ufer weg ⤳ an der folgenden Kreuzung nach rechts und parallel zum Fluss durch die Felder ⤳ kurz vor dem nächsten Ort wieder ans Flussufer ⤳ unterhalb der Häuser am Ufer entlang.

Horní Počaply

Am Ende des Ortes am Kiosk vorbei ⤳ auf dem Damm zwischen der Elbe und einem Becken entlang, gleich danach führt der Weg nach links ⤳ an der Straße rechts in Richtung Ústí nad Labem ⤳ durch **Hněvice** hindurch ⤳ **12** an der Kreuzung bei der **Brücke nach Štětí** geradeaus weiter ⤳ unter den Bahngleisen hindurch, gleich danach halten Sie sich rechts.

Roudnice nad Labem

Račice L

Im Ort zweigen Sie noch vor dem Linksbogen der Straße links ab ⤳ am Ufer der **ehemaligen "Kiesgrube"** entlang ⤳ am **Sportzentrum** vorbei ⤳ an der Gabelung rechts halten und in den Wald hinein ⤳ am Bahnhof von **Záluži** die Gleise kreuzen ⤳ im Ort an der Vorfahrtstraße links ⤳ nach etwa 3 km direkt am Ortseingang von **Dobřín** rechts ab ⤳ an der T-Kreuzung nach links ⤳ kurz vor der Hauptstraße bei dem Uhrtürmchen nach rechts.

Dobřín

Geradeaus zwischen den Häusern hindurch ⤳ vor den Feldern dem Weg nach links folgen ⤳ am Ufer der Elbe entlang weiter ⤳ **13** bei Roudnice die Brücke unterqueren, gleich dahinter nach links und auf holprigem Pflaster ins Zentrum hinauf.

Roudnice nad Labem L

PLZ: 41301

Informační centrum, Karlovo nám. 21, ✆ 416850-201 u. -202, www.roudnicenl.cz

Podřipské muzeum, nám. Jana z Dražic 101, ✆ 416878192, ÖZ: Di-Fr 10-16.30 Uhr, Sa, So 13-

AndersRum (Karte A5): Wenn sich die Straße von den Gleisen entfernt links abzweigen immer am Elbufer entlang bis zur Brücke bei **Brozánky.**

17 Uhr. In dem Museum, das den Namen der kleinen Region unterhalb des Berges Říp trägt („pod ripsko“ bedeutet soviel wie „unter dem Georgsberg“), wird die Geschichte der Stadt und der Region gezeigt.

Kostel Narození Panny Marie a bývalý augustiniánsky klášter (Propsteikirche Mariä Geburt und ehemaliges Augustinerkloster), Očkova. Die Anlage mit der gotischen Kirche stammt aus dem 14. Jh. Nachdem das Kloster während der Hussitenkriege ausgeraubt worden war, gelang es nicht mehr, es wiederzubeleben. Heute wird es für Pfarrzwecke genutzt.

Kaple sv. Vílema (Kapelle des Hl. Wilhelm). Die Kapelle wurde 1726 nach Plänen von Octavio Broggio erbaut, dem bedeutendsten nordböhmischen Baumeister des Barocks.

Zámek Roudnice nad Labem (Schloss), Očkova 1. Ursprünglich befand sich an dieser Stelle eine romanische Burg, bis im 17. Jh. das frühbarocke Schloss nach den Plänen von Francesco Caratti und Antonio Porta errichtet wurde.

Věž Hláska (Wachtturm), ÖZ: Mai-Mitte Juni, Sa, So/Fei 10-16 Uhr, Mitte Juni-Aug., Di-Fr 13.30-16.30 Uhr, Sa, So/Fei 10-17 Uhr. Von der im 14. Jh. errichteten Stadtbefestigung blieb nur dieser Turm erhalten. Von oben bietet sich ein schöner Blick über die Stadt und das Umland.

Říp (Georgsberg). Der südlich der Stadt gelegene 456 m hohe Berg ist eine nationale Kulturgedenkstätte: Hier soll der Sage nach Urvater Čech seine Wanderung beendet haben, als er das tschechische Volk in seine neue Heimat führte. Das Gebiet wurde ihm zu Ehren nach seinem lateinischen Namen „Boemus" Boemia benannt. Jedes Jahr am St. Georgstag findet eine Pilgerfahrt statt. Oben am Berg steht die Romanische Rotunde St. Georg und Adalbert.

Kratochvilova rozhledna (Kratochvoliva Turm). Aussichtsturm aus dem Jahr 1934 im Park südlich des Zentrums.

Von Roudnice nach Litoměřice *18,5 km*

AUSFLUG Wenn Sie die Gedenkstätte in Terezin besuchen möchten, können Sie entweder von hier aus auf dem linken Elbufer über Hrobce und Libotenice radeln oder kurz vor Nučnice mit der Fähre übersetzen (s. u.).

Auf der Hauptroute im Zentrum von **Roudnice nad Labem** im spitzen Winkel nach links und auf der **Nationalstraße 240** hinüber an das rechte Flussufer ~ links ab nach **Vědomice** ~ **14** dort halblinks halten und auf dem Radweg **K. Ostende** nach Černěves.

Lounky, Kapelle Sv. Kateřina

Černěves R

Im Ort kurz rechts, dann wieder links nach **Lounky** ~ **15** hinter der Kirche nach links über das Bächlein wechseln ~ am Rastplatz und der Infotafel vorbei ~ nach der Bushaltestelle links zum Flussufer ~ direkt am Elbstrand bei der Strandbar an der schönen **Rastmöglichkeit** mit Blick auf die Kapelle Sv. Kateřina bei Libotenice vorbei ~ an der folgenden Kreuzung links halten und in der Nähe des Ufers weiter ~ unmittelbar inmitten der Felder endet das Asphaltsträßchen und es geht auf einem holprigen, zweispurigen Feldweg weiter ~ bei **Nučnice** links in die recht stark befahrene **Nationalstraße 261** (⚠) einbiegen.

VARIANTE Gleich darauf haben Sie die Möglichkeit, mit der Fähre auf das linke Elbufer zu wechseln und Terezín zu besuchen. Dabei umfahren Sie auch das unbefestigte Wegstück vor Litoměřice

AndersRum (Karte A6): In **Lounky** links zur Straße, dann rechts nach **Černěves** ~ im Ort rechts zum Ufer und links ab nach **Vědomice** ~ hoch zur Hauptstraße und auf dieser rechts über die Elbe nach **Roudnice n. L.** ~ hier scharf rechts hinunter ~ unten am Ufer rechts ~ ein Radweg bringt Sie zur Straße nach **Dobřín** ~ an der Kreuzung kurz vor der Vorfahrtstraße links in die Straße **K Přívozu** ~ am Ortsausgang rechts ~ links in die Vorfahrtstraße einbiegen ~ in **Zaluží** an der Kreuzung rechts ~ über die Bahngleise und in den Wald ~ beim See links ~ in **Račice** rechts ~ am Ortsausgang links unter den Gleisen hindurch und auf der Straße weiter Richtung **Horní Počaply**.

Ausflug nach Terezín *22 km*

Sie setzen mit der Fähre über ~ am linken Elbufer geradeaus zur Vorfahrtstraße, hier nach rechts ~ vor dem Linksbogen am Ortsausgang der **Radwegmarkierung 3102** nach rechts folgen und weiter nach **Počably** ~ im Ort an der Vorfahrtstraße kurz nach links, dann gleich darauf rechts ab und weiter in das nächste Dorf.

České Kopisty L

Am Ortseingang erst geradeaus weiter, dann an der Gabelung rechts in den Ort hinein ~ das Sträßchen führt an die Elbe heran ~ dem

A6
Kochovice
Radouň
Sv. Kateřina
Lounky
Vrbice
ěško
Libotenice
Chodouny
Vetlá
Rohatce
Hrobce
Černěves
Židovice
Zavadilka
Vědomice
Kyškovice
Hamráček
Brzánky
Kozlovice
Záluží
Račice
Sportzentrum Račice
Labe
Štěti
Strači
Hněvice
Předonín
Benzinov
Počeplice
Dobříň
Chavlín
Podlusky
Podřipské muzeum
Galerie moderního umění
Roudnice
nad Labem
Bezděkov
Bechlín
Horní Počaply
Na Pelu
ašníky
15
14
13
12
7
7,5
3
3,5
3,8
4,2
A7
A5
240
261

Linksbogen folgen, dann geradeaus weiter ⇝ an der Vorfahrtstraße wenden Sie sich nach rechts und radeln aus dem Ort hinaus ⇝ an der T-Kreuzung mit der Vorfahrtstraße nach rechts, links befindet sich die Gedenkstätte.

Terezín L

PLZ: 41155

- **Informační středisko**, nám. ČSA 179, ✆ 416782616, www.terezin.cz
- **Muzeum Ghetta (Ghettomuseum)**, ✆ 416782225 od. 416782442, ÖZ: April-Sept., 9-18 Uhr, Nov.-März, 9-17.30 Uhr. Das Museum wurde 1991 in der ehemaligen Schule eingerichtet. Die Ausstellungen wurden mit Hilfe ehemaliger Häftlinge entworfen.
- **Magdeburská kasárna (Magedburger Baracken)**., ÖZ: Nov.-März, tägl. 9-17.30 Uhr, April-Okt., tägl. 9-18 Uhr. In den wieder hergestellten Baracken ist zu sehen, wie zu Zeiten des Ghettos ein Schlafraum aussah. Außerdem wird das kulturelle Leben im Ghetto behandelt, das trotz der widrigen Umstände gepflegt wurde. Es gab u. a. Musik- und Thaeteraufführungen etc.
- **Malá pevnost (Kleine Festung)**, ✆ 416782225, ÖZ: April-Okt., 8-18 Uhr, Nov.-März, 8-16.30 Uhr. Nationale Kulturgedenkstätte, seit Beginn des 19. Jhs. als schweres Gefängnis und während des Zweiten Weltkrieges als Konzentrationslager benutzt; heute Mahnmal und Gedenkstätte an die Grauen der Zeit des Nationalsozialismus.
- **Krematorium und Jüdischer Friedhof**, ÖZ: April-Okt., So-Fr 10-18 Uhr, Nov.-März, So-Fr 10-16 Uhr

Die Festung Theresienstadt wurde unter Kaiser Josef II. erbaut. Sie war dazu bestimmt, die Zugangswege in das Innere Böhmens zu sichern. Diese Aufgabe hat Theresienstadt nie erfüllt, sie entwickelte sich jedoch zu einer bedeutenden Garnisonsstadt. Die Kleine Festung diente seit Beginn des 19. Jahrhunderts als Gefängnis für Soldaten, aber auch für politische Gegner der Habsburger Monarchie.

Traurige Berühmtheit erlangte Theresienstadt durch die Greueltaten des NS-Regimes nach der Okkupation Böhmens und Mährens. In der kleinen Festung wurde von der Prager Gestapo im Juni 1940 ein Polizeigefängnis eingerichtet. Die Hauptfestung in der Stadt verwandelten die Nationalsozialisten im November 1941 in ein Ghetto für die jüdische Bevölkerung. Bis Mitte 1942 wurden alle ursprünglichen Einwohner zwangsausgesiedelt. Ganz Theresienstadt wurde zu einer Stadt hinter Gittern.

Ursprünglich war das Theresienstädter Ghetto als Sammel- und Durchgangslager für die Juden aus Böhmen und Mähren gedacht, es entwickelte sich jedoch auch zu einem sogenannten Altersghetto für Häftlinge aus Deutschland und anderen okkupierten Ländern. Bis zum Kriegsende wurden rund 140.000 Menschen aus Böhmen, Mähren,

AndersRum (Karte A7): In **Velké Žernoseky** nach der Fähre links ins Zentrum, dann rechts in die Vorfahrtstraße einbiegen ⇝ nach ca. 500 m unter der Bahn hindurch und auf dem Weg neben der Bahn entlang ⇝ links um den See herum ⇝ an der T-Kreuzung nach links und unter der Bahn hindurch ⇝ vor dem Bahnübergang nach rechts und auf dem Weg zwischen Bahn und Elbe weiter ⇝ am Klärwerk vorbei und durch die Siedlung ⇝ links unter der Bahn hindurch geht es ins Zentrum ⇝ auf der Brücke über den Kanal und unter der Hauptstraße hindurch ⇝ nach dem Campingplatz geradeaus in den Park ⇝ auf dem Weg bis nach **Křešice** ⇝ hinter **Nučnice** im Linksknick der Straße geradeaus auf dem ufernahen Feldweg nach **Lounky**.

Deutschland, Österreich, Holland, Dänemark, der Slowakei und Ungarn nach Theresienstadt deportiert. Während der letzten Kriegstage trafen aus den liquidierten Konzentrationslagern in Polen und Deutschland noch weitere 13.000 Häftlinge ein, die zum Großteil schwer erkrankt waren und sich am Rande völliger Erschöpfung befanden.

Von den 87.000 Menschen, die mit ständig neuen Transporten aus Theresienstadt zu weiter im Osten gelegenen Vernichtungslagern gebracht wurden, überlebten nicht einmal 4.000 den Krieg.

Nach Überquerung des Flusses Ohře (Eger) dem Rechtsbogen folgen ⇝ im Linksbogen der Straße der **Radroute 204** folgend geradeaus

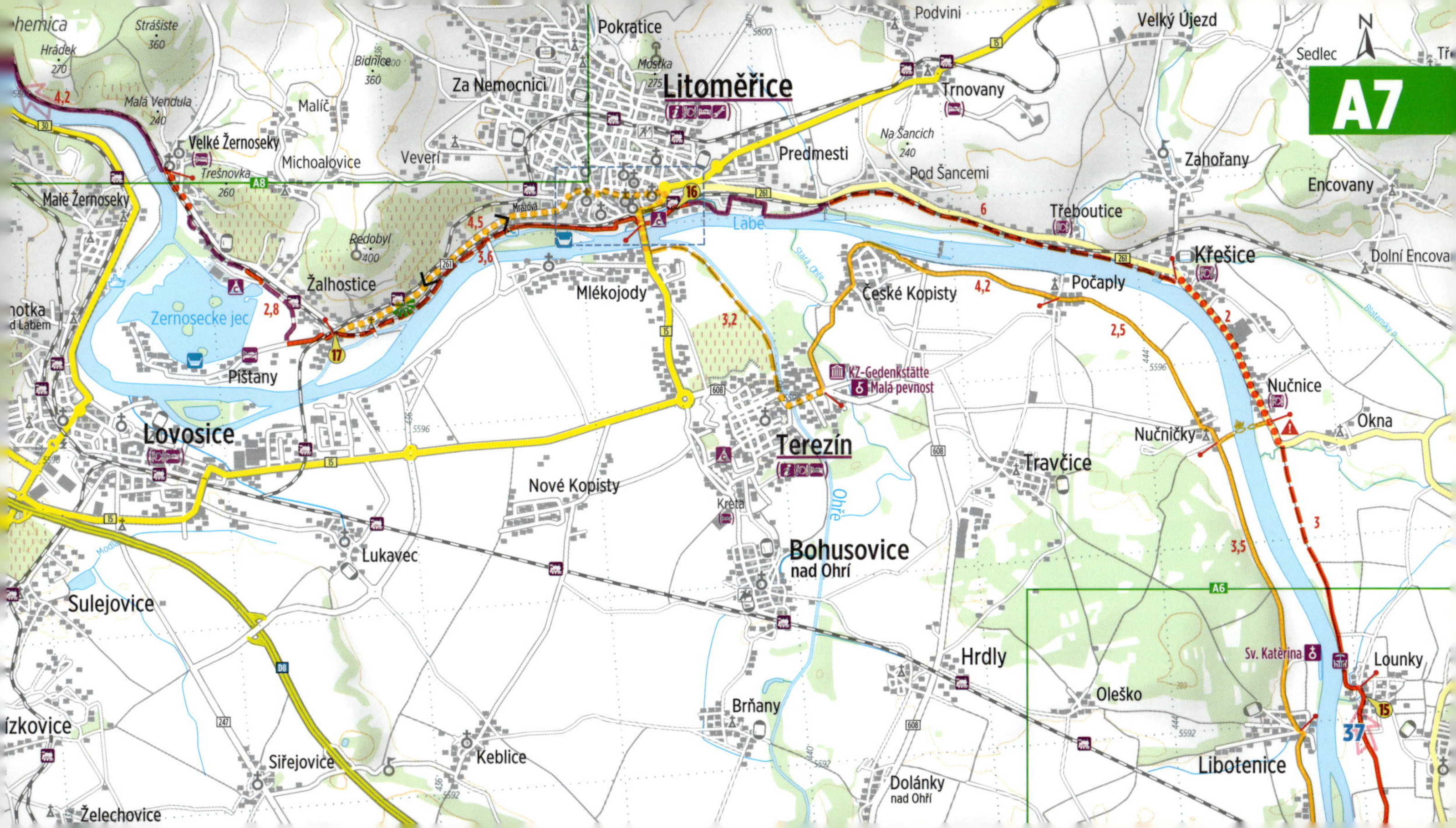

A7
Litoměřice
Lovosice
Terezín
Bohusovice
nad Ohří
Velké Žernoseky
Malé Žernoseky
Žalhostice
Pištany
Mlékojody
České Kopisty
Počaply
Křešice
Nučnice
Nučničky
Travčice
Okna
Třeboutice
Zahořany
Encovany
Dolní Encova
Trnovany
Predmesti
Pod Šancemi
Na Šancích
240
Velký Újezd
Sedlec
Podvini
Pokratice
Mostka
275
Za Nemocnici
Veverí
Michoalovice
Malíč
Bidnice
360
Strášiste
360
Hrádek
270
Malá Vendula
240
Trešnovka
260
Redobyl
400
Mrázová
Zernosecke jec
Labe
Ohře
Stará Ohře
KZ-Gedenkstätte
Malá pevnost
Nové Kopisty
Kreta
Lukavec
Sulejovice
Hrdly
Oleško
Libotenice
Lounky
Sv. Kateřina
Brňany
Doľánky
nad Ohří
Keblice
Siřejovice
Želechovice
ízkovice
notka
d Labem
A8
A6
D8
16
17
15
37
4,2
2,8
4,5
3,6
3,2
6
4,2
2,5
2
3
3,5

Litoměřice (Leitmeritz), Kalna

auf den unbefestigten Weg am Fluss entlang ⇝ an der großen Brücke rechts nach **Litoměřice** hinüber ⇝ am anderen Elbufer in der Rechtskurve der Vorfahrtstraße (**Mezibraní**) links abbiegen ⇝ nochmal nach links und unter der Bahn hindurch, hier treffen Sie auf die Hauptroute.

Auf der Hauptroute weiter bis **Křešice** ⇝ noch vor der Kirche und der großen Kreuzung nach links auf den Schotterweg und zwischen den Häusern und dem Fluss entlang ⇝ im Rechtsbogen des Weges geradeaus weiter auf den etwas holprigen zweispurigen Feldweg ⇝ kurz auf Asphalt entlang, dann am Ende des Radweges der Radroutenbeschilderung nach rechts folgen und zu den Bahngleisen hinauf.

TIPP: Hier führt zwar geradeaus weiter ein guter Asphaltweg, allerdings gibt es beim Wehr kein Durchkommen!

Am Bahnübergang geradeaus weiter südlich der Gleise, zur Umfahrung dieses etwas holprigen Abschnittes bleibt nur die stärker befahrene Straße nördlich der Bahn ⇝ nach etwa 2 km für ein paar Meter geradeaus auf das asphaltierte Sträßchen, dann nach der kleinen Brücke links auf den Radweg ⇝ an der folgenden Gabelung rechts halten ⇝ um das Betriebsgelände herum ⇝ durch den Park ⇝ **16** bei der Straße **Velká Mlýnská** für die Weiterfahrt nach links, zum Bahnhof und ins sehenswerte Zentrum von Litoměřice nach rechts über die Brücke.

Litoměřice (Leitmeritz) R

PLZ: 41201

- **Městské Informační Centrum (Info-Zentrum)**, Mírové nám. 15/7, ✆ 416732440, www.litomerice.cz; Stadtführungen April-Okt.
- **Galerie a muzeum litoměřické diecéze (Galerie und Museum der Diözese Litoměřice)**, Mírové nám. 24, ÖZ: Di-So 9-12 und 13-17 Uhr
- **Oblastní vlastivědné muzeum (Heimatkundliches Museum)**, Mírové nám. 40/171, Altes Rathaus, ✆ 416731339, ÖZ: Di-So 10-17 Uhr. Geschichte von der Urzeit bis zur Gegenwart
- **Galerie výtvarného umění (Galerie der bildenden Künste)**, Michalská 29, ✆ 416732382, ÖZ: Di-Sa. Bildende Kunst aus Gotik, Renaissance, Barock, dem 19. Jh. und moderne Kunst; naive Kunst: Plastiken, Gemälde
- **Katedrála Sv. Štepána (Stephanskathedrale)**, bischöfliche Residenz, Domplatz
- **Děkanský kostel Všech svatých (Dekanalkirche der Allerheiligen)** und **Stadtturm**, Mírové nám. (Marktplatz)
- **Kostel Sv. Václave (St. Wenzelskirche)**, Václavské náměsti. Diese Barockkirche wurde im 18. Jh. von O. Broggio erbaut.

Litoměřice (Leitmeritz)

- **Dům Kalich (Kelchhaus)**, Mírové nám. 15/7, ÖZ: April-Okt. Im 16. Jh. vom Baumeister Balli mit einer Kuppel in Form eines Weinkelches umgebaut; heute Aussichtsturm. Hier sind außerdem Stadtamt und Informationszentrum untergebracht.
- **Morový sloup (Pestsäule)**, Mírové nám. 1680 wurde die Mariensäule von Giulio Broggio und A. Walde zum Gedenken an die Pestepidemie erbaut.
- **Unterirdische Keller**, Mírové nám. 21, Gaststätte „Rathauskeller“, ✆ 416731142. Die 366 m langen unterirdischen Gänge der Weinkeller sind von Juni-Aug. tägl. zugänglich; von Sept.-Mai nur nach tel. Vereinb.

Krematorium Richard, Michalovická. Im Jahr 1944 wurde unter dem Hügel Bidnice die unterirdische Fabrik und die Zweigstelle des Konzentrationslagers Flossenburg gebaut. Die unterirdischen Räume sind heute nicht zugänglich, in einigen ihrer Teile gibt es eine kleine Lagerstätte von Nuklearabfall. Das pietätvoll hergerichtete Krematorium ist in der Saison zugänglich.

Freibad, Písečný ostrov, ÖZ: 9-19 Uhr

Die namensgebende slawische Festung stammte aus dem 9. Jahrhundert, damals wurde auf der Fläche des Domgipfels eine Burg errichtet. Im 11. Jahrhundert entstand hier die Stephanskathedrale, mit der die Entwicklung Litoměřices zur bischöflichen Residenz eingeläutet wurde. Neben den heute noch zahlreichen und sehenswerten Kirchen bezaubert Litoměřice vor allem mit seinem harmonischen Stadtplatz, umrahmt von Bürgerhäusern der verschiedenen architektonischen Strömungen von der Gotik über die Renaissance zum Barock. Die Barockisierung der Stadt wurde von Giulio Broggio und seinem Sohn Ottavio während des 18. Jahrhunderts durchgeführt.

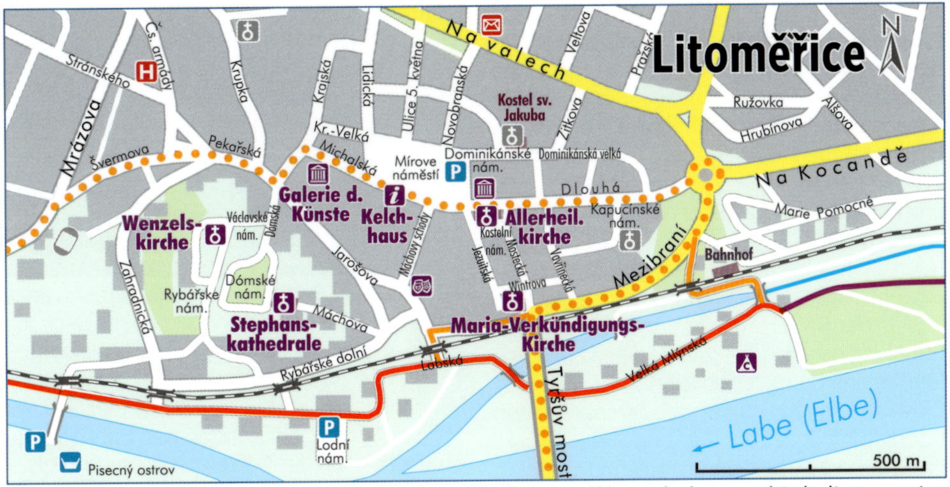

Von Litoměřice nach Ústí nad Labem 26,5 km

Auf der Straße **Velká Mlýnská** unterqueren Sie die Hauptstraße, die über die Elbe führt ~ auf der Brücke über den Kanal ~ dem Verlauf der Straße folgen, dann parallel zur Bahn weiter ~ am Klärwerk vorbei ~ **17** am Bahnübergang bei **Žalhostice** nach links und die Gleise unterqueren ~ an der folgenden Gabelung links ~ nach ca. 300 m nach rechts auf den Weg durch die Felder ~ nördlich des Sees rechts zur Brücke über die Bahn, hier bleiben Sie aber südlich der Gleise und fahren geradeaus auf den Schotterweg ~ an der nächsten Weggabelung rechts halten ~ unter der Bahn hindurch, dann links in die Straße einbiegen und in den Ort hinein.

Velké Žernoseky R

Fähre nach Malé Žernoseky, Fährzeiten: im Sommer tägl. 7-19 Uhr (Hochsommer Fr-So 7-21 Uhr), ansonsten Mo-Do 7-17 Uhr, Fr-So 7-18 Uhr; jeweils zu den Minuten 20, 40 und 60

Der enge Eintritt der Elbe am Ende des Böhmischen Beckens ins Böhmische Mittelgebirge wird **Porta Bohemica** genannt.

Im Ortszentrum noch vor der Kirche links abzweigen ~ unter der Bahn hindurch zur kleinen Fähre ~ Richtung Ústí auf dem asphaltierten Radweg am Fluss entlang ~ Sie passieren die sogenannte **Porta Bohemica**, wo sich die Elbe zwischen den Bergen hindurch ihren Weg in das böhmische Mittelgebirge bahnt, und kommen wenig später nach Libochovany.

Libochovany

Nach der Kirche rechts am **Dorfplatz** vorbei ~ am Ende des Platzes rechts halten, gleich darauf an der Gabelung links ~ an der nächsten Gabelung geradeaus ~ der Radweg zwischen Elbufer und Bahngleisen leitet Sie in Richtung Církvice ~ kurz nach der elbüberspannenden Rohrleitung endet der Radweg in einer Kurve der **Straße 261**, hier geradeaus und vor dem Elbhang entlang ~ vor den ersten Häusern nach links auf den Radweg.

Církvice

Unterhalb der Gärten entlang ~ vorbei an einem kleinen Hafen mit Bootssteg ~ **18** hinter der Kirche mit dem einzelstehenden Glockenturm nach rechts und zwischen den Häusern hindurch ~ an der **Straße 261** kurz nach links, dann gleich wieder rechts ~ kurz steil hinauf

Velké Žernoseky, vor der Porta Bohemica

und über die Bahngleise, gleich danach links auf den Radweg und mit schönem Blick ins Elbtal an der Bahn entlang ~ in ein Waldstück hinein und kurz steil bergauf ~ an ein paar Wohnhäusern vorbei ~ nach einer kurzen steilen Abfahrt links unter der Bahnstrecke hindurch ~ an der T-Kreuzung nach rechts.

Sebuzin

An der Straße oberhalb des Kreisverkehrs leicht rechts versetzt geradeaus, links vorbei an der Kapelle, ⚠ Achtung fahren Sie nicht rechts steil bergauf! ~ vorbei an der Durchfahrtsperre und kurz bergab ~ am Bordstein fahren Sie geradeaus weiter und überqueren ein Zuflüsschen ~ danach geradeaus weiter und nach wenigen Metern auf den Rad- und Fußweg ~ am Ende des Weges links hinunter, die Straße überqueren und nach rechts dem Radweg am Ufer bis nach **Brná** folgen, unterwegs laden zahlreiche schöne Uferstellen zur Rast ein.

TIPP **Um in den am Hang liegenden Ort zu gelangen, können Sie entweder schon zu Beginn auf die nur relativ sanft ansteigende Straße wechseln, oder Sie müssen später schmale steile Wege, teilweise mit Treppen, hinauf.**

Sie passieren das Ortseingangsschild von Ústí nad Labem und radeln am Rand des Ortsteiles **Brná** entlang ~ erst am **Sportboothafen**, dann am **Thermalbad** vorbei ~ **19** Am Ortsende nochmals die Bahnlinie kreuzen, dahinter kurz steil hinauf und oben der **Radroute 2** folgend scharf links ~ an der Gabelung bei den Häusern links in Ufernähe bleiben ~ zwischen Gleisen und der Straße bis zur Schleuse unterhalb der Burgruine **Střekov** (Schreckenstein).

Střekov (Schreckenstein) R

Südlich der Stadt Ústí nad Labem steht am rechten Elbufer auf einem 100 m hohen Felsen die das Stadtbild beherrschende **Burgruine Schreckenstein**. Sie wurde 1318 zur Verteidigung der Handelswege errichtet. Heute beherbergt sie ein Restaurant, eine Weinstube und eine Terrasse mit herrlicher Aussicht.

Cykloservis, Ke Hradu 1030/6, ✆ 475530401

AndersRum (Karte A8): Ein gut ausgebauter Radweg führt mal rechts mal links der Bahn ufernah via **Brná**, **Sebuzín**, **Církvice** und **Libochovany** bis **Velké Žernoseky**.

VARIANTE ⚠ Auf der folgenden Passage sind vier Tragestellen an Treppen mit linksseitigen Schiebeschienen zu überwinden, um den Blick auf die Schleuse von einer Aussichtsplattform genießen zu können. Radreisenden mit größerem Gepäck ist davon abzuraten. Wollen Sie die Treppen umgehen, fahren Sie ein Stück auf der verkehrsreichen Straße 261. Nach gut 300 m gelangen Sie durch eine Unterführung zurück auf den Elbe-Radweg. Wenn Sie kurz nach links fahren, können Sie die Räder unten stehen lassen und zu Fuß auf die Plattform steigen.

Anschließend verläuft der gut ausgebaute Radweg wieder direkt am Elbufer entlang bis zur schönen Brücke (**most. Dr.-E.-Beneše**), die nach Ústí hinüberführt.

Ústí nad Labem L

PLZ: 40001

- **Informační Středisko Ústí n. L.**, Mírové nám. 1/1, ✆ 475271700, www.usti-nad-labem.cz
- **Muzeum města ústí nad Labem (Stadtmuseum)**, Masarykova 3, ✆ 475210937, ÖZ: Di-Fr 9-17 Uhr, Sa 10-18 Uhr

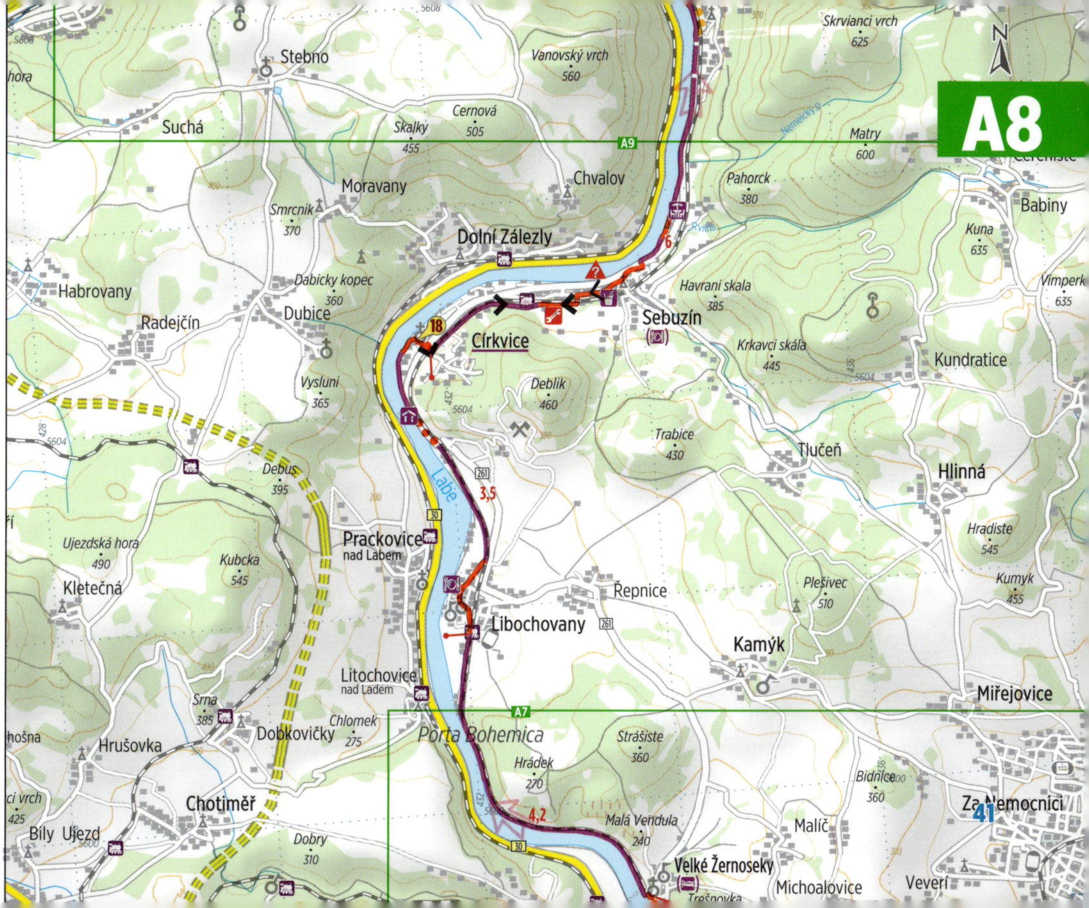

Kostel Nanebevzetí Panny Marie (Maria-Himmelfahrts-Kirche), OT Trmice. Die Dechanatskirche wurde 1318 errichtet und nach der Vernichtung während der Hussitenkriege 1452 bis 1530 wieder aufgebaut. Das spätgotische Gewölbe mit durchgeschnittenen Rippen zählt zu den wertvollsten Zeitstücken, die die Entwicklung des Kirchenbaus in Nordböhmen dokumentieren. Die Stabilisierung des am Ende des Zweiten Weltkrieges durch Bombeneinwirkung von der Senkrechtachse abgewichenen Turmes wurde 1956 beendet.

Zoo, Drážďanská 23, Krásné Březno, ✆ 475503354, ÖZ: Sommer 8-18 Uhr, Winter 8-16 Uhr

Fahrradwerkstatt Sport Cykloprodejna, Velká hradebni 17, ✆ 475210476 (gute Deutschkenntnisse)

Ústí liegt an der Mündung der Bílina in die Elbe. Die ersten Siedlungen gehen auf die neolithische Zeit zurück, erstmals urkundlich erwähnt wurde Ústí zu Beginn des 11. Jahrhunderts. Der königlichen Burg folgte bald eine slawische Siedlung und schon im 13. Jahrhundert wurde Ústí zur königlichen Stadt erhoben. Von der mittelalterlichen Prägung der Stadt ist leider im Laufe der Zeit und der Industrialisierung nicht viel übrig geblieben. Beeindruckend geblieben ist aber die Lage im engen Tal der Elbe.

Perfekt ausgebauter Elbe-Radweg vor Valtírov

Von Ústí nad Labem nach Děčín 24 km

Von der Brücke nach Ústí geradeaus auf dem Radweg weiter ~ **20** unter der **Marienbrücke** hindurch ~ der Radweg führt an die Straße heran ~ auf der Radspur parallel der Bahnlinie durch **Olšinky** ~ später auf dem linksseitigen Radweg weiter nach **Svádov**, hier beginnt ein guter ufernaher Radweg ~ an Sportplätzen vorbei und Gärten entlang ~ leicht links versetzt am Rastplatz vorbei und am Uferweg weiter ~ bei der anmutigen Kirche ein paar Meter steil hinauf ~ oben an der Asphaltstraße links sanft bergab.

Valtířov

Im Örtchen an der Gabelung rechts, dann geradeaus in die Einbahnstraße ~ vorbei an einem kleinen Dreiecksplatz mit Spielplatz ~ in die für Kraftverkehr gesperrte Straße hinein ~ im weiten Rechtsbogen bis zum Bahnübergang, vor diesem links auf den asphaltierten Radweg ~ **21** an der T-Kreuzung nach links, kurz darauf rechts und nach 50 m links ab Richtung Elbufer ~ hinter dem Grundstück rechts auf den asphaltierten Rad- und Fußweg.

> **AndersRum (Karte A9):** Noch vor **Velké Březno** kurz an die Straße heran, dann auf dem Radweg um den Ort herum ~ bei der Fähranlegestelle links, wenig später nach rechts ~ rechts haltend auf den Radweg ~ kurz vor der Vorfahrtstraße rechts auf den Radweg und an den Gleisen entlang ~ an der Querstraße rechts nach **Valtířov** ~ oben hinterm Friedhof rechts auf den neuen Radweg steil hinunter ~ von **Svádov** auf dem Radweg bzw. der Radspur via **Olšinky** zur Brücke vor **Ústí** ~ dahinter rechts durch die Poller und ans Ufer ~ unter der Brücke **most. Dr.-E.-Beneše** hindurch ~ ⚠ vor der **Staustufe Střekov** auf die Straße oder dort über Treppen, dann weiter auf dem gut ausgebauten Radweg nach **Brná**.

Velké Březno R

Zamek Velké Březno (Staatsschloss Groß Priesen). Als königliches Chateau für die Herzöge von Chotek erbaut und um 1900 im Renaissancestil umgestaltet. Das Schloss wird umrahmt von einem Garten im englischen Stil mit seltenen Bäumen und Sträuchern. Es werden Musikkonzerte und Ausstellungen veranstaltet.

Es geht um den Ort herum ~ über einen breiteren Zufluss ~ vor den Grundstücken links

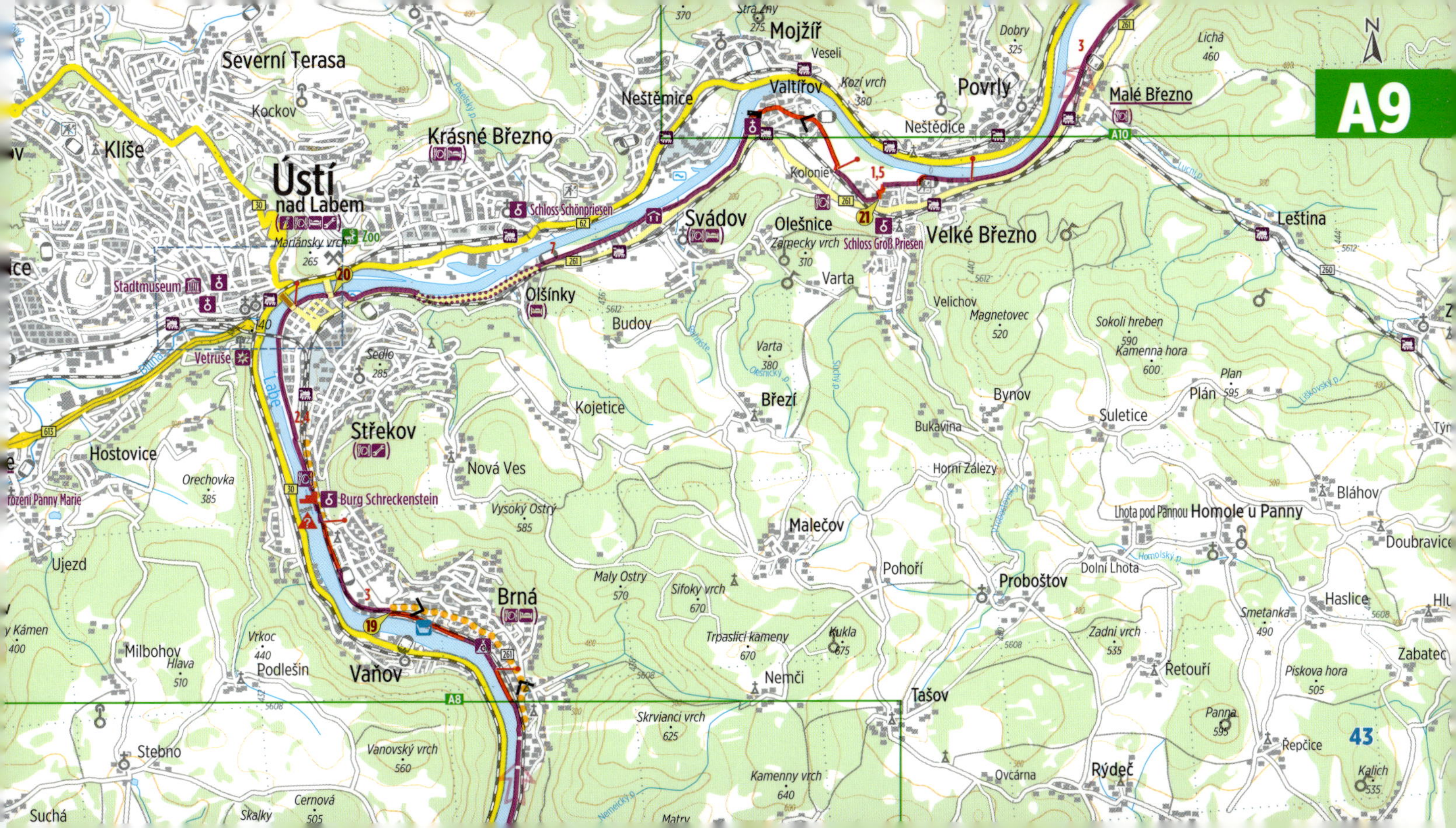
A9
Ústí nad Labem
Severní Terasa
Kockov
Klíše
Krásné Březno
Schloss Schönpriesen
Zoo
Mariánský vrch
265
Stadtmuseum
Vetruše
Neštěmice
Mojžíř
Stra žny
275
370
Veseli
Valtířov
Kozí vrch
380
Dobry
325
Povrly
Neštědice
Malé Březno
Lichá
460
A10
Kolonie
1,5
Svádov
Olešnice
Schloss Groß Priesen
Velké Březno
Zamecky vrch
310
Varta
Olšínky
Budov
Leština
Velichov
Magnetovec
520
Sokoli hreben
590
Kamenna hora
600
Sedlo
285
Varta
380
Kojetice
Březí
Bynov
Plán
Plan
595
Suletice
Bukavina
Střekov
Labe
Hostovice
Orechovka
385
Nová Ves
Horní Zálezy
Burg Schreckenstein
Vysoký Ostrý
585
Lhota pod Pannou
Homole u Panny
Bláhov
Doubravice
rození Panny Marie
Ujezd
Malečov
Pohoří
Probostov
Dolní Lhota
Maly Ostry
570
Sifoky vrch
670
Brná
Haslice
Smetanka
490
Kámen
400
Milbohov
Hlava
510
Vrkoc
440
Podlešin
Vaňov
Trpasličí kameny
670
Kukla
675
Zadni vrch
535
Řetouří
Piskova hora
505
Zabatec
Nemči
Tašov
A8
Skrvianci vrch
625
Stebno
Vanovský vrch
560
Panna
595
Řepčice
Kamenny vrch
640
Ovčárna
Rýdeč
Kalich
535
Suchá
Skalky
Cernová
505
Matry
43

AndersRum (Karte A10): Beim Bahnhof von **Křešice** an der Vorfahrtstraße nach rechts ⤳ geradeaus bei langsam nachlassendem Autoverkehr nach **Boletice** und **Nebočady** ⤳ bald rechts der Bahn nach **Jakuby** und weiter nach **Těchlovice**, hier auf den Uferradweg wechseln und zwischen Bahngleisen und Elbe an **Malé Březno** vorbei.

halten ⤳ hinter der Gaststätte links Richtung Bad Schandau ⤳ hinter dem Parkplatz links und zurück zum Elbufer, hier rechts auf den Radweg und am **Fähranleger** vorbei ⤳ etwas hinter dem Ort neben der Straße, dann wieder näher am Ufer entlang und an **Male Březno** vorbei ⤳ noch vor dem Bahnübergang nach links und neben der Bahnstrecke weiter ⤳ kurz bevor Sie zur Straße kommen halten Sie sich links und bleiben auf dem Radweg zwischen Elbe und Straße ⤳ kurz vor **Těchlovice** führt derzeit der Radweg auf die Straße.

PLANUNG Im Herbst 2012 waren an dieser Stelle die Bauarbeiten im Gang. Bis zum Frühjahr 2013 soll ein durchgängiger Radweg am Elbufer entlang bis nach Děčín fertiggestellt sein.

Bis zur Fertigstellung des neuen Radweges müssen Sie auf der Straße fahren ⤳ Sie passieren die Orte **Nebočady**, **Boletice** und **Křešice**

AndersRum (Karte A11): Von **Horní Žleb** unter der Bahn hindurch und auf der Straße direkt an der Elbe zur Brücke nach **Děčín**, wo Sie auf das andere Ufer wechseln ~ rechts in die Straße **Zamecká**, zum Fluss hinab und am Schloss vorbei ~ Bahn und Hauptstraße unterqueren ~ am Kreisverkehr gleich die nächste Straße nach rechts und über den Kanal ~ an der Gabelung rechts halten, dann auf der Straße in Elbnähe weiter nach **Křešice.**

~ hier steigert sich das Verkehrsaufkommen, Děčin ist nicht mehr fern ~ immer auf der nun etwas hügligen Hauptstraße weiter ~ in **Marjanin** nach der Rechtskurve und vor der Steigung links auf die Straße ~ **22** an der T-Kreuzung nach links und über die Gleise hinüber ~ das Sträßchen **Staroměstské nábř.** führt wenig später wieder näher ans Flussufer heran ~ auf der Straße **Polabi** weiter, am Ende dem Rechtsbogen folgen ~ links am Park entlang und über den Kanal ~ **23** beim Kreisverkehr im spitzen Winkel nach links auf den Radweg ~ unter der Straßen- und der Eisenbahnbrücke hindurch, am Platz unterhalb des Schlosses entlang.

Děčín R

Städtisches Infozentrum DEZKA, Prokopa Holého 808/8, ✆ 412531333, www.decin.cz

- Infozentrum Schloss Děčín, Dlouhá jízda 1253, ✆ 412518905
- **Kostel Sv. Václava a Blazeje (St. Wenzel- und St. Blasius-Kirche).** Barockkirche aus dem 18. Jh.
- **Kostel Sv. Krize (Heiligkreuzkirche).** Der Bau aus dem 17. Jh. erinnert stark an die Peterskathedrale in Rom.
- **Zamek Děčín (Schloss).** Zum Schloss führt ein fast 300 m langer und von einer 7 m hohen Mauer eingefasster Weg, der „Lange Ritt“. Entlang der Nordwand zieht sich der terrassenförmig angelegte Barockgarten **Ruzová zahrada** mit Fresken in der Sala terrena.

Von Děčín nach Bad Schandau 22,5 km

In Děčín erst unter der Vorfahrtstraße (Tyršova) hindurch, dann rechts hinauf auf die Brücke und über den Fluss hinüber ~ nach der Brücke rechts weiter ~ an jener Stelle, wo ein Hinweisschild links nach Horní Žléb weist, geradeaus in die Sackgasse und weiter über **Připeř** nach **Horni Žleb** ~ **24** unter der Brücke hindurch und geradeaus weiter auf dem gut asphaltierten Weg am Elbufer ~ am Bahnhof **Čertova Voda** vorbei ~ zwischen Elbe und Bahn auf der **Radroute 2** bis nach Dolní Žléb.

Dolní Žléb L

25 Auf dem gut ausgebauten Radweg über den Grenzübergang für Radfahrer und Fußgänger.

VARIANTE: Sie können hier nach der Grenze mit der Fähre auf das rechtselbische Ufer wechseln und auf dem Radweg zwischen Straße und Fluss nach Bad Schandau fahren.

Schmilka R

Fähre, Betriebszeiten: tägl. 5.20 bis 8.15 Uhr, 8.45 bis 19 Uhr u. 19.30 bis 22.15 Uhr

Es geht über Krippen bis nach Bad Schandau.

Krippen L

PLZ: 01814

Museum Kellerhaus, Friedrich-Gottlob-Keller-Str. 76, ✆ 035022/90030, Mai-Okt., Sa 9.30-11.30 Uhr. Wissenswertes über den Erfinder des Holzschliffpapiers Friedrich Gottlob Keller und die Anfänge der Papierindustrie

VARIANTE: Von Krippen aus haben Sie mehrere Möglichkeiten, um nach Bad Schandau zu kommen:

AndersRum (Karte A12): Ab **Schmilka** am anderen Ufer ~ Sie kommen jetzt nach Tschechien ~ der perfekt ausgebaute Radweg führt durch **Dolní Žleb** und weiter bis nach **Horní Žleb**.

1.) Sie setzen mit einer der Fähren über.

2.) Sie fahren einfach am Ufer auf dem Radweg weiter. Es folgt hier jedoch ein relativ kurzes, weniger gut befahrbares, recht schmales Wegstück.

3.) Einfach auf der Hauptstraße aus Krippen hinaus und dann an der **B 172** rechts über die Brücke nach Bad Schandau.

Bad Schandau R

PLZ: 01814; Vorwahl: 035022

- **Kurverwaltung Bad Schandau**, Markt 12, ✆ 90030, www.bad-schandau.de
- **Heimatmuseum**, Badallee 10, ✆ 42173, ÖZ: Mai-Okt., Di-So 14-17 Uhr, Nov.-März, Sa, So 14-17 Uhr. Tourismus-, Stadt- und Bergsteigergeschichte
- Die **Stadtkirche St. Johannis** stammt aus dem Jahre 1709. Bemerkenswert sind der Renaissancealtar aus dem 16. Jh., der aus heimischem Sandstein, belgischem Marmor und sächsischen Halbedelsteinen für die Dresdner Kreuzkirche gefertigt wurde und erst 1927 nach Bad Schandau gelangte.
- **Alter Brauhof**, Markt 12. Renaissancebau mit achteckigem Treppenturm und Rundbogendurchfahrt mit Schlussstein aus dem Jahre 1680.

Altes Stadthaus, Poststr. 12. Von 1863-1938 Sitz des Rates, mit dem städtischen und dem kurfürstlichen Wappen versehen, verfügt über ein Sitznischenportal.

Nationalparkzentrum, Infozentrum der Nationalparkregion Sächsisch-Böhmische Schweiz, Dresdner Str. 2B, ✆ 50230. Eines der modernsten Naturschutzinformationszentren Deutschlands zeigt Ausstellungen über Natur und Kultur der Region.

Personenaufzug zum Ortsteil Ostrau (DJH), Fahrzeiten: April 9-18 Uhr, Mai-Sept., 9-19 Uhr, Okt. 9-18 Uhr, Nov.-März, 9-17 Uhr

Kirnitzschtalbahn in den Nationalpark

Toskana Therme, Rudolf-Sendig-Str. 8a, ✆ 54610. Im Thermalbad gibt es u. a. ein Becken mit Unterwassermusik und Laserlicht.

Fam. Strohbach, Sebnitzer Str. 5, ✆ 42883

Fahrradvermietung bei der Kurverwaltung

Oernis Radservice, Elbufer 99, ✆ 0160/97565973

Fahrradboxen direkt vor dem Rathaus, mit Fahrradpicknickplatz

Bad Schandau wurde 1437 erstmals urkundlich erwähnt und entwickelte sich dank des Elbhandels mit Holz und Getreide und der Elbschiffahrt zu einem florierenden Städtchen. Mit der Entdeckung der eisenhaltigen Quelle im Kirnitzschtal im 19. Jahrhundert begann der Aufstieg der Stadt zu einem beliebten Kur- und Erholungsort. Bereits 1730 hatte der Pirnaer Arzt Dr. Cadner auf die gesundheitsfördernde Wirkung des Wassers hingewiesen. Das Heilwasser wurde damals auf der Elbe bis Dresden gebracht und dort verkauft. 1799 entstand ein Badehaus, der rechte Touristenboom wollte sich jedoch nicht einstellen. Nicht mehr als 70 bis 80 Gäste jährlich konnten willkommen geheißen werden. Der berühmteste Patient war 1806 der Schriftsteller Theodor Körner. 1880 kaufte der Rat der Stadt das Badehaus, investierte in Umbauten und Parks, was sich bezahlt machte. Ab diesem Zeitpunkt kamen immer mehr Gäste in den Erholungsort direkt an der Elbe.

Blick auf Schmilka

Von Bad Schandau nach Pirna 22,5 km

26 In Bad Schandau verläuft der Radweg vor der Elbbrücke links darunter hindurch ~ dahinter wieder auf die Straße Richtung Rathmannsdorf ~ nach der Rechtskurve in **Wendisch Fähre** (Ortsteil von **Rathmannsdorf**) links nach **Prossen** ~ dort rechts am Schloss vorbei und an der Weggabelung dem Fahrradschild nach links folgen ~ auf den nächsten 3 km geht es hügelig, aber asphaltiert bis zur Fähre nach Königstein.

AndersRum (Karte A13): Von der **Fähre Königstein** am Nordufer rechts nach **Prossen** ~ geradeaus nach **Bad Schandau**, dann entweder weiter bis nach Schmilka oder per Brücke oder Fähre zum Südufer ~ immer auf separatem Radweg direkt am Fluss entlang.

Königstein/Sachsen

PLZ: 01824; Vorwahl: 035021

Tourist-Information Haus des Gastes, Schreiberberg 2, ✆ 68261, www.koenigstein-sachsen.de

Fähre Halbestadt–Königstein, Fährzeiten: Mo-Sa 4.30-5.05, 5.30-7.55, 8.20-18.55 und 19.20-20.55, 21.20-21.50 Uhr; So/Fei 5.30-7.55, 8.20-18.55, 19.20-20.55 und 21.20-22.50 Uhr

Museum Festung Königstein, ✆ 64607, ÖZ: April-Okt., tägl. 9-18 Uhr. Geschichte der Festung sowie Militärgeschichte

Stadtkirche St. Marien. Die einschiffige Barockkirche aus den Jahren 1720-1724 wurde nach einem Brand 1810-1822 erneuert. Die Innenausstattung ist klassizistisch.

A13
Porschdorf
Zum Alten Hansjörg
Prossen
Rathmannsdorf
Sebnitztalbahn
Diebshorn
235
Adamsberg
295
Weinberg
330
Birkenberg
350
Mittelndorf
Altendorf
Haidemühle
Kühnberg
360
Großstein
Hausberg
395
Kuhstall
Neumannmühle
Heulenberg
415
Großer Zschand
Gr. Lorenzstein
Teichstein
Kl. Liebe
Hohe Liebe
400
Pflanzengarten
A14
Bad Schandau
Kirnitzschtalbahn
Ostrau
Falkenstein
380
Langes Horn
Affensteine
Carolafelsen
460
Frienstein
Idagrotte
Winterberg
500
Nationalpark Sächs. Schweiz
Winterstein
390
Schrammsteine
Kleiner Dom
Toskana-Therme
Postelwitz
Elbe
B172
Großes Schrammtor
360
Teufelsturm
Rauschenstein
Kleiner Kuhstall
570
Nationa
4,5
5,5
0,6
26
1,8
7,5
8,5
Mützenhübel
225
Königstein
Kurort Gohrisch
Heideberg
320
Kleinhennersdorfer Stein
390
Kleinhennersdorf
Krippen
Kleine Bastei
225
Mittelhangweg
Pfaffendorf
Lichterhöhle
450
Keller-Museum
Koppelsdorf
Burschenbüschel
280
Krippenberg
Großer Winterberg
556
Katzenstein
455
Richterschlüchte
Kohlbornstein
370
Papstdorf
Reinhardtsdorf
Hundskirche
Schmilka
Smrkový opec
465
Barbarine
435
Vorderer Laasenstein
400
Wolfsberg
Schöna
Kaiserkrone
356
Schmilka-Hirschmühle
Deutschland
Česká republika
Stribne Steny
460
Prebischtor
Hinterer Laasenstein
Cunnersdorf
Forsthof
Jugenddorf Erna
Heimathaus
A12
Jägerhorn
Krizovatka
310
Kobylka
320
Zirkelstein
385
Waldbad
Spitzer Stein
410
Müllerstein
435
Katzsteinbaude
Kleingießhübel
Reuterhof
Hřensko
Kamenice
Edmundsklamm
Mezná
49
Katzfels
Katzstein
Lichter Kirchof
355
Kleiner Zschirnstein
475
Pisecný vrch
310
Janovský vrch
Janov
25

Die Sächsische Schweiz

„Elbsandsteingebirge" ist die amtliche Bezeichnung der bizarren Felsenwelt zwischen Pirna und Děčín, die sich auf einer Fläche von etwa 700 km² erstreckt und jährlich etwa eine Million Besucher anlockt.

Das eigentümliche Landschaftsbild entstand in Jahrmillionen. Verwitterung und Abtragungen haben aus der ursprünglich zusammenhängenden Sandsteinplatte ein felsiges Naturschauspiel geschaffen. Aus bewaldeten Ebenen ragen große Tafelberge ebenso hervor wie steinerne Zinnen, Türme und Nadeln, die sich zu bizarren Felsgruppen formieren.

Das größte Klettergebiet Deutschlands beherbergt auch an anderen Orten längst ausgestorbene Pflanzen und Tiere. Beispiele sind Krähenbeere und Knotenfuß oder Sperlingskauz und Eisvogel. In den nur äußerst schwierig zugänglichen Felsregionen wächst der Wald noch immer so wie vor Hunderten von Jahren. 1909 bemühten sich Naturfreunde bereits erstmals, solche Urwaldreservate unter Schutz zu stellen – damals noch vergebens. Erst 1956 wurde die Sächsische Schweiz auf Betreiben engagierter Bürger zwar noch nicht zum Nationalpark, aber immerhin zum Landschaftsschutzgebiet erhoben. 1990 wurde ein 93 km² großer Teil des Gebietes zum Nationalpark erklärt.

Basteibrücke

Der Sandstein der Sächsischen Schweiz fand jedoch auch wirtschaftliche Verwendung bei der Errichtung örtlicher Bauten, wie den Festungsmauern des Königsteins oder der Basteibrücke. Aber auch an anderen Orten wurde er „verbaut" – beim Dresdner Zwinger, dem Brandenburger Tor, dem Rathaus in Antwerpen oder Schloss Christiansborg in Kopenhagen. Der Abbau hat zwar die damalige Wirtschaft belebt, aber auch seine Spuren in der Naturlandschaft hinterlassen.

Von Kurort Rathen führt eine kurze Wanderung zur Bastei hinauf. Dort oben eröffnet sich ein herrlicher Blick über das Elbtal und die bizarren Felsformationen des Elbsandsteingebirges.

AndersRum (Karte A14): Von **Pirna** aus zwischen Bahn und Fluss entlang ~ auf der rechten Seite der Bahn geradeaus durch **Pötzscha**, dann wellig nach **Oberrathen** ~ links zur Fähre, dann auf der kleinen Uferstraße nach **Strand** ~ an der Straße nach Thürmsdorf links zum Ufer und daran entlang zur **Fähre Königstein** ~ mit der Fähre zum Nordufer übersetzen.

- Die **katholische Kirche** enthält ein Marienbild aus dem Jahr 1891 von Anna Maria von Oer und einen Kreuzwegzyklus (1960) des Dresdner Kunstmalers Rudolf Teufel.
- **Festung Königstein**. Die 9,5 ha große Wehranlage erhebt sich auf der linken Elbseite auf einem Sandsteintafelberg. Der erste Hinweis auf die Existenz einer Burg stammt aus dem Jahre 1241.
- **Elbe-Freizeitland Königsten**, Schandauer Str. 47a, ✆ 99080
- **Miniatur-Elbtalbahn**, Schandauer Str. 51c, ✆ 59218. Modelbahnschau in Spur H0 mit authentischer Gleisanlage und Bahngeschichte
- **Bootsverleih**: kanu-aktiv-tours, Schandauer Str. 17-19, ✆ 599960, u.a. Hochseilgarten, geführte Wanderungen etc.
- **Kletterschule und Bergsportladen KSH**, Pirnaer Str. 11, ✆ 59257
- **Fahrradverleih** in der Tourist-Information Königstein (s. o.)

Königstein erhielt seinen Namen von der gleichnamigen Burg, die im Laufe der Jahrhunderte zu einer immer größeren Verteidigungsanlage ausgebaut und nie erobert wurde. Aufgrund dieser Uneinnehmbarkeit suchten die sächsischen Kurfürsten und Könige in unruhigen Zeiten hinter den dicken Mauern der Festung Zuflucht und bewahrten hier auch Kunstschätze und den Staatsschatz

A14
Zatzschke
Uttewalde
Uttewalder Felsentor
Wehlener Kohlberg
260
Mockethal
Copitz
Posta
A15
Stadt Wehlen
Dorf Wehlen
Heimatmuseum
"Kleine Sächsische Schweiz"
Felsenbühne
Bastei
Amselgrund
Kurort Rathen
Niederrathen
Oberrathen
Rhododendronpark
Waltersdorfer Mühle
Waitzdorf
Grundmühle
Schanzberg
Frinzberg
250
Waltersdorf
Pirna
Cunnersdorf
Elbe
8,5
6
3,5
5,5
Robert-Sterl-Haus
Pötzscha
Weißig
Einsiedler
Obervogelgesang
Niedervogelgesang
Zeichen
Naundorf
Großer Bärenstein
325
Kleiner Bärenstein
340
Porschdorf
Zum Alten Hansjörg
Sebnitztalbahn
Sonnenstein
Ebenheit
Strand
Eulensteine
260
Kohlberg
205
Zehista
Südvorstadt
Struppen
Thürmsdorf
Prossen
Rathmannsdorf
4,5
Lilienstein
A13
Ebenheit
0,6
Goes
Steinberg
Krietzschwitz
Rottwerndorf
Halbestadt
Mützenhühel
225
1,8
Dohma
Struppen Siedlung
B172
Schäferberg
230
Festung Königstein
Hütten
Königstein
Kurort Gohrisch
Galgenberg
235
Neundorf
Heideberg
320
Kleinhennersdorfer Stein
390
Leupoldishain
Diebeskeller
Quirl
350
Pfaffendorf
Lichterhöhle
51
Koppels
ehem. Naturbühne
Cotta
Cotta B
Hirschkopf
Gottleuba
Papstdorf
29
28
27
26

auf. Einen traurigen Ruf erlangte die Anlage als gefürchtetstes Staatsgefängnis Sachsens. Seit 1955 dient die Festung als militärhistorisches Freilichtmuseum.

Die kleine Stadt verfügt über eine besonders reiche musikgeschichtliche Tradition aus vier Jahrhunderten: Gedenktafeln an Gebäuden und Denkmälern erinnern an berühmte Musiker, die hier geboren wurden, aufgewachsen sind bzw. hier gewirkt haben. Darunter befinden sich der Vizekapellmeister der Dresdner Hofkapelle Zacharias Hestius (1590-1669), der Barockkomponist und Hoforganist Christian Pezold (1677-1733) oder der Wagner-Förderer und Konzertmeister Hermann Franke (1848-1913).

27 In Königstein auf dem Uferweg weiter ⤳ bei **Thürmsdorf** links der Bahn auf eine kleine Landstraße ⤳ durch die Siedlung **Strand** immer möglichst elbnah nach **Oberrathen**.

Kurort Rathen

PLZ: 01824; Vorwahl: 035024

- **Haus des Gastes**, Fullhölzelweg 1, ✆ 70422, www.kurort-rathen.de
- **Felsenbühne.** Die Naturbühne inmitten der Kulisse gewaltiger Sandsteinfelsen besteht seit 1936 und verfügt über 2.000 Sitzplätze. Im Spielplan enthalten sind Schauspiel, Oper, Singspiel sowie Karl-May-Stücke.

Blick auf Festung Königstein

- **Basteibrücke.** Die aus Sandstein bestehende Brücke ist heute als technisches Denkmal geschützt. Sie verbindet die Bastei mit der Felsenburg Neurathen.
- **Eisenbahnwelten.** Liebevoll und detailreich gestaltete Gartenbahn auf ca. 5800 m² Grünfläche, Elbweg 10, ✆ 59428
- **Fahrradvermietung im Lindenhof**, gegenüber des Bahnhofs, ✆ 035021/59552

VARIANTE Ab Rathen können Sie nun beiderseits der Elbe bis Dresden fahren; Fähren oder Brücken ermöglichen Ihnen immer wieder das Wechseln des Ufers. Das rechtselbische Wegstück Rathen – Wehlen wird von Tourismusverantwortlichen nur bedingt empfohlen, da hier besonders zu Ausflugszeiten viele Fußgänger unterwegs sind.

Von Rathen nach Pirna-Copitz (rechtes Ufer) 12 km

Von Oberrathen in den Kurort übersetzen ⤳ am anderen Ufer vor dem Hotel „Elbiente“ links ⤳ auf dem Rad- und Fußweg 3 km bis nach Wehlen.

Stadt Wehlen R

PLZ: 01829

- **Touristinformation**, Markt 7, ✆ 035024/70414, www.stadt-wehlen.de
- **Heimatmuseum** und **Pflanzengarten**, Lohmener Str. 18, ✆ 035024/70414, ÖZ: Mai-Okt., tägl. 9-18 Uhr. Geschichte zur Elbeschifffahrt und Steinbrecherei; gläserner Bienenstock; Pflanzen der Sächsischen Schweiz
- **Robert-Sterl-Haus**, Naundorfer Str. 99. Letzte Wohn- und Arbeitsstätte des Malers Robert Sterl
- Die 2. Deutsche **Radfahrerkirche** widmet sich Ihren Bedürfnissen – inklusive schönem Rastplatz samt Trinkbrunnen.
- **Eckhardt** („Spaßtours“), Mennickestr. 29, ✆ 71084

Dorf Wehlen R

- **„Kleine Sächsische Schweiz“**, Schusterg. 8. Miniaturfelsen als Nachbildungen markanter Felsen der Sächsischen Schweiz

Den Hauptplatz der **Stadt Wehlen** queren und in die linke Straße schräg gegenüber einbiegen ⤳ daraufhin nach rechts und gleich wieder

AndersRum (Karte A15): Von **Kleinzschachwitz** auf separatem Radweg nach **Zschieren** ~ am Ortsende links von der **Elbstraße** weg und zum Ufer ~ immer direkt am Fluss entlang an **Heidenau** vorbei bis nach **Pirna**.

links (nicht durch das Tor) ~ die Wohnstraße geht in einen Radweg über und führt weiter direkt an der Elbe entlang ~ auf einer kleinen Straße über **Posta** bis nach **Pirna-Copitz**; das Zentrum von Pirna liegt am linken Ufer. In diesem Bereich beginnt übrigens die Sächsische Weinstraße.

In **Oberrathen** im Linksbogen über die Gleise, danach rechts in eine Wohnstraße ~ am Hang auf dem Radweg hügelig durch den Wald ~ in **Pötzscha** rechts auf die Vorfahrtstraße ~ wenn die Vorfahrtstraße über die Bahngleise führt, geradeaus in die Anliegerstraße ~ **28** anfangs links der Bahn, dann durch eine schmale Unterführung ans Elbufer zurück ~ geradeaus auf die Vorfahrtstraße ~ nach ca. 2,5 km entfernt sich die Straße vom Ufer ~ auf dem Radweg direkt in Flussnähe bleiben und weiter bis zum Parkplatz **29**.

Pirna

PLZ: 01796; Vorwahl: 03501

Tourist Service Pirna, Im Canalettohaus, Am Markt 7, ✆ 556446, www.pirna.de

Oberelbische Verkehrsgesellschaft Pirna-Sebnitz mbH, Bahnhofstr. 14a, ✆ 7920

Personenschifffahrt Oberelbe, Waldstr. 45b, ✆ 528467

Stadtmuseum Pirna, Klosterhof 2, ✆ 527985, ÖZ: Mai-Okt., Di-So 10-18 Uhr, Nov.-April, Di-So 10-17 Uhr. Thema des Museums ist die Stadtgeschichte Pirnas.

Gedenkstätte Pirna-Sonnenstein, Schlosspark 11, ✆ 710960, ÖZ: Mo-Fr 9-15 Uhr, jeden 1. Sa im Monat 10-15 Uhr. Gedenkbereich und Dauerausstellung. In der ehemaligen Heil- und Pflegeanstalt wurden während des sogenannten „Euthanasieprogramms" in den Jahren 1940-41 etwa 15.000 Menschen von den Nationalsozialisten ermordet. Der Großteil der Opfer waren psychisch Kranke und körperlich behinderte Menschen.

Der Marktplatz von Pirna – wie von Canaletto gemalt

Klosterhof und Klosterkirche. Um 1300 siedelten Dominikanermönche in Pirna, die das Kloster errichteten. Während der Reformation wurde es aufgelöst. Erhalten geblieben ist die zweischiffige gotische Klosterkirche.

Stadtkirche St. Marien. Die Kirche mit ihrem gewaltigen Dach und dem 60 m hohen Turm prägt das Stadtbild. Der spätgotische Hallenbau aus der ersten Hälfte des 16. Jhs. ist reich verziert. Besonders sehenswert sind der filigrane Taufstein und der prächtige Renaissancealtar.

Schloss Sonnenstein wurde 1269 erstmals als „castrum de perne" erwähnt. Es diente aber nie als Schloss im eigentlichen Sinne, sondern vielmehr als Festung, später dann als Heil- und Pflegeanstalt. Während des Naziregimes wurde die Anlage im Rahmen des sog. „Euthanasieprogrammes" zur Tötungsanstalt umfunktioniert.

Das **Rathaus** durchlebte zahlreiche Umbauphasen: Mit gotischen Portalen, Volutengiebeln der Renaissance und dem grazilen barocken Turm verkörpert es mehrere Epochen.

Altstadt. Der historische Stadtkern ist durch die Veduten des venezianischen Malers B. Bellotto, gen. Canaletto (1753), berühmt geworden. Die sehenswerten historischen Bürgerhäuser aus dem 16./17. Jh. mit Sitznischenportalen, romantischen Höfen, Erkern, Giebeln und Figuren wurden aus heimischem Sandstein erstellt.

Pirna, Elbbrücke

Tetzelhaus, Schmiedestr. 19. Mit mittelalterlicher gotischer Bohlenstube. Geburtshaus des Ablasspredigers und Luthergegners Johannes Tetzel.

Canalettohaus, Am Markt 7. Zentrales Haus im Gemälde „Der Markt zu Pirna" von Canaletto. Nach dem Umbau 1520 erhielt es seine heutige Form, die den Übergang von der Gotik zur Renaissance zeigt. Das Gebäude besitzt wertvolle Deckenfresken sowie ein künstlerisch gestaltetes Sandsteinportal.

Fahrrad Bäßler, Hauptstr. 4, ✆ 523268

Fahrradreparatur-Service, Elbbikes, Oberer Platz 4, ✆ 460313

Eingebettet in die malerische Landschaft des Elbtals liegt die Stadt Pirna. 1233 erstmals urkundlich erwähnt, erlangte die ehemalige Marktsiedlung durch die zahlreichen Sandsteinvorkommen, durch Flößerei und Handel einen ansehnlichen Stand. Berühmt geworden ist die Stadt durch die zahlreichen Veduten des venezianischen Hofmalers B. Bellotto, gen. Canaletto, dessen bekannteste Darstellung „Der Marktplatz zu Pirna" heute noch in der original-getreu erhaltenen Marktplatzsilhouette wiederzuerkennen ist.

Von Pirna über Pillnitz zur Stahlbrücke (rechtes Ufer) 15,5 km

Am **rechten Ufer** für die Weiterfahrt nach Pillnitz vor der Elbbrücke links abzweigen und die Brücke unterqueren ~ am Ortsende geradeaus auf der Allee nach **Pratzschwitz** ~ an der Kiesgrube entlang nach **Birkwitz** ~ im Ort links halten und über **Söbringen** nach Pillnitz ~ hier macht die Straße direkt vor der Schlossmauer einen Rechtsbogen, die Radroute führt aber geradeaus aufs Schlossgelände.

Pillnitz R

Schloss Pillnitz (18. Jh.), Infos s. u.

Fahrradwerkstatt Firma Tietz, Meixstr. 15, ✆ 0351/2610909

Pillnitz, ein Stadtteil von Dresden, ist vor allem durch die imposante frühere Sommerresidenz der Wettiner

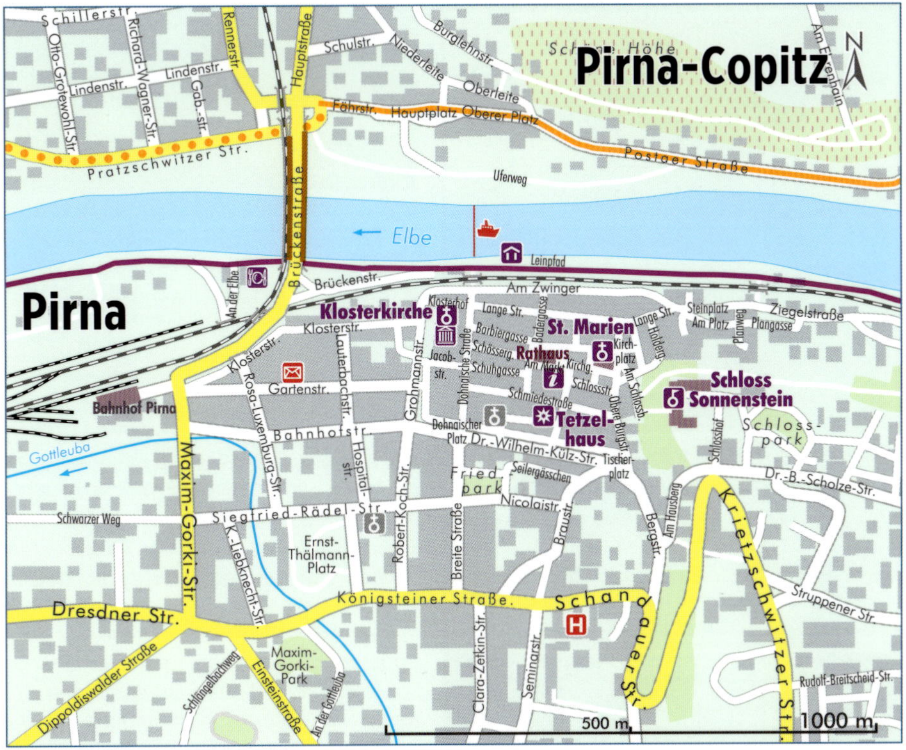

Schloss Pillnitz

bekannt. Der glanzvolle Chinoiserie-Bau wurde im Auftrag von August dem Starken angelegt. 1720 wurde das elbseitig dreigeschossige Wasserpalais mit Treppen bis zum Strom errichtet. 1722/23 wurde das spätbarocke Bergpalais als symmetrisches Parallelstück zum Wasserpalais hinzugefügt. Beide Anlagen wurden 1788–1791 um zweigeschossige Flügelbauten verlängert. Konkav geschwungene Dächer und baldachinartig überdachte Schornsteine entsprachen dem damaligen Zeitgeist und dem Interesse für fernöstliche Kunst.

Einen Rundgang durch die Parkanlagen des Schlosses sollten Sie sich nicht entgehen lassen. Ältester Parkbau ist der Mittelteil der Orangerie aus dem Jahre 1730. Daneben gibt es einen Englischen und einen Chinesischen Pavillon sowie ein Palmenhaus. Die bedeutendste Sehenswürdigkeit des Parks ist jedoch der etwa 225 Jahre alte Kamelienbaum, der älteste seiner Art in Europa. Die Kamelie blüht jedes Jahr von Mitte Februar bis Anfang Mai, wobei die Blüte einer leuchtend roten Azalee ähnelt.

Um zur Fähre und ans linke Ufer zu gelangen, zurück zu dem hufeisenförmigen Gebäude, an dem Sie am Schloss angekommen sind ⤳ auf dessen linker Seite entlang und linksherum durch einen tunnelartigen Bogen zum Ufer hinunter ⤳ immer entlang des Ufers zur Fähre nach Dresden.

VARIANTE **Hier haben Sie auch die Möglichkeit, auf dem rechten Ufer weiterzuradeln. Auf gut befahrbaren Straßen kommen Sie bis zur Stahlbrücke „Blaues Wunder" und schließlich nach Dresden.**

Nach dem Schloss Pillnitz auf der **Laubegaster Straße** weiter ⤳ an der **Pillnitzer Landstraße** nach links ⤳ nach etwa 3 km biegen Sie links ab und radeln zur Stahlbrücke.

AUSFLUG Die architektonisch interessante **Stahlbrücke „Blaues Wunder"** aus dem Jahr 1893 ist einen kurzen Stopp wert.

Am rechten Ufer führen teilweise holprige Wege immer am Fluss entlang unter den Brücken hindurch bis ins Zentrum.

AndersRum (Karte A16): Von **Dresden** auf separatem Radweg immer direkt am südlichen Ufer entlang vorbei an der Brücke **Blaues Wunder** im Stadtteil **Laubegast** kurz auf der Straße dann Radweg nach **Kleinzschachwitz**, von wo aus die Fähre zum **Schloss Pillnitz** startet.

Von Pirna nach Dresden — *21 km*

Am **linken Ufer** vor der Brücke den Parkplatz überqueren und neben der Elbe weiter bis **Heidenau** unmittelbar am Ufer entlang.

Heidenau — L

PLZ: 01809; Vorwahl: 03529

- **Touristinformation**, Bahnhofstr. 8, ✆ 511015, www.heidenau.de
- **Barockgarten**, OT Großsedlitz
- **Fa. Kluge**, Ernst-Thälmann-Str. 3, ✆ 517086
- **Peers Bike-Adventures**, Am Kronenhügel 5, Dohna, ✆ 518853

Bei Heidenau befindet sich der 16 Hektar große Barockgarten Großsedlitz, der als einer der bedeutendsten im deutschsprachigen Raum gilt. Seine grundlegende Gestaltung erhielt der Park bereits um 1720. Damals wurde auch das dreiflügelige Friedrichsschloss nach Plänen von Matthäus Daniel Pöppelmann erbaut. 1723 erwarb August der Starke Großsedlitz. Er plante tiefgreifende Veränderungen; wie so oft sollte auch hier ein

zweites Versailles entstehen. Nach einer dreijährigen Bauzeit waren jedoch 1726 die Mittel bereits erschöpft. Realisiert wurden die Pläne des Kurfürsten lediglich im Bau der Unteren Orangerie und bei der Umgestaltung der Gartenabschnitte. Das besondere Kennzeichen des Parks liegt in der optimalen Ausnutzung der natürlichen Höhenunterschiede der einzelnen Parterres durch Freitreppen und Terrassenanlagen. Von den insgesamt 360 Gartenplastiken blieben nur 52 im Park erhalten, vor allem im Siebenjährigen Krieg (1756-1763) war es zu großen Zerstörungen gekommen. 1813 brannte das Schloss ab. Ein Seitenflügel wurde 1872–1874 als Friedrichsschlösschen wieder aufgebaut.

Wenn sich die Straße von der Elbe entfernt, rechts auf dem asphaltierten Weg direkt am Ufer bleiben ~ vorbei am Fähranleger **Birkwitz** ~ weiter geradeaus auf dem Güterweg ~ **30** dieser Weg mündet in die **Elbstraße**, hier nach rechts ~ am **Freibad** vorbei und weiter bis zur **Autofähre nach Pillnitz** **31**.

AUSFLUG
Sie sollten hier nach Pillnitz übersetzen und das sehenswerte Schloss (Infos S. 55) besuchen. Dazu gleich nach dem Fähranleger rechts ab und am Ufer bis zum Schloss, das direkt bis ans Wasser gebaut wurde.

Von der Fähre weg am **Kleinzschachwitzer Ufer** weiter ~ der Radweg führt an die **Meußlitzer Straße** heran ~ nach dem Links-Rechts-Schwenk beim Gasthof in die erste Straße rechts zum Ufer zurück ~ auf dem **Laubegaster Ufer** weiter ~ von nun an immer in Elbnähe auf dem Radweg nach Dresden ~ auf dem Weg ins Zentrum von Dresden wird die Loschwitzer Brücke passiert ~ am **Gasthaus Fährgarten** vorbei ~ **32** unter der **Albertbrücke** hindurch und vor der nächsten Brücke, der Carolabrücke, zum **Terrassenufer** ~ Sie befinden sich jetzt im Zentrum von Dresden.

Dresden (DD)

Vorwahl: 0351

- **Dresden Marketing GmbH**, Messering 7, 01067 Dresden, ✆ 501730, www.dresden.de
- **Tourist-Information im Kulturpalast Dresden**, Schlossstr. 2, ✆ 50160160
- **Sächsische Dampfschifffahrts GmbH** & Co Conti Elbschifffahrts KG, Hertha-Lindner-Str. 10, ✆ 866090, Fahrplanauskunft ✆ 8660940.
- **Stadtmuseum Dresden**, Wilsdruffer Str. 2, ✆ 4887301, ÖZ: Di-So 10-18 Uhr
- **Buchmuseum** der Sächsischen Landesbibliothek, ✆ 4677374, ÖZ: Mo-Fr 10-17 Uhr
- **Deutsches Hygienemuseum**, Lingnerpl. 1, ✆ 48460, ÖZ: Di, Do, Fr 9-17 Uhr, Mi 9-20.30 Uhr, Sa, So 9-18 Uhr
- **Gemäldegalerie Alte Meister**, Zwinger, Semperbau, ✆ 49142000, ÖZ: Di-So 10-18 Uhr
- **Gemäldegalerie Neue Meister**, Albertinum, Eingänge Georg-Treu-Platz und Brühlsche Terrasse, ✆ 4914200, ÖZ: Fr-Mi 10-18 Uhr
- **Historisches Grünes Gewölbe** (Königliche Schatzkammer), Dresdner Residenzschloss, ✆ 49142000, ÖZ: Mi-Mo 10-19 Uhr

Semperoper zu Dresden

- **Landesmuseum für Vorgeschichte**, Japanisches Palais, Palaisplatz, ✆ 8144860, ÖZ: Di-So 10-18 Uhr. Sammlung ur- und frühgeschichtlicher Funde und Ausgrabungen
- **Technische Sammlungen Dresden**, Erlebnisland Mathematik, Junghansstr. 1-3, ✆ 488, 7272, ÖZ: Di-Fr 9-17 Uhr, Sa, So/Fei 10-18 Uhr
- **Erich-Kästner-Museum**, Antonstr. 1, ✆ 8045086, ÖZ: So-Di 10-18 Uhr, Mi 10-20 Uhr
- **Museum für Tierkunde**, Japanisches Palais, Palaisplatz, ✆ 8144860, ÖZ: Di-So 10-18 Uhr
- **Staatliches Museum für Völkerkunde**, Japanisches Palais, Palaisplatz, ✆ 8144860, ÖZ: Di-So 10-18 Uhr
- **Verkehrsmuseum**, Neumarkt, ✆ 86440, ÖZ: Di-So 10-17 Uhr
- **Frauenkirche**. Die etwas mehr als 90 m hohe Kirche mit ihrer breiten Kuppel ist das Wahrzeichen der Stadt. Die Kirche aus dem 18. Jh., an deren Stelle vorher eine romanische Kirche stand, wurde unter der Leitung von Georg Bähr errichtet. 1945 wurde der Barockbau zerstört, die Ruine in der folgenden Zeit weltweit bekannt als Mahnmal gegen Krieg. Nach langjährigem Wiederaufbau, der großteils durch Spenden finanziert wurde, konnte die Kirche 2005 wieder eröffnet werden.
- **Katholische Hofkirche**, Theaterplatz, ✆ 4844712. Das barocke Gotteshaus, die größte Kirche Sachsens, wurde 1737-55 von Gaettano Chiaveri errichtet. Sie beherbergt bedeutende Schätze im Inneren: Rokoko-Kanzel von Permoser, Orgel von Gottfried Silbermann. In der Gruft liegen die Sarkophage der Wettiner und das Herz von August dem Starken.
- **Festung Dresden Kasematten**, Georg-Treu-Platz, ✆ 4914786, ÖZ: April-Okt., 10-17 Uhr, Nov.-März, 10-16 Uhr
- Das **Residenzschloss** wurde in verschiedenen Etappen errichtet. An die alte Burg aus dem 12. Jh. erinnert nur mehr der Unterbau des Turms. 1701 brannte das Schloss ab und wurde unter August dem Starken erneuert. Nach den Zerstörungen während des Zweiten Weltkrieges wurde es erneut wieder aufgebaut.
- **Semperoper**, Theaterplatz. Gottfried Semper projektierte von Wien aus den Opernbau, der 1871-78 unter der Leitung seines Sohnes Michael durchgeführt wurde. Der Arkadenbau hat die Form eines Segmentbogens.
- **Brühlsche Terrasse**. Der Premierminister Friedrich Augusts II. Heinrich Graf Brühl ließ sie als Lustgarten mit Blick auf die Elbe anlegen. Um in seinem Besitz ungestört zu bleiben, gab Brühl allein 20.000 Taler für die Umfriedung aus.

Der **Zwinger** gehört zu den Meisterwerken barocker Baukunst. Der Begriff geht auf den in Festungsbauten in der Regel unverbauten Teil zwischen innerer und äußerer Wehrmauer zurück. Italienische Gebäude standen ebenso Pate wie Versailles oder die Kaiserbauten des Fischer von Erlach.

Stahlbrücke „Blaues Wunder“ aus dem Jahr 1893

Großer Garten. Der 2 km² große Park wurde als französischer Garten angelegt und später im englischen Stil erweitert.

Botanischer Garten, Stübelallee, ✆ 4593185, ÖZ: April-Sept., Freigelände tägl. 8-18 Uhr, Gewächshäuser tägl. 10-18 Uhr, Freigelände und Gewächshäuser: März u. Okt., tägl. 10-17 Uhr, Feb. u. Nov., tägl. 10-16 Uhr, Jan. u. Dez., 10-15.30 Uhr.

Zoo Dresden, Tiergartenstr. 1, ✆ 478060, ÖZ: Winter tägl. 8.30-16.30 Uhr, Sommer tägl. 8.30-18.30 Uhr

Fahrradwerkstatt Firma Kotyrba, Cossebauder Str. 34, ✆ 4214064

Bike-Center Dresden, Hoyerswerder Str, 23, ✆ 4261118

Radsport Päperer, Veilchenweg 2, DD-Loschwitz, ✆ 2641240

Dresden, die Landeshauptstadt des Freistaates Sachsen, liegt in einer hügelreichen Gegend inmitten der Elbtalweitung am Rande der Lausitzer Granitplatte. Die Stadt kann auf eine 800-jährige Geschichte zurückblicken. 1206 wurde sie als civitas erstmals erwähnt. Im Laufe ihrer ersten 300 Jahre erreichte sie lediglich eine Einwohnerzahl von 3.800 Menschen. Mit der Teilung Sachsens 1485 wurde Dresden

Dresdener Elb-Silhouette

Residenz der albertinischen Linie. Eine erste Blüte erlebte die Stadt unter Moritz, der 1547 die Kurwürde für die Augustiner errang und Dresden als Residenz beibehielt. Im „Augusteischen Zeitalter“, als Sachsen eine Union mit Polen bildete und zu den europäischen Mittelmächten zählte, erlebte die Stadt einen weiteren Höhepunkt. Die Einwohnerzahl stieg zwischen 1697 und 1756 von 21.000 auf 60.000. Fast 300 Jahre lang, bis zum Niedergang Sachsens im Siebenjährigen Krieg waren die Wettiner die Bauherren und Kunstsammler.

Im 19. Jahrhundert ist Dresden eng mit Namen wie Gottfried Semper, Ernst Rietschel, Ludwig Richter, Richard Wagner oder Carl Maria von Weber verbunden. In der zweiten Hälfte des 19. Jahrhunderts verhalfen einige Unternehmen der Stadt auch zu wirtschaftlicher Prosperität. Hier entstand mit Laferne 1862 die erste Zigarettenfabrik Deutschlands.

1945, kurz vor Kriegsende, wurde Dresden durch alliierte Bombenangriffe schwer beschädigt. Die Innenstadt wurde auf einem 15 km² großen Raum zu 85 Prozent vernichtet. In der von den Nationalsozialisten bereits aufgegebenen Stadt fielen am 13. Februar 1945 etwa 35.000 Menschen den Bomben zum Opfer.

Anfang der 1950er Jahre begann man mit dem Wiederaufbau der Stadt, welcher bis heute andauert.

Die Wiedervereinigung 1989/90 machte das Land Sachsen wieder zum Freistaat und Dresden zur Landeshauptstadt. Aufgrund einer umfassenden Bautätigkeit veränderte sich die Stadt seitdem Tag für Tag und gilt heute als eine der schönsten Großstädte in Deutschland.

500 m
1000 m
Radrennbahn
Königsbrücker Str.
Albertplatz
Albertstraße
Carolabrücke
Neue Synagoge
Hospitalstr.
Neustädter Friedhof
Friedensstr.
Rudolfstr.
Hansastraße
Fritz-Reuter-Straße
Großenhainer Str.
Großenhainer Platz
Bahnhof Dr.-Neustadt
Schlesischer Platz
Antonstr.
Dreikönigskirche
Hauptstr.
Neustädter Markt
Köpkestr.
Große Meißner Str.
Japanisches Palais
Palais-Platz
Güterbahnhof
Leipziger Straße
Hafenstraße
Augustusbrücke
Weiße Flotte
Altstadt
Terrassenufer
Brühlsche Terrasse
Frauenkirche
Verkehrsmuseum
Stadtmuseum
Kulturpalast
Neumarkt
Altmarkt
Kreuzkirche
Rathaus
Rathausplatz
Residenzschloss
Kath. Hofkirche
Semperoper
Zwinger
Zwingerteich
Schauspielhaus
Postplatz
Wilsdruffer Straße
Dr.-Külz-Ring
Waisenhausstr.
Georgplatz
Ferdinandplatz
St. Petersburger Str.
Prager Straße
Deutsches Hygienemuseum
Blüherpark
Bürgerwiese
Grunaer Str.
Wallstraße
Marienstraße
Ostra-Allee
Ostraufer
Devrientstraße
Marienbrücke
Elbe
Gehestraße
Alexander-Puschkin-Platz
Moritzburger Platz
Konkordienplatz
Paul-Gruner-Stadion
Weißeritzstraße
Magdeburger Straße
Pieschner Allee
Eissporthalle
Heinz-Steyer-Stadion
Sportanlagen Ostragehege
Schlachthofring
Schlachthofstraße
Molenbrücke
Krankenhaus Friedrichstadt
Friedrichstraße
Bahnhof Dr.-Mitte
ADFC
Könneritzstraße
Schweriner Str.
Freiberger Straße
Annenkirche
Ammonstr.
Budapester Straße
Bahnhof Freiberger Straße
Bauhofstr.

Von Dresden nach Wittenberg 169 km

Der zweite Abschnitt in diesem Buch wird zwar nicht ganz so abwechslungsreich und abenteuerlich wie der erste, die Wege sind dafür besser und auch landschaftlich und kulturell erwartet Sie so einiges: Karl-May-Fans kommen in Radebeul auf ihre Kosten, Porzellanliebhaber können sich in der weltweit bekannten Porzellanmanufaktur in Meißen vorsichtig die Packtaschen füllen, Weinkenner sollten entlang der Sächsischen Weinstraße auf ihre Promillegrenze achten und eifrige Schlossbesucher auf jeden Fall den Ausflug nach Moritzburg wagen. Des Weiteren erwartet Sie auf der Strecke das hübsche Städtchen Torgau und natürlich als krönender Endpunkt der Etappe die Lutherstadt Wittenberg.

Die fast durchgehend asphaltierten Radwege, auf denen Sie nur sehr selten mit störendem Autoverkehr konfrontiert werden, lassen wenige Radlerwünsche offen; oft gibt es sogar auf beiden Ufern beschilderte Routen.

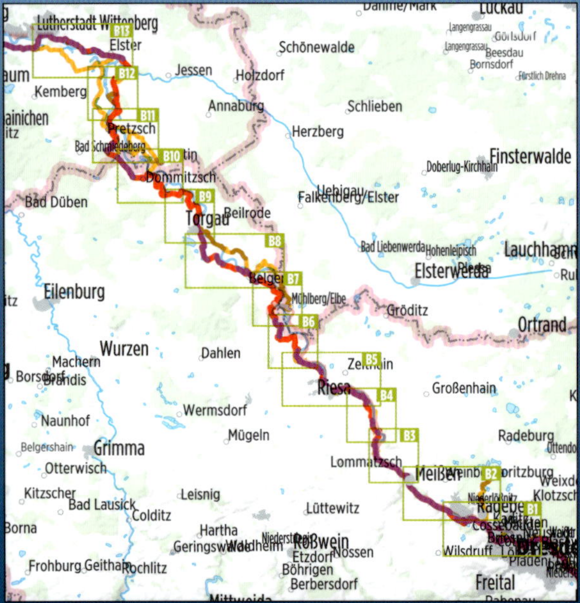

TIPP Für die Stadtausfahrt können Sie beide Ufer benutzen. Bedenken Sie, dass Sie auf dem linken Ufer das sehenswerte Radebeul und den historischen Ortsteil Altkötzschenbroda umfahren und Ihnen der in diesem Buch beschriebene Ausflug zum Schloss Moritzburg entgeht. Sie können regelmäßig zwischen der links- und rechtsseitigen Befahrung mit Hilfe von Brücken und Fähren wechseln.

Von Dresden nach Meißen (linkes Ufer) 25,5 km

Der Straße **Terassenufer** folgen ~ **1** unter der **Augustusbrücke** hindurch ~ auf dem Radweg **Neue Terrasse** entlang ~ am Erlweinspeicher vorbei und unter der **Marienbrücke** hindurch ~ auf der **Pieschner Allee** an den Sportanlagen vorbei ~ unter der Brücke hindurch und am **Hafenweg** entlang bis zur **Flügelwegbrücke** ~ **2** vor der Kreuzung **Hamburger Straße** (von wo aus Sie rechts ans andere Ufer nach Übigau wechseln können) scharf rechts hinunter und wieder links die Brücke unterqueren ~ nun bis zur **Autobahnbrücke** rechts der Bahn auf dem Radweg am Elbufer bleiben ~ hinter der alten **Windmühle** der Beschilderung durch

Radebeul, Belvedere im Park von Schloss Wackerbarth

Gohlis bei Dresden folgen ~ **3** unter der Eisenbahnbrücke hindurch bis **Niederwartha.**

TIPP Hier können sie die Elbe auf der Eisenbahnbrücke überqueren, um am rechten Ufer weiter zu radeln.

ACHTUNG Von der Niederwarther Eisenbahnbrücke ausgehend in Richtung Meißen müssen Sie ca. 500 m auf einer viel befahrenen Bundesstraße überbrücken. Danach verläuft der linksseitige Weg auf neu ausgebauten Radwegen.

Niederwartha

Nach Unterquerung der Brücke gelangen Sie auf die viel befahrene B 6 ~ halten Sie sich rechts ~ nach ca. 500 m wechseln Sie auf den straßenbegleitenden Radweg ~ Sie durchqueren Wildberg und kommen direkt nach Constappel.

Constappel L

Die **romanische Kirche** birgt u. a. einen Taufstein aus dem Jahre 1583.

4 Hinter dem Sportplatz rechts und kurz vor der Elbe links in den Weg einbiegen ~ vorbei an der Fähre bis nach Gauernitz.

Gauernitz L

Schloss Gauernitz, Baujahr 1586; das Schloss ist für Besucher nicht zugänglich.

Durch den Ort geht es weiter entlang der Elbe bis nach Reppina.

Reppina (zu Scharfenberg) L

Das **Schloss** aus dem 14. Jh. weist sowohl gotische als auch Renaissance-Elemente auf.

Die Ortsdurchfahrt erfolgt auf dem Fährweg, der Sie direkt zum Radweg entlang der B 6 führt ~ **5** rechtsabbiegend folgen Sie dem Weg bis nach Meißen, wo Sie nach einer Unterquerung der Bahnlinie zur Altstadtbrücke kommen, links davon befindet sich das historische Zentrum.

Radebeul, Spitzhaus

Meißen (s. S. 72)

Von Dresden nach Meißen (rechtes Ufer) — *25 km*

Für die Weiterfahrt vom Dresdener Zentrum am rechten Elbufer auf der **Augustusbrücke** über den Fluss hinüber ⤳ auf der anderen Seite am Blockhaus hinunter ans Ufer ⤳ das **Japanische Palais** taucht zur Rechten auf ⤳ **A** unter der Marienbrücke hindurch dem Radweg direkt am Ufer entlang folgen und nach der Molebrücke links halten ⤳ auf dem Fußweg am Ufer weiter ⤳ **B** dieser mündet in die gepflasterte **Kötzschenbroder Straße** ⤳ dieser an der Gabelung halbrechts folgen ⤳ an der Kreuzung mit der **Sternstraße** (Straßenbahnlinie) links abbiegen ⤳ nach etwa 40 m beginnt rechts ein neu ausgebauter Rad- und Fußweg, der nun in Sichtweite parallel zur **Kötzschenbroder Straße** weiterführt ⤳ die Pieschener Straße kreuzen und vor zur Ampelkreuzung mit der **Lommatzscher Straße** ⤳ Sie kreuzen die Washingtoner Straße und radeln geradeaus auf den linksseitig begleitenden Radweg ⤳ unter der Autobahn hindurch ⤳ an der ersten Kreuzung (**Riegelplatz**) links in die **Grimmstraße** nach **Kaditz**, dort geradeaus in die **Serkowitzer Straße** ⤳ im Ort weiter auf der Straße **Alt Serkowitz** **C**.

AndersRum (Karte B1): Am Nordufer am sehenswerten **Altkötzschenbroda** vorbei ⤳ am Ufer via **Serkowitz** nach **Kaditz** ⤳ nun links (**Grimmstr.**) ⤳ rechts unter der A 4 hindurch ⤳ bald halbrechts auf den Radweg durchs Gewerbegebiet ⤳ links (**Sternstr.**), dann rechts zum Ufer und am Fluss entlang ins Zentrum von **Dresden**.
*Am Südufer in **Niederwartha** links nach **Gohlis** ⤳ links auf seperatem Radweg an **Stetzsch** und **Briesnitz** vorbei ⤳ hinter der **Flügelwegbrücke** rechts hinauf und wieder links ab ⤳ geradeaus, schließlich durchs **Ostragehege** in die **Dresdener Altstadt** und ans Ufer.*

B1
Niederlößnitz
Lößnitz Höhe
205
Villa Teresa
Kötitz
Weingut Schloss Wackerbarth
Wahnsdorf
Weinmuseum Hoflößnitz
Rähnitz
A4
Dt. Werkstätten Hellerau
Augustusberg
180
Wassertu
Naundorf
Kötzschenbroda
Radebeul
Hellerberge
Karl-May-Museum
historische Dorfkern
Altkötzschenbroda
Pieschen Nord/Trachenberge
B97
onstappel
Elbe
3,5
3,6
105
2
Serkowitz
Wildberg
B6
B2
2,2
2,6
D
C
0,6
1
Trachau
Albertstadt
Gohlberg
235
Unteres Staubecken
3
Niederwartha
Windmühle Gohlis
Kaditz
Gohlis
2,8
Mickten
Grimmstraße
1,2
Kötzschenbroder Str.
Sternstr.
B
Pieschen Süd
Breiter Berg
250
Weistropp
Oberwartha
Cossebaude
Stetzsch
Leipziger Vorstadt
5660
Mobschatz
B6
B170
Radeberger Vorsta
2,5
2,8
Neustadt
Steinberg
285
ndorf
Oberes Staubecken
Brabschütz
Merbitz
A4
B6
Elbe
3
Japanisches Palais
Fährgarten
Rennersdorf
Briesnitz
2
B6
Friedrichstadt
A
0,8
Podemus
2
1
0,5
32
Johannstadt
B173
Cotta
1
Frauenkirche
Stadtmuseum
Unkersdorf
Ockerwitz
Roitzsch
A17
Altstadt
Kaufbach
Wilsdruffer Vorstadt
B173
Gompitz
Pennrich
Steinbach
Gorbitz
Dresden
B173
Neuer Teich

Radebeul-Serkowitz R

INS ZENTRUM Von Serkowitz aus empfiehlt sich ein Abstecher nach Radebeul: Zur **Kötzschenbroder Straße**, links einbiegen, um gleich darauf in die **Straße des Friedens** rechts abzubiegen. So gelangen Sie zur **Meißner Straße** mitten in Radebeul, von wo aus auch unser Ausflug nach Moritzburg startet. Alternativ können Sie ab hier Moritzburg auch mit der Schmalspurbahn erkunden.

Radebeul R

PLZ: 01445; Vorwahl: 0351

Tourist-Information, Meißner Str. 152, ✆ 8954120, www.radebeul.de

Karl-May-Museum, Karl-May-Str. 5, ✆ 837300, ÖZ: März-Okt., Di-So 9-18 Uhr, Nov.-Feb., Di-So 10-16 Uhr. Leben und Werk von Karl May sowie die „Indianer Nordamerikas" sind Thema des Museums. Übersetzungen seiner Bücher liegen in mehr als 30 Sprachen vor.

Weinbaumuseum Hoflößnitz, Knohllweg 37, ✆ 8398335, ÖZ: April-Okt., Di-So 10-17 Uhr, Nov.-März, Di-So 12-15 Uhr. Seit dem Erwerb von Weinbergen im oberen Elbtal durch die Wettiner im Jahre 1401 ist das Weingut Hoflößnitz unter diesem Namen bekannt. Hier finden Sie ein Museum für Weinbau und Lebenskultur mit angeschlossenem Weinberg. Weinverkostungen gibt's in der dazugehörigen Weinstube.

DDR-Museum „Zeitreise", Wasastr. 50, ✆ 8351780, ÖZ: Di-So 10-18 Uhr. Interessantes zum Leben in der ehemaligen DDR; außerdem Kultur-Haus mit diversen Veranstaltungen und Rundfahrten in DDR-Oldtimern.

- **Landesbühnen Sachsen**, Meißner Str. 152, ✆ 89540
- **Sächsisches Staatsweingut Schloss Wackerbarth**, Wackerbarthstr. 1, ✆ 89550. Die barocke Anlage wurde als Alterssitz für den Reichsgrafen Wackerbarth 1728-29 erbaut. Mit seinen zahlreichen Veranstaltungen, dem tägl. geöffneten Gasthaus & Gutsmarkt und den täglichen Wein- und Sektführungen gilt es zu Recht als erstes Erlebnisweingut Europas.
- **Volkssternwarte**, Auf den Ebenbergen 10a, ✆ 8305905. Führungen und Vorträge Sa 15 und 19 Uhr u. n. V.
- **Lößnitzgrundbahn**, dampfbetriebene Schmalspurbahn **„Lößnitzdackel"**, ✆ 035207/8929-0 od. beim Verkehrsverbund Oberelbe (VVO), ✆ 0180/22662266
- **Bilzbad**, Meiereiweg 108, ✆ 8387247, ÖZ: Juni-Aug., tägl. 9-20 Uhr, Mai und Sept., 10-19 Uhr. Erinnerung an das Wirken des Naturheilkundlers Friedrich Eduard Bilz (1842-1922). Berühmt ist die noch intakte Undosa-Wellenmaschine im Bad.
- **Lößnitzbad**, Fabrikstr. 49, ✆ 8386658, ÖZ: 15. Mai-31.Mai. 10-19 Uhr, Sept. 10-19 Uhr. Juni-Aug. tgl. 9-20 Uhr. Das Lößnitzbad ist ein Naturbad, welches aus einer ehemaligen Kiesgrube entstanden ist.
- **Schwimmhalle Radebeul**, im Sport- und Freizeitzentrum Krokofit, Richard-Wagner-Str. 5, ✆ 8381996
- **Tretmühle**, Moritzburger Str. 11, ✆ 8956363
- **Fahrradverleih bike & fun**, Kötzschenbrodaer Str. 127, ✆ 6563651 od. 0174/2058855. Fahrradpool der Städte und Gemeinden Radebeul, Weinböhla, Coswig, Moritzburg, Oberau und Meißen.

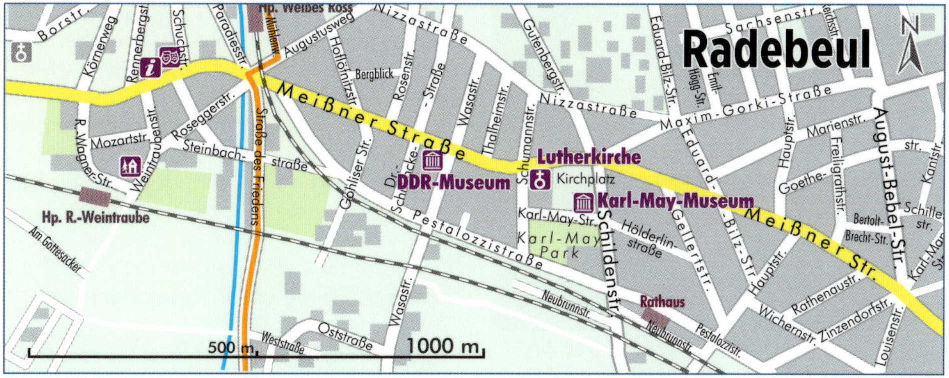

Radebeul liegt im nordöstlichsten Weinbaugebiet Europas. Bereits 1161 wurde der hiesige Weinbau erstmals erwähnt. Auf dem Weg durch das Stadtgebiet trifft man immer wieder auf sehenswerte Weingüter.

Besonders bekannt ist Radebeul jedoch noch aus einem anderen Grund: Hier lebte, schrieb und starb Karl May, Schöpfer unvergessener literarischer Figuren wie Winnetou, Old Shatterhand oder Kara Ben Nemsi. Seit 1994 befindet sich der gesamte Nachlass des Schriftstellers in Radebeul. Über sein Leben und Werk gibt die Ausstellung in der „Villa Shatterhand" Auskunft. Die Blockhütte „Villa Bärenfett" im Garten der „Villa Shatterhand" wurde zu einem populär gestalteten, aber wissenschaftlich seriösen „Indianermuseum" ausgebaut. Mit rund

Schloss Moritzburg

850 originalen Gegenständen zur Geschichte der Indianer Nordamerikas ist die Sammlung in Europa einmalig. Am Christi-Himmelfahrts-Wochenende finden alljährlich die Karl-May-Festtage statt. Die Radebeuler und ihre Gäste gedenken der Werke Karl Mays auf eine ganz besondere Art und Weise. Nehmen Sie an diesem Fest teil und Sie werden sehen, wie spannend das Leben von Karl May einst war.

Auch Eisenbahnfans kommen in Radebeul auf ihre Kosten: Die 1884 eröffnete, drittälteste Schmalspurbahn Deutschlands verkehrt im Dampfbetrieb auf den 16,5 km zwischen Radebeul-Ost, Moritzburg und Radeburg. Nach fast 120 Jahren fährt der „Grundwurm“ oder „Lößnitzdackel“, wie die Bahn genannt wird, heute noch täglich. Seit 1974 starten – neben dem fahrplanmäßigen Verkehr – an ausgewählten Tagen im Jahr auch besondere Traditionszüge.

AUSFLUG Von Radebeul aus lohnt sich ein Ausflug ins Hinterland der Elbe nach Moritzburg mit seinem sehenswerten Schlosskomplex. Für Hin- oder Rückweg bietet sich auch die dampfbetriebene **Lößnitzgrundbahn** an!

Zum Schloss Moritzburg 10,5 km

In **Radebeul** am **Haltepunkt Weißes Ross** in den **Augustusweg**, daraufhin gleich links in den **Mühlweg** ⇝ links in die **Lößnitzgrundstraße** ⇝ unterhalb der Hoflößnitz vorbei ⇝ bergab bis zur asphaltierten Straße ⇝ rechts noch weiter auf der **Lößnitzgrundstraße** ⇝ leicht bergauf immer dem Straßenverlauf folgen.

VARIANTE **Wenn Sie hier nach links in den Meiereiweg und nach den Gleisen gleich rechts auf den Weg im Wald abzweigen, können Sie ein Stück der Lößnitzgrundstraße umfahren.**

Nach links über den Schienenstrang der Lößnitzgrundbahn.

AndersRum (Karte B2): Am Nordostufer geht es ab **Meißen** immer auf eigenem Radweg dahin ⇝ via **Sörnewitz** und **Kötitz** bis zur Eisenbahnbrücke zwischen **Kötzschenbroda** und **Niederwartha.**

*Am Südwestufer verlassen Sie **Meißen** straßenbegleitend ⇝ via **Reppina, Gauernitz** und **Constappel** nach **Wildberg** ⇝ kurz vor **Niederwartha** für ca. 500 m auf die B 6 bis zur Eisenbahnbrücke zwischen **Niederwartha** und **Kötzschenbroda**.*

Im **Luftkurort Friedewald** steil bergauf ⇝ geradeaus an der Kurhausstraße vorüber und an der darauffolgenden Straßengabelung links in die **Heinrich-Heine-Straße** ⇝ dann rechts in die **Kötzschenbroder Straße** ⇝ nach rechts, die Ortsumgehungsstraße überqueren und weiter nach **Dippelsdorf** ⇝ beim Stoppschild links auf die **Großenhainer Straße**.

Nach dem Ortsende rechts in eine autofreie Straße ⇝ mit Blick auf den **Dippelsdorfer Teich** gut 2 km bis zum Ortsbeginn von Moritzburg ⇝ im Ort immer dem Straßenverlauf folgen ⇝ nach der Schule links und an der darauf folgenden Kreuzung wiederum links ⇝ dann immer dem Straßenverlauf folgend zum Schloss.

B2
Meißen
Zscheila
Bohnitzsch
Winkwitzer
Niederau
Weinböhla
Moritzburg
Schloss Moritzburg
Fasanenschlö
Wildgehe
Oberer Altenteich
Neuer Anbau
Auer
Hahnenberg
Kapellenteich
Ilschenteich
Zaschendorf
Niederspaar
Kerishöhe
Boselspitze
Kanihügel
Neusörnewitz
Friedewald
Dippelsdorfer Teich
Dippelsdorf
Wetterberg
Friedewald
Lößnitzhochland
Coswig
bei Dresden
Sörnewitz
Eichberg
Neucoswig
Lindenau
Reichenberg
Bockwen
Schloss Batzdorf
Batzdorf
Auf Amerika
Reppina
Dorfkirche
Brockwitz
Alte Kirche
Niederlößnitz
Lößnitz Höhe
Spittewitz
Reichenbach
Schloss Scharfenberg
Kötitzer Kiesgrube
Villa Teresa
Kötitz
Weingut Schloss Wackerbarth
Wahnsdorf
Scharfenberg
Schloss Gauernitz
Tonberg
Pegenau
Gauernitz
Weinmuseum Hoflößnitz
Radebeul
Riemsdorf
Naustadt
Constappel
Naundorf
Kötzschenbroda
Elbe
histor. Dorfkern
Altkötzschenbroda
Karl-May-Museum
69
Pinkowitz
Serkowitz
Ullendorf
Wildberg

Die Sächsische Weinstraße

Auf 55 Kilometern folgt die Sächsische Weinstraße dem Lauf der Elbe zwischen Pirna südlich von Dresden und Diesbar-Seußlitz nördlich von Meißen. Von der Natur begünstigt wurde im Elbtal bereits im Mittelalter Wein angebaut. Die Wälder und Berge halten die kalten Nordwinde fern, die steilen Felswände speichern das Sonnenlicht und geben die Wärme an die Umgebung ab. Auch die Bodenbeschaffenheit mit Lößschichten und granit- und gneisartigen Verwitterungen begünstigen den Weinanbau.

Erstmals erwähnt wird die Weinkultivierung in der Region in einer Schenkungsurkunde des Meissner Markgrafen Otto an die Zisterzienser im Jahr 1161. Wenig später erwarb der Orden das Dorf Zadel bei Meißen, um dort Weinberge anzulegen. Die Anbaufläche, die sich meist im kirchlichen Besitz befand, vergrößerte sich sehr rasch auf rund 6000 Hektar. Die Säkularisation, strenge Winter und mehrere Reblauskatatstrophen trugen jedoch zur Dezimierung des Weinanbaus bei. Heute wird wieder auf ca. 425 Hektar Wein kultiviert. Damit ist das sächsische Weinanbaugebiet das zweitkleinste Deutschlands und außerdem eines der Nordöstlichsten Europas.

An der Sächsischen Weinstraße

Die Weine des Elbtals gelten als trockene, durchgegorene Weine ohne Restzucker und zeichnen sich durch ihren sortenreinen Geschmack mit fruchtiger Säure aus. 21 Rebsorten werden angebaut. Müller-Thurgau ist die am häufigsten vertretene Rebe, gefolgt von Riesling, Weißem Burgunder, Traminer, Gutedel und Ruländer/Grauburgunder.

Moritzburg R

PLZ: 01468; Vorwahl: 035207

Touristinformation, Schlossallee 3b, ✆ 8540, www.moritzburg.de

Käthe Kollwitz Haus, Meißner Str. 7, ✆ 82818, ÖZ: April-Okt., Mo-Fr 11-17 Uhr, Sa, So 10-17 Uhr, Nov.-März, Di-Fr 12-16 Uhr, Sa, So 11-16 Uhr. Der letzte Aufenthaltsort der Grafikerin und Bildhauerin gibt mit einer kleinen Sammlung von Originalgrafiken einen Überblick über die mehr als 50 Jahre ihres künstlerischen Schaffens.

Schloss Moritzburg, ✆ 8730, ÖZ: April-Okt., tägl. 10-17.30 Uhr; Feb, März, Nov., Dez., Di-So 10-16 Uhr; Jan., Sa, So 10-16 Uhr;

stündlich Rundgänge. Ausstellungen zur Küchen- und Hofkultur im Schloss, Sammlung barocker Sandsteinskulpturen der Balustrade, Geweihsammlung, Einrichtungsgegenstände aus dem 18. Jh. Das Schloss selbst gehörte zu den ersten Renaissancebauten Sachsens und wurde ab 1723 in eine barocke Schlossanlage umgebaut.

- **Fasanenschlösschen**, ✆ 8730, ÖZ: 1.April-3.Okt., 10-17.30 Uhr, Führungen 10.30, 12, 13.30 und 15 Uhr, Feb.,März, Sa u. So 10-16.30 Uhr, Führungen 10.30 und 12.00 Uhr. Das zweigeschossige Schlösschen befindet sich etwa 20 min. Fußweg vom Schloss entfernt. Errichtet wurde es 1770-82 im Rokokostil. Eine kleine Hofanlage mit Leuchtturm schließt sich an.
- **Sächsisches Landgestüt**, Schlossallee 1, ÖZ: Mo-Fr 8.30-11.30 Uhr und 13.30-16 Uhr
- **Wildgehege**, Radeburger Straße, ✆ 99790, ÖZ: März-Okt., tägl. 10-18 Uhr, Nov.-Dez., tägl. 9-16 Uhr, Jan.-Feb., Sa, So 9-16 Uhr

Meißen, Frauenkirche

Die Hauptroute führt auf der Straße **Altserkowitz** aus dem Ort hinaus ⁓ weiter in Elbnähe auf dem Radweg bis **Radebeul-Kötzschenbroda**.

AUSFLUG Auf dem Elbdamm geradeaus führt eine kleine Straße am Hotel Goldner Anker entlang. Sie werden direkt zum wundervoll restaurierten Dorfkern **Altkötzschenbroda geführt**, wo sich am Dorfanger die beliebte Kulturmeile befindet.

Radebeul-Kötzschenbroda R

PLZ: 01445; Vorwahl: 0351

- **Kultur- und Werbegilde**, Altkötzschenbroda 68, ✆ 8385933
- **Stadtgalerie**, Altkötzschenbroda 21, ✆ 8311600, ÖZ: Di-Do, So 14-18 Uhr
- **Heimatstube**, Altkötzschenbroda 21, ✆ 8311600, ÖZ: Sommer, So 14-18 Uhr
- Unbedingt sehenswert ist der **historische Dorfkern Altkötzschenbroda**; immer mit Leben und vielfältiger Kultur erfüllt.

Im Dreißigjährigen Krieg wurde hier 1645 der Friedensvertrag zwischen Sachsen und Schweden unterzeichnet. 1995 wurde der Ort zum geschlossenen Sanierungsgebiet erklärt und die teils verfallenen Häuser renoviert. Typisch für die hiesige Bauweise sind Drei-Seiten-Höfe, die hier gemeinsam mit dem Denkmalschutz aus Ruinen wieder aufgebaut wurden. Der Anger ist 300 Meter lang und mittlerweile finden sich viele Kunsthandwerker, Galerien aber auch Gaststätten und Unterkünfte in seinem Umkreis.

Im Ort links über den Platz und zurück zum Fluss ⁓ nach rund 1 km Radweg in den rechten Weg ⁓ **D** unter der Eisenbahn hindurch ⁓ immer am Ufer entlang auf einem Radweg bis zum südlichen Ortsteil **Coswig-Kötitz**.

Coswig bei Dresden R

PLZ: 01640; Vorwahl: 03523

- **Tourist-Information**, im Rathaus, Karrasstr. 2, ✆ 66330, www.coswig.de
- **Karrasburg Museum Coswig**, Karrasstr. 4, ✆ 66450, ÖZ: Di, Do, Sa, So 14-18 Uhr
- **Alte Kirche**, Wettinpl., ✆ 75894, ÖZ: Sa ab 16 Uhr.
- **Peter-Pauls-Kirche**, Ravensburger Platz 6., ✆ 75894

Meißen, Elbe-Radweg

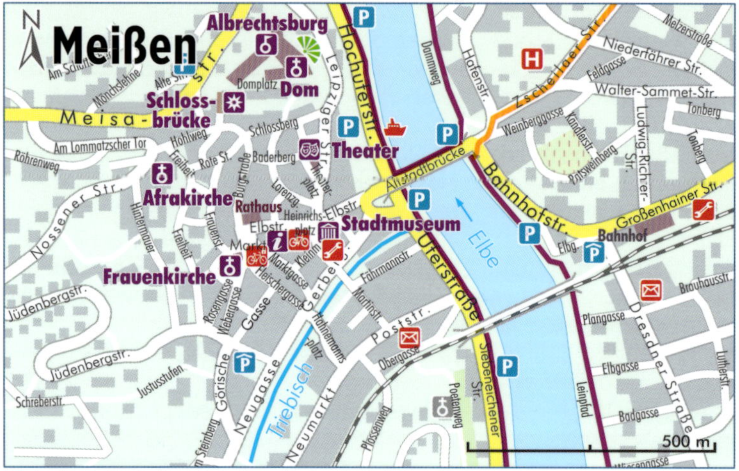

🛈 **Dorfkirche Brockwitz und Pfarrhaus**, Niederseite 2, ✆ 71744, ÖZ: erster So im Monat, Führung 11-12 Uhr. Im Pfarrhaus Sammlung bäuerlicher Arbeitsgeräte.

Villa Teresa, Kötitzer Str. 30, ✆ 700186. In der sorgfältig restaurierten Villa im klassizistischen Stil und ihrem großzügigen Park finden das Sommertheater, Gespräche und andere Kulturveranstaltungen statt.

Botanischer Garten, auf der Boselspitze, ✆ 0351/4593185, ÖZ: April-Okt., Mi 9-17 Uhr, Sa, So 10-17 Uhr

Zweirad-Center Konrad Slesak, Grenzstr. 25a, ✆ 75649

Der durchgehend ausgebaute Radweg führt an Coswig vorbei und über 9 km in direkter Elbnähe weiter bis nach Meißen ~ weiter bis zur Altstadtbrücke ~ es geht über den Parkplatz und direkt bis zur Brücke, die in die Stadtmitte links des Flusses führt.

Meißen

PLZ: 01662; Vorwahl: 03521

Tourist-Information, Markt 3, ✆ 41940, www.touristinfo-meissen.de

Staatliche Porzellan-Manufaktur Meissen, Talstr. 9, ✆ 468233, ÖZ: Mai-Okt., tägl. 9-18 Uhr, Nov.-April, tägl. 9-17 Uhr. Schauhalle, Schauwerkstatt, Verkaufsausstellung und Restaurant.

Stadtmuseum Meißen in der **Franziskanerklosterkirche**, Heinrichspl. 3, ✆ 458857, ÖZ: Di-So 11-17 Uhr

Dom, Dompl. 7, ✆ 452490, ÖZ: April-Okt., tägl. 9-18 Uhr, Nov.-März., tägl. 10-16 Uhr. Der jetzige gotische Dom geht auf das 13. Jh. zurück. Die Ausstattung zählt zu Sachsens wertvollsten Kunstschätzen.

Frauenkirche, An der Frauenkirche 11, ✆ 453832, ÖZ: Mai-Okt., tägl. 10-12 Uhr und 14-16 Uhr. Anno 1205 erstmals erwähnt, wurde die Frauenkirche 1457 nach Bränden als dreischiffige, spätgotische Hallenkirche wieder aufgebaut. Eine architektonische Besonderheit ist die Tatsache, dass das Langhaus breiter als lang ist.

St. Afra-Kirche, Freiheit 15, ✆ 453832, älteste Meißner Kirche

Nikolaikirche, Am Neumarkt 29, ÖZ: April-Sept., tägl. 10-17 Uhr. Porzellan- und Gedenkkirche mit den weltweit größten Figuren aus Meißner Porzellan

AndersRum (Karte B3): Am Nordostufer beim Schloss Seußlitz rechts Richtung Fähre, gleich darauf links auf den Radweg ~ die Route pendelt nun bis **Meißen** immer zwischen dem Ufer und der parallelen Landstraße.
*Am Südwestufer in **Niederlommatzsch** bei der Fähre geradeaus weiter auf dem Radweg ~ am Elbufer entlang ~ in Zehren kurz auf der Straße, dann auf dem straßenbegleitenden Radweg nach **Meißen**.*

Albrechtsburg, Dompl. 1, ✆ 47070, ÖZ der Ausstellung: März-Okt., tägl. 10-18 Uhr, Nov.-Feb., 10-17 Uhr. Die Albrechtsburg erhebt sich imposant hoch über der Stadt am linken Elbufer. Sie gilt als erstes deutsches Schloss und wurde im spätgotischen Stil mit Renaissance-Elementen errichtet. Vollendet wurde die Anlage 1525.

Theater Meißen, Theaterpl. 15, ✆ 41550

Bürgerhäuser am Markt

Der schlichte Bau des **Rathauses** mit hohen Zwerchgiebeln über der Traufe geht auf das Jahr 1472

zurück. Interessant ist das Verhältnis zwischen der nur 11 m hohen Fassade und dem 18 m hohen Dach.

Die steinerne **Schlossbrücke** ist aufgrund ihrer zwei Bögen aus den Jahren 1221-1228 erwähnenswert.

Meißen, Historische Weinschänke

Während seiner rund 1.000-jährigen Geschichte wurde Meißen immer wieder von Bränden, Hochwassern und Kriegsgeschehnissen heimgesucht. Trotzdem blieb die Stadt von Zerstörungen weitgehend verschont. Weltberühmt wurde Meißen jedoch nicht nur aufgrund seiner baulichen Sehenswürdigkeiten, sondern durch die „Blauen Schwerter", das Markenzeichen des Meissener Porzellans.

Die Geschichte des Porzellans, des „Weißen Goldes", begann in Dresden, wo der Alchimist J. F. Böttger Gold herstellen sollte. Dies gelang ihm nicht, doch konnte er August dem Starken zunächst braunes Steinzeug und ein Jahr darauf, 1708, das erste weiße europäische Porzellan vorlegen. Daraufhin ließ der Kurfürst die erste europäische Porzellan-Manufaktur in der Meißner Albrechtsburg einrichten. Hier gab es ausreichend Raum zur Einrichtung von Laboratorien und Werkstätten. Die isolierte Lage und Abgeschiedenheit der Angestellten schützte außerdem vor „Werkspionage".

Die Manufaktur expandierte derart, dass sie 1865 in neu errichtete Fabriks- und Ausstellungsgebäude im damaligen Industriegebiet Meißen-Triebischtal umzog. Dort hat sie auch heute noch ihren Sitz. In der Schauhalle sind von mannshohen Bodenvasen bis zu Miniaturservicen viele Schätze ausgestellt und die Schauwerkstatt dokumentiert die Entstehung eines Stückes – ausschließlich Handarbeit, Schritt für Schritt.

VARIANTE Von Meißen-Innenstadt haben Sie nun die Wahl zwischen rechtem und linkem Ufer; beiderseits verläuft ein vollständig ausgebauter Radweg. Die rechte Seite ist landschaftlich etwas schöner und tagsüber von der wärmenden Sonne beschienen, an heißen Tagen ist daher allerdings das schattige linke Ufer zu empfehlen.

Von Meißen nach Riesa (linkes Ufer) 26,5 km

Ab **Meißen** dem Radweg neben der **B 6** folgen ~ 6 unter der **Elbtalbrücke** hindurch ~ weiter entlang der B 6 ~ der Radweg macht eine kleine Biegung kurz vor Keilbusch ~ weiter entlang der Bundesstraße ~ dem

Radweg weiter folgen bis nach **Schieritz**.

Schieritz L

Das leider noch nicht restaurierte **Schloss** hat als Besonderheit einen etwa 40 m hohen Treppenturm aus der Renaissance.

Der Weg führt Sie über eine kleine Brücke und weiter nach Zehren ⤳ **7** rechts in die **Niedermuschützer Str.** abbiegen ⤳ ab der **Fähre Niedermuschütz–Kleinzadel** über den Göhrischberg und **Hebelei** ist der linksseitige Elberadweg bis zur Personenfähre in **Niederlommatzsch** ausgebaut.

Niederlommatzsch L

8 Auf dem Wohnsträßchen in Ufernähe weiter.

Neuhirschstein L

Schloss. Die Anlage von Schloss Hirschstein wurde 1205 erstmals urkundlich erwähnt. Im letzten Jahr des Naziregimes war hier die belgische Königsfamilie interniert.

Das Schloss rechts unterhalb auf Schotter umfahren ⤳ in **Althirschstein** links ⤳ rechts herum und der

> ***AndersRum (Karte B4):*** Am Nordostufer kurz vor **Nünchritz** nach rechts auf den Radweg ⤳ bei **Leckwitz** kurz auf der Straße ⤳ nach dem **Rittergut** bei Merschwitz/Sachsen straßenbegleitend nach Seußlitz. *Am Südwestufer nach **Schänitz** kurz auf der Straße, dann links nach **Boritz** ⤳ ufernah bis **Althirschstein** ⤳ im Links-Rechts-Knick nach **Neuhirschstein** ⤳ am Ufer entlang nach **Niederlommatzsch.***

Fährstraße zwischen Feldern nach **Boritz** folgen ⤳ links herum in die **Lackwitzer Straße**.

Boritz L

Landwirtschaftsmuseum, Schänitzer Str. 9, ✆ 035266/82348, Besichtigungen nach Vereinbarung.

Im Örtchen wieder rechts und in weitem Linksbogen bis zum **Kreuzstein** an der Landstraße, dort rechts bis nach **Schänitz** ⤳ **9** nach rechts in den Ort ⤳ auf dem Radweg zum Deich, hier nach links und in Elbnähe auf dem Deich weiterradeln ⤳ **10** an der

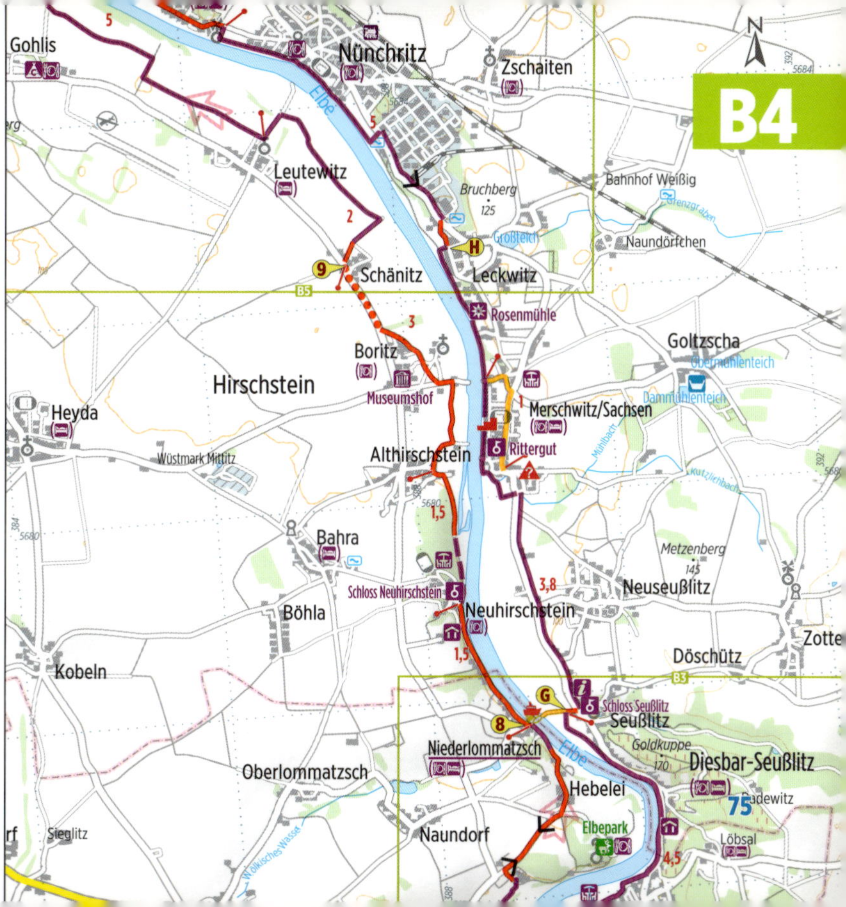

Blick auf Fels und Kirche in Zadel

Fähranlegestelle vorbei ⤳ an der **Elbstraße** nach rechts ⤳ dem Linksbogen zur **Hauptstraße** folgen, dann rechts abbiegen ⤳ auf der **Bahnhofstraße** rechts halten und geradeaus bergab zur Elbe ⤳ dem Radweg folgen und unter der Brücke hindurch.

Riesa (s. S. 79)

Von Meißen nach Riesa (rechtes Ufer) 26 km

VARIANTE Auch hier verläuft ab Meißen ein baulich vollkommen fertiggestellter Radweg direkt am Elbufer. Zu Beginn haben Sie von dort einen wunderbaren Ausblick auf das Ensemble Albrechtsburg, Dom und ehemaliges Bischofsschloss.

TIPP ⚠ Bei Hochwasser ist die Durchfahrt unter den Elbbrücken oft nicht möglich. Dann können Sie dieses Gebiet über die **Zscheilaer** und die **Niederfährer Straße** umfahren. Auf der **Hafenstraße** kommen Sie schließlich wieder auf die Hauptroute.

Meißen-Winkwitz R

E Für die Weiterfahrt am rechten Ufer radeln Sie unter der **Elbtalbrücke** hindurch und folgen dem Radweg parallel zur kleinen Straße bis **Zadel.**

Schloss Seußlitz

AndersRum (Karte B5): Am Nordostufer auf der **Alten Salzstraße** aus **Lorenzkirch** hinaus ⤳ direkt am Ufer entlang via **Zschepa, Gohlis bei Riesa** bis zur neuen Brücke nach **Riesa** ⤳ die Route bleibt weiter ufernah via **Moritz** und **Grödel** nach **Nünchritz.**

*Am Südwestufer in **Strehla** beim Fähranleger geradeaus weiter ⤳ durch **Oppitzsch** und auf dem Radweg weiter ⤳ in Gröba links auf die **Kirchstraße** einbiegen ⤳ rechts zur Schlossbrücke, diese überqueren und weiter dem Radweg (Elbweg) folgen und am Ufer ins Zentrum ⤳ an der **Hauptstraße** links, dann bald wieder links in die **Breite Straße** ⤳ bei der Fähranlegestelle links auf den Radweg, der dann auf den Deich führt ⤳ in **Schänitz** an der Straße nach links.*

Zadel R

Schloss Proschwitz, Dorfanger 19, ✆ 03521/76760. Das Schloss, dem das älteste noch existierende sächsische Weingut angeschlossen ist, wurde detailgetreu restauriert. Hier finden zahlreiche Veranstaltungen wie Konzerte, Führungen etc. statt.

F Gegen Ortsende nach links direkt zum Ufer ⤳ nach der **Fähre Kleinzadel–Zehren** rechts zur Straße und daran entlang ⤳ **Nieschütz** wird linker Hand umfahren ⤳ vor Diesbar führt ein Weg zwischen Fluss und Straße nach **Seußlitz.**

B5
Strehla
Schloss Strehla
Soldatendenkmal
Kleinrügeln
Cottewitz
Lorenzkirch
Zschepa
Gohlis bei Riesa
Baggersee
Oppitzsch
Am Heger
Forberge
Großrügeln
Reußener Berge
Gröba
Pochra
Schäferberg
Nudelcenter Riesa
Merzdorfer Teich
Mühlgraben
Döllnitz
Canitz
Merzdorf
Kellerberg
Weida
Riesa
Skulptur Elbquelle
Pausitz
Poppitz
Mergendorf
Heideberg
Mautitz
Bobersen
Röderau
Promnitz
Moritz
Vogelberg
Zeithain
Feuerwehrmuseum
Gedenkstätte Ehrenhain Zeithain
Neudorf
Marksiedlitz
Grundberg
Radewitz
Reißelsberg
Glaubitz
Glaubitzer Schloss
Glaubitzer Wald
Kreuzberg
Floßkanal
Grödel
Nünchritz
Zschaiten
Gohlis
Leutewitz
Burgsberg
Bruchberg
Großteich
Schänitz
Leckwitz
Elbe
B169
B6
B182
B98
B4

Diesbar-Seußlitz R

PLZ: 01612; Vorwahl: 035267

Touristinformation, An der Weinstr. 1a, ✆ 50225

George-Bähr-Kirche

Schloss Seußlitz. Von Georg Bähr errichteter Barockbau, umgeben von einer ebenfalls barocken Gartenanlage.

Ab Diesbar existiert wieder ein Radweg direkt am Ufer ~ G in **Seußlitz** zurück zur Hauptstraße, die bis nach Merschwitz mit einem rechtsseitigen Radweg bestückt ist ~ direkt am Ortsanfang von **Merschwitz** links in einen Rad- und Fußweg.

VARIANTE **In Merschwitz befinden sich im Radweg zwei Treppen, die mit einer Schiebeschiene ausgestattet sind. Radfahrer, die den Treppen ausweichen wollen, fahren am Ortsanfang besser geradeaus weiter auf der Hauptstraße bis zur Kreuzung mit dem Wegweiser nach Goltzscha. Dort nach links abbiegen, nach 200 m wieder links bis zur Elbe und dort nach rechts auf den Radweg Richtung Leckwitz.**

In **Merschwitz** immer zwischen Ortsrand und Elbe entlang ~ weiter an der Elbe – oft leider holprig – bis **Leckwitz** ~ H auf der **Sandbergstraße** links halten und bis zur Hauptstraße nach Nünchritz ~ diese queren und weiter

Riesa, Rathaus

auf dem straßenbegleitenden Radweg ~ am Ortsanfang von **Nünchritz** nach den Fabrikgebäuden links in einen Radweg ~ am Ufer an Nünchritz entlang ~ an der **Windmühle** vorbei zur Straße, hier nach links und durch **Grödel** hindurch ~ nach dem Ort dem asphaltierten Weg auf dem Deich entlang folgen ~ **Moritz** durchqueren ~ und wieder weiter entlang des Deichs durch **Promnitz**.

AUSFLUG **Sollten Sie die Gedenkstätte Ehrenhain Zeithain (✆ 03525/760392) besuchen wollen, biegen Sie hier rechts ab.**

Nach ca. 3 km ist die Brücke nach Riesa erreicht.

AUSFLUG

Wenn Sie das sehenswerte Städtchen Riesa besuchen möchten, bietet Ihnen die Fähre Promnitz einen schöneren und direkteren Übergang als die Straßenbrücke.

Riesa L

PLZ: 01587 u. 01589 u. 01591; Vorwahl: 03525

- **Riesa Information,** Hauptstr. 61, ✆ 529420, www.tourismus-riesa.de, Fahrradgaragen hinter dem Infobüro. Von Mai bis Oktober werden öffentliche Führungen durch die historischen Klosteranlagen angeboten.
- **Stadtmuseum**, Poppitzer Pl. 3, ✆ 659300, ÖZ: Di 10-19 Uhr, Mi-Fr 10-18 Uhr, So 13-18 Uhr
- **Klosterkirche**, Rathausplatz, ✆ 62010. Der spätgotische Bau stammt aus dem Jahre 1430.
- **Kloster und Tierpark**, Rathausplatz, ✆ 529420, ÖZ: April-Okt., tägl. 9-18 Uhr, Nov.-März, tägl. 9-16 Uhr. Die restaurierte Klosteranlage ist die älteste der Mark Meißen. In dem **Tierpark**, der an den Ostflügel des Klosters anschließt, sind vor allem heimische Wildtiere zu sehen. Das 20.000 l große Elbaquarium zeigt die Tierwelt der Elbe.
- **Trinitaskirche**, Lutherplatz, ✆ 62010. Der 75 m hohe Turm der zwischen 1895 und 1897 gebauten Kirche ist schon von Weitem zu sehen und prägt maßgeblich die Silhouette der Stadt.
- Die **Skulptur „Elbquelle“** ist ein 25 m hohes Eisen-Kunstwerk von Prof. Jörg Immendorff.
- **erdgas-arena**, Am Sportzentrum 5, ✆ 601160, eine der größten Veranstaltungshallen Sachsens
- **Schifffahrten auf der Elbe mit dem Motorschiff „Stadt Riesa“**, Anmeldung bei Elbe-Events-Riesa GmbH, ✆ 5294797
- **Zweiradservice Seifert**, Großenhainer Str. 21, ✆ 734886

AndersRum (Karte B6): Geradeaus durch **Borschütz**, an der Gabelung halblinks halten ⇝ vor **Fichtenberg** rechts ab ⇝ geradeaus durch **Gaitzschhäuser** hindurch ⇝ auf zunächst geschotterter Straße nach **Kreinitz**, dort rechts, direkt am Ufer entlang ⇝ rechts am Deich bleibend nach **Cottewitz** ⇝ links am Ort vorbei, dann auf der **Cottewitzer Straße** nach **Lorenzkirch**. *In **Seydewitz** rechts auf den Radweg an der **B 182** ⇝ links nach **Aussig**, am Ortseingang nach links auf den Damm ⇝ bei **Schirmenitz** links auf die Bundesstraße ⇝ links nach **Paußnitz** ⇝ in Lößnig rechts nach **Görzig**, durch **Strehla** zur Fähre.*

Von Riesa nach Staritz-Plotha (linkes Ufer) 25 km

11 Nach der Brücke unterqueren Sie die Bahn ~ weiter auf dem Radweg zwischen Bahn und Fluss ~ folgen Sie dem Radweg (**Elbweg**) bis zum Hafenbecken ~ über die **Schlossbrücke** bis zur **Kirchstraße**, hier links einbiegen ~ rechts halten und in die **Flurenstraße** abbiegen ~ **12** an der nächsten Kreuzung rechts abbiegen ~ beim nächsten Abzweig rechts und auf dem befestigten Radweg bis **Oppitzsch** ~ im Ort links, dann nach wenigen Metern wieder rechts und auf dem Radweg bis kurz vor Strehla ~ geradeaus auf die **Oppitzscher Straße**.

Fähre Lorenzkirch–Strehla (s. S. 81)

An der Vorfahrtstraße fahren Sie geradeaus in Richtung Strehla ~ **13** am Ende des Radweges, zweigt die Route rechts ab und führt unten am Ufer weiter, um in die Ortsmitte von Strehla zu kommen, bleiben Sie auf der Bundesstraße.

Strehla L

PLZ: 01616; Vorwahl: 035264

- **Tourist-Information**, Am Schlossplatz 1, ✆ 90739, www.strehla.de

Elbe bei Riesa

- **Schloss Strehla**, Am Schlosspark, ✆ 95931 od. 90439. Die dreiflügelige, zum Teil bereits restaurierte Renaissanceanlage ruht auf den Grundmauern einer Burg, die auf Heinrich I. zurückgeht. Auf Anfrage kann das historische Trinkstübchen besichtigt werden.
- **Stadtkirche**, Pfarrweg 3, ✆ 90797. Besonders erwähnenswert ist die 1565 geschaffene, farbig glasierte Keramikkanzel des Gotteshauses.
- **Elbedenkmal – Denkmal der Begegnung,** 50 Jahre nach dem offiziellen Treffen der Armeen Russlands und der westlichen Alliierten am 25. April 1945 wurde hier, am eigentlichen Treffpunkt direkt am Fähranleger nach Lorenzkirchen, ein Denkmal errichtet (vgl. Torgau).
- Den **Marktplatz** ziert eine hübsch restaurierte, historische Postmeilensäule; ähnliche finden sich in Belgern und Torgau.
- **Motorrad-Shop Strehla**, Markt 2, ✆ 22445

Auf einem gepflasterten Wiesenweg am Ufer nach **Görzig** ~ bei den ersten Häusern auf einem teilweise schlecht befahrbaren Weg am Ufer bis an die Ortsstraße ~ danach links und nach einem kurzen Stück wieder rechts über eine Seitenstraße Görzig verlassen ~ an der Hauptstraße rechts abbiegen und weiter bis in den nächsten Ort ~ **14** bei **Lößnig** links nach **Paußnitz** ~ dahinter rechts auf die **B 182** ~ am Ortsende von **Schirmenitz** rechts ab ~ über die Brücke und hinter dem Damm links nach **Aussig**.

Hinter dem Ort führt die Route zurück zur **B 182** ~ auf dem rechtsseitigen Radweg nach **Seydewitz** ~ bei den letzten Häusern links ~ an der Kreuzung nach 2 km rechts auf einen Güterweg ~ **15** an der Bundesstraße nach **Plotha**, hier treffen die rechts- und die linkselbische Variante wieder aufeinander.

Plotha L

Von Riesa nach Staritz-Plotha (rechtes Ufer) 23 km

Auf dem Dammweg in den Ortsteil **Obere Elbhäuser** von Röderau-Bobersen ~ kurzzeitig vom Damm weg, links und dann rechts auf den Damm zurück ~ immer in Flussnähe vorbei an den **Unteren Elbhäusern** und weiter nach Gohlis ~ **I** in **Gohlis bei Riesa** immer links halten ~ direkt am Ufer nach **Zschepa** ~ geradeaus weiter nach Lorenzkirch (**Alte Salzstraße**).

Lorenzkirch R

Fähre Lorenzkirch–Strehla, Betriebszeiten: Mo-Fr 6-19 Uhr, Sa, So/Fei 8-12 Uhr und 14-18 Uhr.

Im Ort zunächst geradeaus weiter (**Alte Salzstraße**) ~ **J** nach der Kirche rechts halten (**Cottewitzer Straße**) nach **Cottewitz,** das auf separatem Radweg rechter Hand umfahren wird ~ dahinter bis Kreinitz am Deich bleiben.

Kreinitz R

An der Elbe befindet sich an dem Ort ein **Gedenkstein**, wo sich amerikanische und russische Soldaten im Zweiten Weltkrieg zum ersten Mal zufällig begegnet sind.

In unmittelbarer Flussnähe radelnd an Kreinitz vorbei ~ durch den Weiler **Gaitzschhäuser** ~

AndersRum (Karte B7): In **Belgern** am Ufer auf dem Radweg weiter ~ am Sträßchen links nach **Ammelgoßwitz** ~ rechtsherum durch das Dorf, dann links ab (**Brautweg**) bis **Dröschkau** ~ links zum Elbdeich und rechts daran entlang ~ links nach **Plotha** hinein, mit Rechtsknick wieder hinaus ~ an der **B 182** entweder links und auf der neuen Brücke über die Elbe oder die **B 182** kreuzen und in die gegenüberliegende Straße.
Auf der nordöstlichen Uferseite vorbei am Ortsteil **Köttlitz** – hinein in das sehenswert restaurierte Städtchen **Mühlberg** ~ nach rechts aus dem Zentrum heraus ~ am Ortsende rechts weg nach **Borschütz.**
*Auf der südwestlichen Seite auf der Straße Richtung Oelzschau, doch vor dem Ort links ab nach **Seydewitz**.*

K an der Straße, die rechts nach Fichtenberg hinüberführt, links abzweigen ~ im Bogen nach **Borschütz**, das geradewegs durchquert wird ~ **L** an der Straße links nach **Mühlberg.**

INS ZENTRUM Am Ortseingang können Sie auf den gut befestigten Weg oben auf dem Deich ausweichen und auf diesem am Zentrum entlangfahren. Trotz des nicht gerade radlerfreundlichen Großpflasters lohnt sich ein Abstecher in dieses schön restaurierte Städtchen hinein!

Mühlberg R

PLZ: 04931; Vorwahl: 035342

- **Tourist-Information**, Neustädter Markt 1, ✆ 81628, www.muehlberg-elbe.de (ab Anfang 2014 im Stadtmuseum, Klosterstr. 9)
- **Stadtmuseum**, Klosterstr. 9, ✆ 81621, (bis Anfang 2014 befindet sich das Museums im Rathaus am Neustädter Markt). Das Stadtmuseum in der historischen Klosterpropstei wird im Zuge der Verleihung des europäischen Kulturerbesiegels zu einem Erinnerungsort an die Schlacht von Mühlberg (1547) umfangreich saniert und inhaltlich sowie gestalterisch neu ausgerichtet.

Mühlberg, Rathaus

- **Frauenkirche**. Besonders sehenswert ist der Marienaltar aus dem 16. Jh.
- **Zisterzienser Nonnenkloster**, 1228 gegründet. Der Bau der Klosterkirche begann in den Jahren 1250-1280. Der rote Backsteinbau erlebte in den folgenden Jahrhunderten zahlreiche Veränderungen. Auf dem Klostergelände befinden sich außerdem das Äbtissinnenhaus, das Hospiz, das Refektorium und der modern sanierte Kreuzgang. Die 1531 erbaute Propstei wird bis Anf. 2014 saniert.
- **Schloss**, 1272 als Wasserburg erbaut. Nach einem Stadtbrand 1545 als Jagdschloss unter Herzog Moritz wieder aufgebaut. Seit 1999 ist es in Privatbesitz.

AndersRum (Karte B8): Direkt am Ufer entlang aus **Torgau** hinaus und weiter bis **Loßwig**, hier rechts zur Kirche und wieder links ⇝ über die B 182 und geradeaus weiter ⇝ in **Bennewitz** links, erneut die Straße kreuzen, nach **Weßnig** ⇝ rechts nach **Kranichau** ⇝ rechts, dann direkt links weiter nach **Döbeltitz** ⇝ im Ort links ab Richtung Belgern ⇝ bei den Häusern scharf links hinunter ⇝ rechts am Ufer entlang bis zur Fähre in **Belgern**.

- **Zweiradhaus Beger**, Roßmarkt 5, ✆ 552

Am 24. April 1547 fand in Mühlberg während des Schmalkaldischen Krieges die Schlacht zwischen Kurfürst Johann Friedrich von Sach-

B8
Torgau
Militärmuseum
Graditz
Galgenberg
90
Neusorge
Kötten
Heidehäuser
Nichtewitz
Triestewitz
Arzberg
Bockwindmühle
Loßwig
Am Pflückuffer Ratsforst
Gehegeteich
Kohlteich
B182
B9
Pülswerda
Kunzwerda
Kathewitz
Kaucklitz
Blumberg
Kamitz
1. Dt. Radfahrerkirche
Weßnig
Packisch
Adelwitz
Rittergut Adelwitz
Königsteich
Pflückuff
Bennewitz
Kranichau
Köllitsch
Tauschwitz
Stehla
Elbe
Mehderitzsch
Döbeltitz
Klein Kranichau
Beckwitz
100
Mahitzschen
B7
Altbelgern
Ammelgoßwitz
Bockwindmühle
Martinskirchen
Belgern
Kibitzberg
130
Treblitzsch
Park
Taura
Dahlener Heide
Eisbach
Flößgenoraben
Röhrgraben
Weßniger Bach
Graben aus Mahitzschen
Schloßbach
18
17
16
3
4,7
4,5
4,5
4,5
4,5
4
5
3,8
2,8
8,5

sen und Kaiser Karl V. statt. Diese verlor der Kurfürst und somit auch seine Rechte auf Kurwürde und -lande an Herzog Moritz von Sachsen. Moritz bildete eine neue Koalition der protestantischen Fürsten, die sich massiv gegen den Kaiser stellten. Zwei Gedenksteine erinnern daran.

VARIANTE Von der Innenstadt aus haben Sie die Möglichkeit, rechtselbisch über die Orte Stehla, Köllitsch und Pülswerda nach Torgau zu fahren.

Entlang der Straße Richtung Staritz und Belgern durch den **Ortsteil Köttlitz** (entweder auf grobem Pflaster oder auf dem geschotterten Parallelweg) und auf dem Radweg der neuen Brücke über die Elbe ~ gegenüber am linken Elbufer zur Hauptstraße und ein kurzes Stück rechts entlang ~ **15** die erste Abzweigung rechts bringt Sie zum Weiler Plotha.

Belgern, Roland am Rathaus

Von Staritz-Plotha nach Torgau 24,5 km

Vom Ortsende aus führt der asphaltierte Radweg im weiten Bogen rechts um einen Baggersee und schließlich nach **Dröschkau,** hier nach rechts ~ weiter geht's auf dem **Brautweg** nach **Ammelgoßwitz** ~ **16** im Ort links nach Belgern, das gut 1 km entfernt liegt ~ den Damm queren, Belgern ist nun schon zu sehen ~ vor dem Fabrikgebäude rechts auf einen Radweg am Fluss ~ dieser führt vorbei am kleinen Hafen bis zur **Fähre** in Belgern.

Belgern L

PLZ: 04874; Vorwahl: 034224

- **Fremdenverkehrsbüro**, Markt 10, ✆ 46536, www.stadtbelgern.de
- **Heimatmuseum**, Alte Schmiede, Topfmarkt 7, ✆ 42765, ÖZ: Mo-Do 14-18 Uhr, Di u. Fr 10-14 Uhr, Sa 12-18 Uhr
- **Bartholomäuskirche**. Über 400 Jahre alt ist die Kirche, in der Martin Luther 1522 predigte, woran ein Gedenkstein davor erinnert.
- **Rathaus**. Der wuchtige Renaissancebau aus dem Jahre 1578 beherrscht den Marktplatz.
- **Rolandpark auf dem Erlebnisrastplatz**. In dem Park direkt am Elbe-Radweg können Sie detailgenaue Kopien von fast allen deutschen Roland-Statuen aus der Nähe betrachten.
- **Postmeilensäule**, Marktplatz. Auf der kursächsischen Distanz-Meilensäule aus dem Jahre 1730 sind die Entfernungsangaben für die Postkutschen in Stunden eingemeißelt.
- **Röhrenbrunnen**. Gegenüber der Kirche befindet sich der letzte erhalten gebliebene Sandsteintrog mit hölzernem Schutzhäuschen, der früher der Wasserversorgung der Bevölkerung diente.
- **Roland**. Die 6 m hohe Statue aus Elbsandstein ist das Wahrzeichen der Stadt. 1610 wurde sie hier anstelle eines Holzstandbildes errichtet.

Um die Roland-Statue ranken sich manche Sagen in Belgern. Eine erzählt, dass die Torgauer Bürger die Bürger von Belgern in alten Zeiten um ihren schönen bunten Holzroland beneideten. Missgünstige Torgauer entschlossen sich, ihn zu rauben. Eines Tages bot sich

eine günstige Gelegenheit und der Roland wurde entführt. Die Fahrt mit dem Riesen war jedoch sehr beschwerlich und so kam es, dass die durch den Raub erzürnten Belgerner Bürger die Diebe an der Ziddelmühle einholten. Die Beute wurde den Torgauern abgenommen und der Roland wieder zurückgebracht. Dabei soll jedoch das Rolandhorn verloren gegangen sein.
Damit sich ein derartiger Diebstahl nicht wiederholen konnte, ließ der Rat den Roland in Stein hauen. Künftig mussten die Torgauer, die nach Belgern kamen, dem Roland zum Zeichen ihrer Reue in die große Zehe beißen.

Von der Fähre führt der Radweg weiter am Ufer entlang ⤳ nach den Fußballplätzen links am Bach zur Geländestufe ⤳ in einem Linksbogen den Hang hinauf, oben dann nach rechts ⤳ geradeaus auf den Radweg nach

> ***AndersRum (Karte B9):*** In **Mockritz** an der Vorfahrtstraße links, an der Gabelung am Ortsausgang rechts ⤳ dann rechts am Deich entlang und erneut rechts weg nach **Döbern** ⤳ auf die Straße, dann am Ortsende halblinks weg entlang der Alten Elbe und weiter nach **Repitz** ⤳ am Elbufer nach **Torgau**.

Döbeltitz ⤳ an der Vorfahrtstraße rechts und geradewegs die 2 km bis nach **Kranichau.**

17 Im Ort hinter der Linkskurve im spitzen Winkel nach rechts, dann links nach **Weßnig** ⤳ dort beim Teich links zur Kirche.

Weßnig L

Erste Deutsche **Radfahrerkirche**, in der man sich – analog zu den Autofahrerkirchen an den Autobahnen – speziell seinen spirituellen aber auch rein praktischen Bedürfnissen widmet: u. a. mit einer schönen Rastmöglichkeit. Die Geschichte der Kirche von Weßnig, dessen Name wohl vom altsorbischen „Vjaznik" (Ort der Ulmen) stammt, scheint älter zu sein als die des eigentlichen Dorfes; vermutet wird

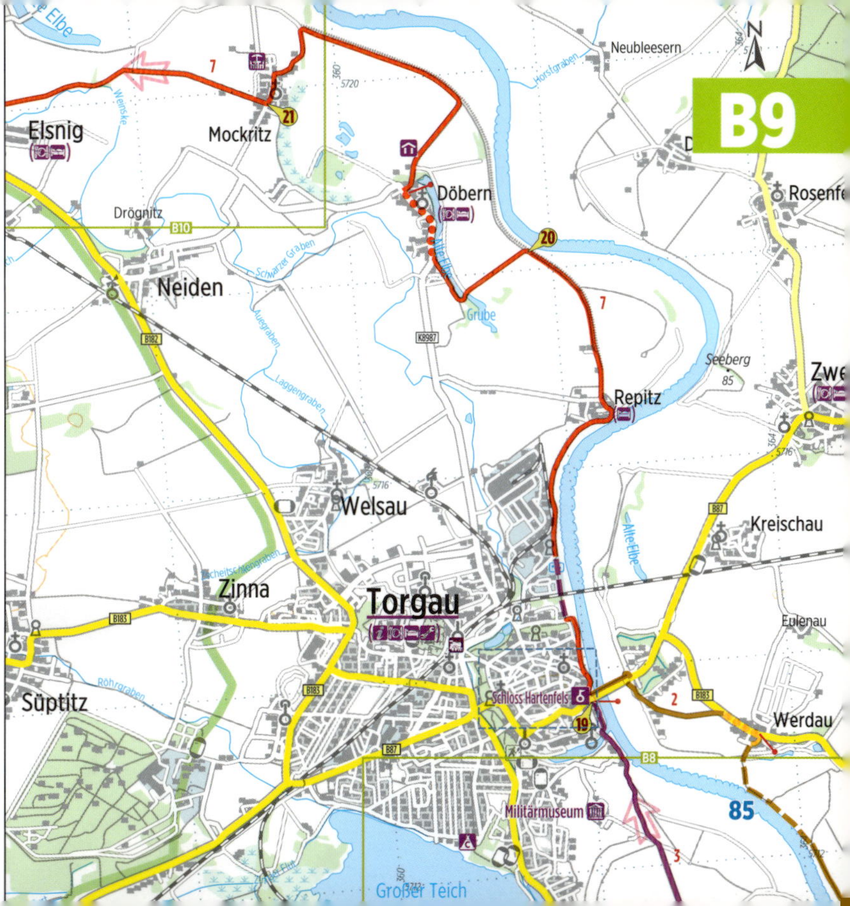

hier, abseits einer Burg, eine sehr frühe Missionsstation im damals slawischen Gebiet. Denn die ersten Urkunden von 1243 belegen schon lange vor dieser Zeit eine große Bedeutung dieser Mutterkirche des Bistums Meißen – größer als die von Torgau, das bereits 973 Burgmittelpunkt war.

Von hier aus über die Bundesstraße und die stillgelegte Bahnlinie hinweg nach **Bennewitz** ⇝ im Ort rechts (**Am Schinderbusch**) nach Loßwig, das nach gut 2,5 km erreicht ist ⇝ **18** in **Loßwig** hinter der Kirche rechts ⇝ an der nächsten Kreuzung wieder links ⇝ auf dem Dammweg nun recht gemütlich auf Torgau zu ⇝ über eine ehemalige Eisenbahnbrücke, die für Radfahrer und Fußgänger reserviert ist ⇝ nach der Brücke rechts auf den Radweg und am Fluss entlang ⇝ **19** unter der Elbbrücke hindurch und an der Straße unterhalb des Schlosses rechts.

Torgau R

PLZ: 04860; Vorwahl: 03421

- **Torgau-Informations-Center**, Markt 1, ✆ 70140, www.tic-torgau.de
- **Stadt- und Kulturgeschichtliches Museum Torgau und Torgauer Museumspfad**, Kurfürstliche Kanzlei, Wintergrüne 5, ✆ 70336, ÖZ: Di-So 10-18 Uhr, im Winter verkürzt.
- **Lapidarium**, im Schloss Hartenfels. In den Gewölben unter der Schlosskirche werden Reliefs, Plastiken und Skulpturen präsentiert.
- **Katharina-Luther-Stube**, Katharinenstr. 11. Die Gedenkstätte im Wohn- und Sterbehaus, erinnert an die Gattin des großen Reformators Martin Luther.
- **Braumuseum**, Fischerstr. 11. In dem voll unterkellerten Renaissance-Bürgerhaus wird über die Torgauer Brauereigeschichte informiert.
- **Bürgermeister-Ringenhain-Haus**, Breite Str. 9. Das Bürgerhaus mit wertvollen Wand- und Deckenmalereien aus dem 16. Jh. zählt zu den wichtigsten Gebäuden der Stadt.
- Das **Handwerkerhaus** gehört zu den letzten kleinen Häusern armer Torgauer Bürger, die noch erhalten sind. Es hat seine Gestalt seit Beginn des 17. Jhs. fast vollständig bewahrt. Nach

mehrjährigen Restaurierungsarbeiten kann es nun besichtigt werden.

Dokumentations- u. Informationszentrum, ÖZ: tägl. 10-18 Uhr. Die Gedenkstätte im Schloss Hartenfels zeigt die ständige Ausstellung "Spuren des Unrechts" zur Geschichte Torgaus als Haftort im 20. Jh.

Wurzeln und Flügel, Wintergrüne 2, ✆ 703480. Bundesweit einmalige Ausstellung zu den Werten des Lebens im historischen Gebäude der ehemaligen Superintendantur.

Gedenkstätte Geschlossener Jugendwerkhof Torgau, Fischerdörfchen 15, ✆ 714203, ÖZ: April-Okt., Di-Fr 10-18 Uhr, Sa, So/Fei 14-18 Uhr, Nov.-März, Di-Fr 10-17 Uhr, Sa, So/Fei 14-17 Uhr. Über 4.000 Jugendliche wurden zwischen 1964 und 1989 zur „Umerziehung“ in dieses geschlossene Heim eingewiesen.

Stadtkirche St. Marien. In der spätgotischen Hallenkirche befinden sich der Grabstein von Katharina Luther, die Altartafel von Lucas Cranach d. Ä. „Die vierzehn Nothelfer“ und eine Bronzegrabplatte aus der berühmten Nürnberger Vischerwerkstatt.

Schlosskirche. Martin Luther weihte den ersten protestantischen Kirchenbau 1544 ein. 1994 bekam die Kirche eine neue Orgel.

Schloss Hartenfels. Das Schloss wurde zwischen 1482 und 1623 errichtet. Die bedeutendste Schlossanlage der deutschen Frührenaissance war Schauplatz großer Feste und fürstlicher Hochzeiten. Sehenswert sind der Große Wendelstein, der Schöne Erker, das Bärenfreigehege im Schlossgraben und die Schlosskirche. Die Sonderausstellung im Albrechtsbau präsentiert kostbare Kunst und Originale.

Das Rathaus. Ein Renaissancebau aus den Jahren 1563-1579, entstanden nach dem Entwurf des Dresdner Architekten Valten von Wegern.

Markt. Das mächtige Renaissance-Rathaus, die Türme der Nikolaikirche, die Mohrenapotheke (1503) und das älteste Spielzeuggeschäft Deutschlands sind neben den Renaissancebürgerhäusern sehr eindrucksvoll.

Hausmannsturm, im Schloss Hartenfels, ÖZ: April-Okt., tägl. 10-18 Uhr, Nov.-März tägl. 10-16 Uhr. Vom Turm bietet sich eine wunderbare Aussicht über die Stadt und die Elbtalaue.

Freihaus-Hahnemann-Haus, Pfarrstr. 3, ✆ 774131. Im 1486/87 erbauten Freihaus mit wundervollen Wandmalereien und Holzdecken aus verschiedenen Epochen, wohnte und praktizierte Samuel Hahnemann, der Begründer der Homöopathie.

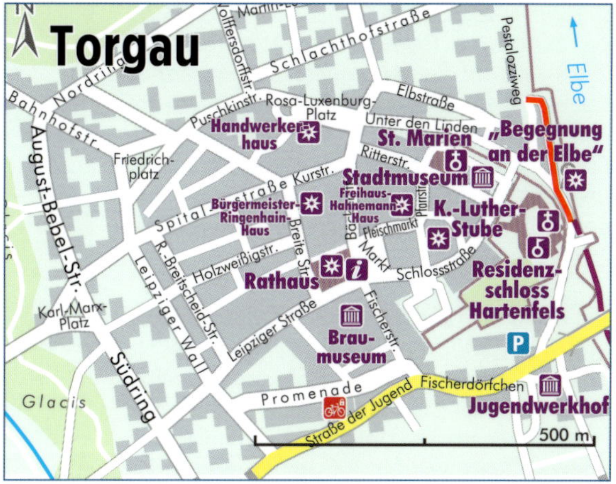

Denkmal der „Begegnung an der Elbe“. Hier reichten sich im April 1945 amerikanische und russische Soldaten noch vor dem offiziellen Kriegsende auf der zerstörten Brücke feierlich die Hände; ein erstes offizielles Treffen hatte allerdings bereits in Strehla stattgefunden (s. S. 82).

Stadtführungen, Ostern-Okt., tägl. 14 Uhr, zusätzlich Mai-Sept., Mo-Fr 18 Uhr, Treff: Rathaus

BAM Bike & more, Fischerstr. 1, ✆ 704981

Radhaus Höcke, Goethestr. 3, ✆ 774759

Kurierdienst Seifert, Holzweißigstr. 27, ✆ 0177/8356648

Die über 1.000-jährige Stadt an der Elbe ist eine der schönsten Renaissancestädte Deutschlands und die bedeutendste Lutherstadt in Sachsen. Im 16. Jahrhundert war Torgau die bevorzugte Residenz der sächsischen Kurfürsten. Die historische Altstadt mit der großzügigen und fast vollständig erhaltenen Renaissancebebauung und mehr als 280 Einzeldenkmälern ist sehenswert.

Von Torgau nach Dommitzsch 21,5 km

Von der Straße unterhalb des Schlosses rechts in den **Pestalozziweg** ~ geradeaus weiter ~ kurz vor der Eisenbahnbrücke vom Damm hinunter, durch eine Unterführung und auf der anderen Seite wieder auf den Damm hinauf ~ nach 400 m wieder auf der Straße nach Repitz weiter ~ in einem großen Bogen durch **Repitz** ~ nach Verlassen des Ortes im Rechtsbogen auf den asphaltierten Wirtschaftsweg ~ **20** nach links in Richtung Döbern zur **Alten Elbe** hin abbiegen ~ dahinter rechts entlang dieses Biotops und nach **Döbern** hinein ~ geradeaus durch die Ortschaft am allsommerlich bewohnten Storchennest linkerhand vorbei ~ vis à vis des ehemaligen Gutshauses

Torgau, Schloss Hartenfels und Stadtkirche St. Marien

rechts in die Straße **Zur Alten Elbe** und der Beschilderung zur Elbe folgen ~ dann kurvenreich entlang des Dammes nach Mockritz.
21 In **Mockritz** geht es etwa in der Ortsmitte rechts ab in den **Elsniger Weg** ~ geradeaus weiter durch den **Lärchenspornhohlweg** ~ im Linksbogen zum Radweg entlang der Weinske, deren Verlauf rechtsherum folgen ~ bald darauf vor dem Elbdamm links auf den asphaltierten Weg abbiegen in Richtung **Polbitz** ~ **22** vor Erreichen des Ortes links auf die Straße in Richtung Drebligar.
In **Drebligar** bis zur Kirche und dort rechts ab ~ nun zur Elbe hin und am Fluss dem asphaltierten Weg entlang des Dammes folgen ~ nach etwa 3 km an der Straße von Dommitzsch nach Prettin links in Richtung Dommitzsch.

VARIANTE Wenn Sie möchten, können Sie ab hier auch rechtselbisch nach Mauken bei Pretzsch fahren.

Prettin-Fähre bis Mauken/Pretzsch (rechtes Ufer) 14,5 km

Von Torgau kommend nach rechts zur **Fähre nach Prettin** ~ mit der Fähre übersetzen und geradeaus in Richtung Prettin.

VARIANTE **Ab der Kreuzung, wo es zum Campingplatz/Touristenzentrum geht, stehen Ihnen zwei Varianten zur Verfügung: Entweder radeln Sie auf einem Radweg in Elbnähe oder sie wählen die hochwassersicherere Variante über Prettin und Axien.**

Für die Variante in Elbnähe nach links in Richtung Campingplatz abbiegen ~ vor dem Campingplatz der Beschilderung in Richtung Mauken folgen ~ am Tagebausee vorbei weiter in Richtung Norden ~ ca. 2 km vor Mauken am ehemaligen Fährhaus Priesitz vorbei ~ im Ort treffen Sie wieder auf die Hauptroute.
Um direkt nach **Prettin** zu kommen, fahren

AndersRum (Karte B10): Immer rechts der stillgelegten Bahn entlang, vorbei an **Wörblitz** ~ mit Blick auf Mahlitzsch halblinks Richtung Dommitzsch ~ an der Hauptstraße (**B 182**) kurz rechts, dann links in die **Sandstraße** und zur Kirche **Dommitzsch** ~ links hinunter zur Fähre, davor aber rechts nach **Drebligar** ~ im Ort links, vor Polbitz wieder rechts und im Bogen Richtung **Elsnig** ~ vor dem Ort links halten und weiter nach **Mockritz**.

Sie an der Kreuzung rechts in die **Elbstraße**, dann links in die **Hohe Straße** ~ weiter zum **Lichtenburger Tor** ~ nach dem Tor rechts auf die Hauptstraße zum Schloß Lichtenburg.

Prettin

R

PLZ: 06925; Vorwahl: 035386

- **Stadt Annaburg OT Prettin**, Hohe Str. 18, ✆ 7020
- **Museum Schloss Lichtenburg**, ✆ 22 382, ÖZ: tägl. 11-17 Uhr. Das Museum beinhaltet Ausstellungen zu den Themen: Mittelalter, Weinbau, Stadtgeschichte Prettin, Territorialgeschichte, weiters ein Brotgewölbe, eine Gedenkstätte zum ehemaligen Konzentrationslager sowie Sonderausstellungen
- **Pfarrkirche St. Marien**. Die pseudobasilikale Hallenkirche aus Backstein geht auf das 14. Jh. zurück. Bemerkenswert ist der holzgeschnitzte Altar mit einem großen spätgotischen und einem kleinen aufgesetzten hochgotischen Schrein.

Schloss Lichtenburg. Es wurde zwischen 1574 und 1582 durch Kurfürst August von Sachsen und Gemahlin Anna erbaut. Das Renaissanceschloss steht an der Stelle des ehemaligen Antoniterklosters. Durch Anbauten wurde das Schloss 1811 zu einem Zuchthaus umgestaltet und von 1933-1939 diente die Lichtenburg den Nationalsozialisten als Konzentrationslager.

Rathaus. Das Gebäude wurde im 14. Jh. errichtet, ein schmuckloses Gebäude mit wenigen Merkmalen der Renaissance. 1530 hat das Rathaus den Stadtbrand überlebt.

Stadtbefestigung war einst eine 5 m hohe Mauer mit Schießscharten und einem Wehrgang, Wallgraben und drei Stadttoren. Heute sind teilweise noch Reste der einstigen Stadtmauer und ein Turm des Lichtenburger Tores erhalten.

Beschilderung des Elbe-Radwegs in Sachsen-Anhalt

Vor dem Schloss links in die **Weinbergstraße** ~ nach einem Linksbogen kommen Sie zur Hauptstraße in Richtung Axien ~ bald nach dem Ende des Radweges macht die Hauptstraße einen Rechtsbogen, Sie fahren aber geradeaus in das 4 km entfernte **Axien** ~ von dort aus weiter auf der Straße nach Gehmen ~ in **Gehmen** entweder vor der Kirche links und auf einem unbefestigten Weg durch die stille Elbaue nach Mauken oder auf der Straße weiter und im Wald an der Querstraße links ab nach **Mauken**, wo Sie wieder auf die Hauptroute, die geradeaus am Damm entlang Richtung Kleindröben führt, stoßen.

Auf der Hauptroute radeln Sie nach Dommitzsch hinauf ~ oben angekommen wenden Sie sich vor der Kirche nach rechts in die **Sandstraße**.

Dommitzsch L

PLZ: 04880; Vorwahl: 034223

- **Informationszentrum**, im Rathaus, Marktplatz, ✆ 43924, www.dommitzsch.de
- **Elbfähre Dommitzsch-Prettin**, ✆ 0171/6559153, Fährzeiten: Mo-Fr 5-20 Uhr (Mai-Sept. 5-21 Uhr), Sa, So 6.30-20 Uhr
- **Museum der Stadt**, Torgauer Str. 39, ✆ 4390 u. 43924, ÖZ: ab Mai Mo-Fr 11-15 Uhr, im Winter geschlossen. Dargestellt werden die Stadtgeschichte, Tiere und Pflanzen der Region, wie der Elbebiber und die Elbfische, sowie Industrie, Handwerk und Gewerbe.
- **Waldbad**, Lindenmühlenteich, ✆ 40451 o. 0174/7463672

Von Dommitzsch nach Pretzsch *13 km*

23 An der **Pretzscher Straße** kurz nach rechts, dann aber gleich nach links in die **Dübener Straße** ~ nach rund 1,5 km rechts auf einen Asphaltweg ~ nach einem Links-Rechts-Knick rund 1,5 km parallel zur stillgelegten Bahnlinie, dann links auf die Landstraße bis zum **NSG Lausiger Teiche** mit Campingplatz.

VARIANTE Wenn Sie hier rechts abzweigen, haben Sie die Möglichkeit, über die Ortschaft Sachau den Weg etwas abzukürzen.

Nach rechts abzweigen, die Gleise kreuzen und an der Vorfahrtstraße nach links.

Sachau

Dorfkirche. Die im 16. Jh. erbaute Kirche wurde 1522 von Martin Luther geweiht.

Am Ortsende rechts abbiegen und dem Weg bis Priesitz folgen.

AndersRum (Karte B11): Weiter nach **Kleindröben** ~ immer rechts haltend zur Fähre **Mauken** hinüber nach **Pretzsch** ~ noch vor Ortsbeginn links ab durch die Auwiesen nach **Priesitz** ~ an der **Schifferkirche** rechts zur Vorfahrtstraße ~ kurz links, dann rechts ab auf den Radweg zum **Campingplatz Lausiger Teiche** ~ hier links auf die Straße ~ vor der Bahnunterführung rechts ab auf den Radweg.

Auf der Hauptroute vom See aus rechts auf einem asphaltierten Radweg entlang ~ links abbiegend dem Weg entlang der Gleise folgen ~ **24** bei der nächsten Gelegenheit rechts zur **B 182** ~ links und gleich wieder rechts nach Priesitz.

Priesitz

Durch Priesitz hindurch und vor der **Schifferkirche** linksherum ~ halbrechts in die Elbaue und auf Asphalt bis zur Straße **Pretzsch-Elbfähre**, zur Linken liegt Pretzsch.

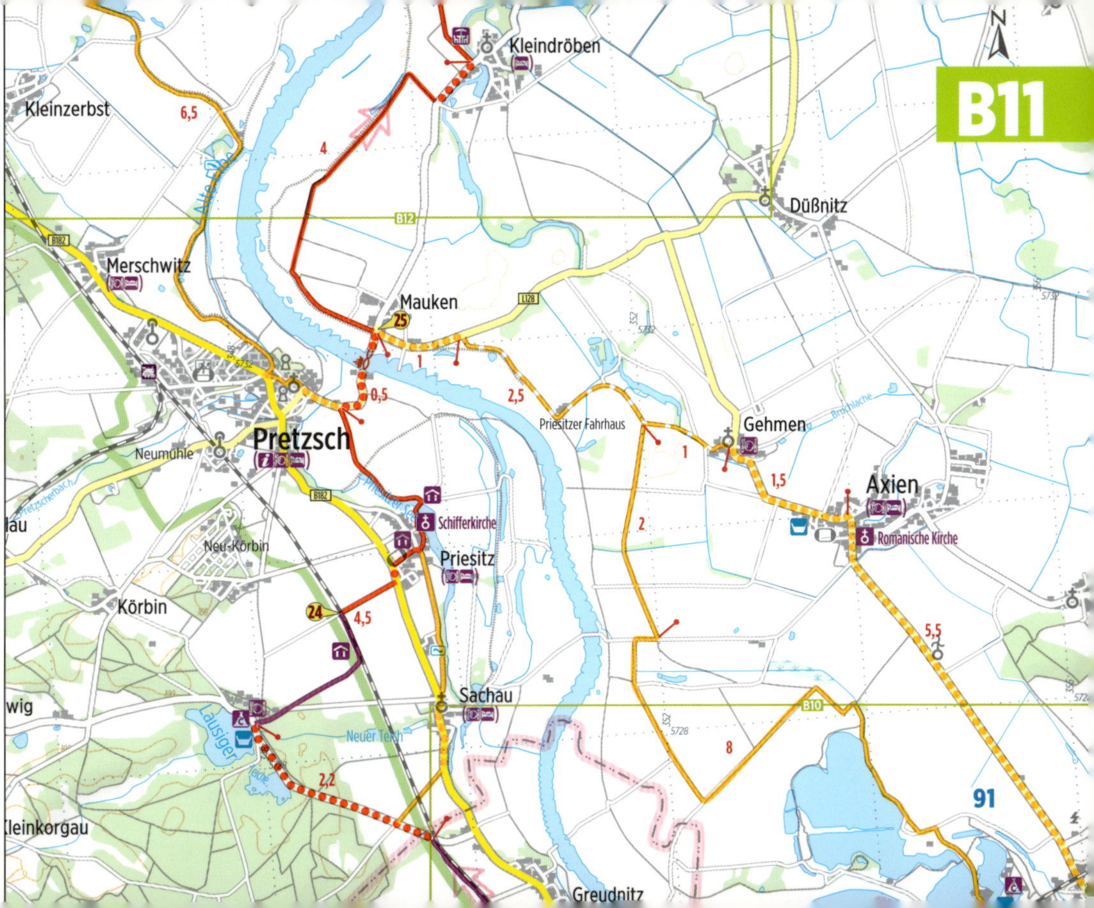

Pretzsch L

PLZ: 06909; Vorwahl: 034926

- **Pretzsch-Information**, Goetheallee 3, ✆ 5680, www.pretzsch-elbe.de
- **Elbfähre Pretzsch-Mauken**, ✆ 0171/4447406, Fährzeiten: Mo-Fr 5-21 Uhr, Sa, So/Fei 7-20 Uhr.
- **Heimatmuseum**, Goetheallee 3, ✆ 58563, ÖZ: Mo, Mi u. Fr. 9-12 Uhr Di, Do 9-12 Uhr und 14-16 Uhr. Ausstellung zur Geschichte des Ortes, Handwerk, Gewerbe und über die Elbschifffahrt.
- **Schloss**, 981 erstmals urkundlich erwähnt, Renaissancebau von 1571-1574, von 1696-1727 Wohnsitz der Christiane Eberhardine, Gemahlin August des Starken. Jetzt beherbergt das Schloss ein Kinderheim.
- **Stadtkirche St. Nikolaus** (1652). Besichtigung über Pfarramt, Elbstr. 1, ✆ 57381. Barocke Innenausstattung und Turmhelm von 1720 (Architekt M. D. Pöppelmann), Grab der Christiane Eberhardine.
- **Wieck-Haus**, Markt 1. Geburtshaus des Musikpädagogen Friedrich Wieck, Vater der Pianistin Clara Schumann.

VARIANTE Zwischen Pretzsch und Elster bietet sich auch eine Variante auf dem linken Ufer, die relativ hochwassersicher ist:

Sie radeln links nach Pretzsch ⤳ vor dem Ortsausgang von Pretzsch in Richtung Wittenberg nach rechts auf den Asphaltweg zum Elbedamm ⤳ auf dem Dammverteidigungsweg weiter bis **Bösewig** ⤳ den Ort durchqueren ⤳ am nördlichen Ortsende rechts halten und wieder auf den Dammweg ⤳ fahren Sie eine östliche Schleife um **Bleddin** ⤳ bei der Landstraße Wartenburg-Elster nach rechts zur Hauptroute zurück.

VARIANTE Sie haben hier auch die Möglichkeit, linkselbisch weiterzufahren und bei Pratau wieder auf die Hauptroute zu treffen. Leider haben wir zu dieser Strecke keine Routenbeschreibung.

Wartenburg

- **„Ausstellung 1813" im Wartenburger Mehrzweckgebäude**, ✆ 0160/98781141, ÖZ: April-Okt., bitte vor dem Besuch telefonisch anmelden. Bei der Schlacht vom 3. Oktober 1813 konnten preußische und russische Truppen die napoleonische Armee hinter die Elblinie zurückdrängen. Der Ausgang dieses Kampfes war vorentscheidend für den weiteren Verlauf der Befreiungskriege gegen Napoleon. Die Ausstellung thematisiert die Vorgeschichte und den Verlauf der Schlacht an der Elbe.
- **Yorck-Denkmal**. Der bekannte preußische Feldmarschall Hans David Ludwig Graf Yorck von Wartenburg führte in der Schlacht von Wartenburg die preußischen Truppen.

Von Pretzsch nach Wittenberg *33,5 km*

Für die Weiterfahrt auf der Hauptroute nach rechts zur Fähre ⤳ **25** nach Querung der Elbe in **Mauken** links in einen glatt asphaltierten Wirtschaftsweg, der im weiten Bogen bis kurz vor Kleindröben führt ⤳ rechts zur Hauptstraße und darauf links nach **Kleindröben**.

Kleindröben R

Im Ort zweigen Sie noch vor der Brücke links ab und fahren durch die Felder ⤳ in einer S-Kurve zwischen den Gewässern entlang ⤳ rechts in die **Dorfstraße** einbiegen und auf der Brücke nach Klöden hinein.

VARIANTE Um einen Teil der Strecke auf der Straße zu umfahren, können Sie hinter Schützberg rechts auf einen asphaltierten Weg abbiegen, der kurz vor Gorsdorf wieder zur Vorfahrtstraße führt.

Klöden R

- **Romanische Kirche**
- **Burg Klöden**, Dorfstr. 22. Die Burg wurde erstmals 965 urkundlich erwähnt, das genaue Entstehungsdatum läßt sich nicht genau feststellen. Heute gibt es hier eine Gaststätte und ein

Burghexenmuseum (ÖZ: April-Okt., tägl. 10-18 Uhr).

Im Ort folgen Sie dem Schlenker, dann biegen Sie links ab in die **Schützberger Straße** ~ **26** an der Kreisstraße wenden Sie sich nach links und radeln über Schützberg nach Gorsdorf.

Gorsdorf-Hemsendorf R

Wasserschloss Hemsendorf

27 Geradeaus an der Kirche vorbei ~ über das Flüsschen **Schwarze Elster** ~ unterhalb der Hochspannungsleitungen links ~ an der stark befahrenen **B 187** sogleich im rechten Winkel links auf einen neu asphaltierten Weg, der um **Listerfehrda** herum führt ~ die **B 187** überqueren ~ dann links auf den Radweg nach Elster.

> ***AndersRum (Karte B12):*** An der Vorfahrtstraße rechts über die Schwarze Elster nach **Gorsdorf** ~ geradeaus im Verkehr via **Schützberg** nach **Klöden** ~ am Ortseingang rechts in die **Schützberger Straße** ~ rechts in die **Dorfstraße** ~ über die Brücke, danach links.

Elster R

Elbfähre Elster–Wartenburg, ☎ 0152/03374272, Fährzeiten: Mo-Fr 5.30-20 Uhr (Winter 5.30-19 Uhr), Sa, So 8-20 Uhr

restaurierte **Bockwindmühle**

Erst an der Ampelkreuzung die B 187 kreuzen, sogleich rechtsherum über den Markt ~ vor

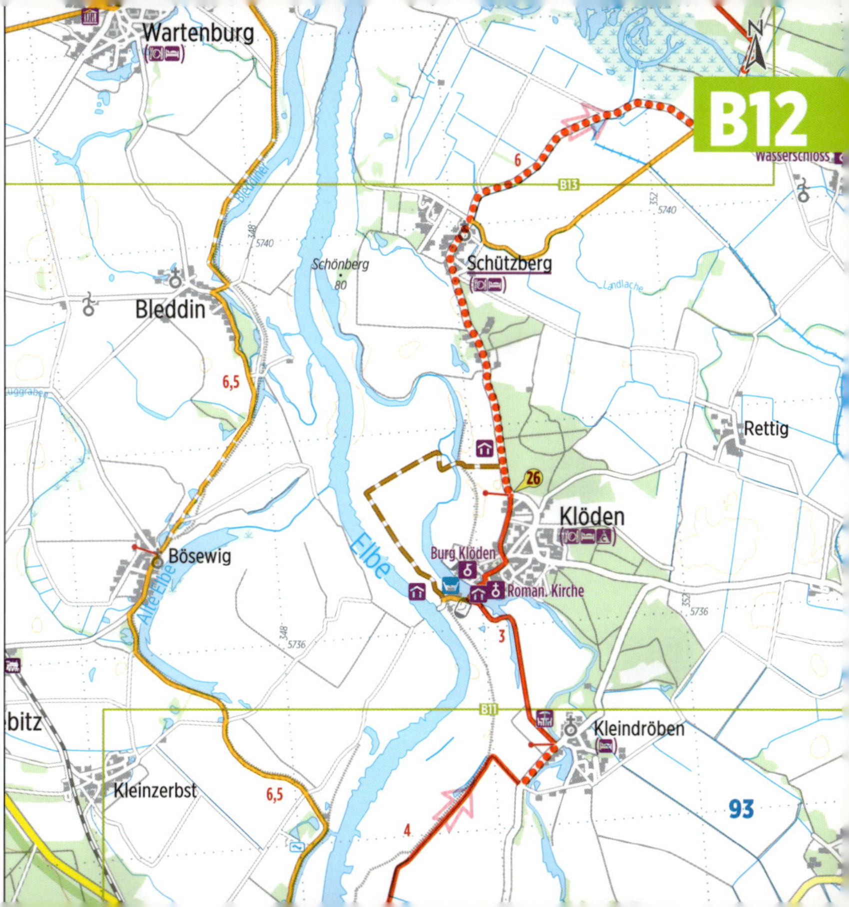

dem Gasthaus links und dann rechts auf den asphaltierten Weg ⇝ vor der **Mühle** links auf einen gepflasterten Radweg nach **Iserbegka** ⇝ von dort aus auf dem Deichverteidigungsweg nach **Gallin** **28** nach einer Rechtskurve links ⇝ auf Kopfsteinpflaster durch den Ort ⇝ an der asphaltierten **Galliner Straße** nach links ⇝ in **Prühlitz** an der ersten Kreuzung geradeaus, dem Straßenverlauf folgend rechts und dann links auf einen Güterweg ⇝ der Radweg führt nach **Hohndorf** ⇝ im Ort links am Gasthof vorbei ⇝ nach dem Rechtsbogen geradeaus auf einen asphaltierten Weg ⇝ bei einer Weggabelung links halten ⇝ am

AndersRum (Karte B13): Geradeaus aus **Wittenberg** hinaus ⇝ hinter dem Kreisverkehr auf eigenem Radweg unter der Bahn hindurch ⇝ erneut entlang der **B 187** nach **Elstervorstadt** ⇝ vor der Schutzhütte rechts ab ⇝ nun immer in Ufernähe vorbei an **Hohndorf** und durch **Prühlitz** ⇝ vor **Gallin** halbrechts ⇝ auf dem Schutzdeich **Iserbegka** passieren ⇝ **Elster** auf der Hauptstraße (**B 187**) Richtung **Listerfehrda** verlassen ⇝ am Ortsrand von **Listerfehrda** rechts ab und am Ort entlang ⇝ geradeaus weiter bis zur Vorfahrtstraße.

Waldrand entlang ⇝ nach einer starken Linkskurve auf einem nun gepflasterten Rad- und Fußweg ans Elbufer zurück ⇝ durch die Elbauen bis nach **Elstervorstadt** ⇝ an der **B 187** links auf den parallelen Radweg ⇝ **29** an den Schienen auf der linken Straßenseite durch eine Unterführung und am Kreisverkehr geradeaus ins Zentrum hinein.

Lutherstadt Wittenberg R

PLZ: 06886; Vorwahl: 03491

B13
Lutherstadt Wittenberg
Wiesigk
Labetz
Külsoer Mühle
Raßdorf
Zörnigal
Külso
Zemnic
Elstervorstadt
Gertenstadtsiedlung
Dietrichsdorf
Elbe
Die Wendel
Mühlanger
Hohndorf
Gielsdorf
Prühlitz
Dabruner Weinberg
Boos
Gallin
Iserbegka
Elster
Bockwindmühle
Historische Fähre
Dabrun
Alte Elbe
Wachsdorf
Melzwig
Großer Streng
Listerfehrda
Rötzsch
Wartenburg
Lammsdorf
Rackith
Bietegast
95

TourismusRegion Anhalt-Dessau-Wittenberg e. V., Neustr. 13, ✆ 402610, www.anhalt-dessau-wittenberg.de

Tourist-Information Lutherstadt Wittenberg, Schlosspl. 2, ✆ 498610, kostenfreie Urlaubshotline ✆ 0800 2020114, www.lutherstadt-wittenberg.de

Wittenberger Passagierschifffahrt, MS Lutherstadt Wittenberg, Schloßstr. 16, ✆ 7690433, Fahrradmitnahme auf Anfrage.

Lutherhaus, Collegienstr. 54, ✆ 42030, ÖZ: April-Okt., tägl. 9-18 Uhr, Nov.-März, Di-So 10-17 Uhr. Luther bewohnte das Gebäude bereits als Mönch, später lebte er hier mit seiner Familie bis zu seinem Tod 1546. Das Museum beherbergt die umfangreichste Sammlung zur Geschichte der Reformation.

Lutherstadt Wittenberg

Melanchthonhaus, Collegienstr. 60, ✆ 403279, ÖZ: April-Okt., tägl. 10-18 Uhr, Nov.-März, Di-So 10-17 Uhr. Das Wohnhaus Melanchthons, Luthers Mitstreiter, der seit 1518 Professor für Griechisch an der Universität war, wurde in ein Museum umgewandelt.

Zeughaus am Arsenalplatz/Städtische Sammlungen, Juristenstr. 16a, ✆ 4376091, ÖZ: Di-So 9-17 Uhr

Schlosskirche Allerheiligen und Schloss, Schlosspl., ✆ 402585, ÖZ: Ostern-Okt., Mo-Sa 10-18 Uhr und So 11.30-18 Uhr; Nov.-Ostern, Mo-Sa 10-16 Uhr und So 11.30-16 Uhr. An die Tür des Nordportals schlug Luther seine weltberühmten Thesen. Der 88 m hohe Turm der Kirche mit der reich verzierten neogotischen Haube prägt das Stadtbild.

Stadtkirche St. Marien, Jüdenstr. 35, ✆ 404415, ÖZ: Ostern-Okt., Mo-Sa 10-18 Uhr, So 11.30-18 Uhr; Nov.-Ostern, Mo-Sa 10-16 Uhr, So 11.30-16 Uhr. Die Predigtkirche Luthers entstand nach und nach anstelle einer romanischen Kapelle, deren Kern noch im heutigen Bau enthalten ist.

Cranachhöfe, Markt 4, ✆ 4201911, ÖZ: Mai-Okt., Mo-Sa 10-17 Uhr, So 13-17 Uhr, Nov.-April, Di-Sa 10-17 Uhr, So 13-17 Uhr. Wohnhäuser und Wirkungsstätten von Lucas Cranach d. Ä., Papierkunst, Galerie in der Malschule, Galerieladen.

Luther- und Melanchthondenkmal, Markt. Das Lutherdenkmal wurde 1821 von Johann Gottfried Schadow geschaffen, jenes Melanchthons 1865 von Friedrich Drake.

Luther-Melanchthon-Gymnasium, Straße der Völkerfreundschaft 130, ✆ 877780. Nach Entwürfen von Friedensreich Hundertwasser umgestaltet.

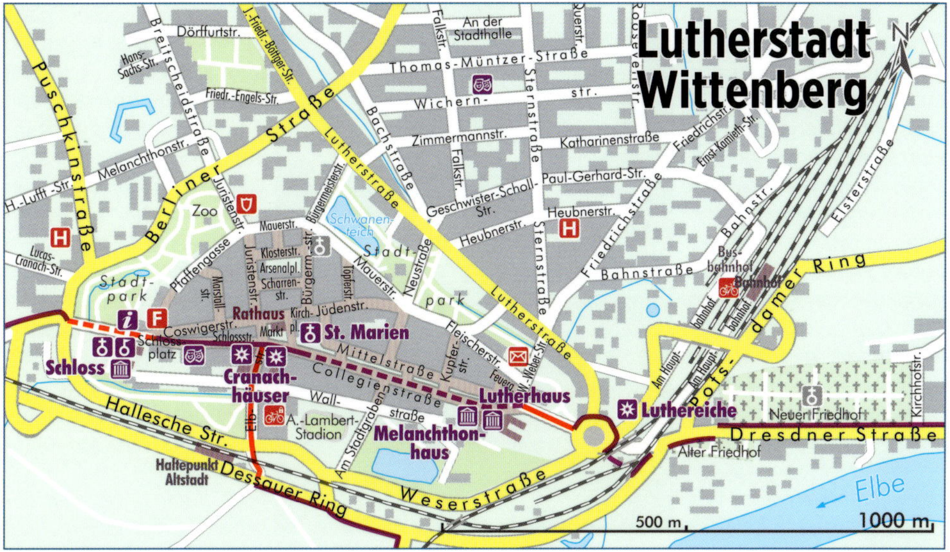

Luthereiche. Die Eiche wurde an der Stelle gepflanzt, wo Luther 1520 die päpstliche Bannandrohungsbulle verbrannte. Der Baum, der heute an dieser Stelle steht, wurde 1830 gepflanzt.

Fahrradhaus Kralisch, Jüdenstr. 11, ✆ 403703

M&B Fahrradladen GmbH, Coswiger Str. 21, ✆ 402849

Fahrradbox, direkt am Altstadt Bahnhof, Ecke Elb-/Wallstraße

Wie auch aus der Liste der Sehenswürdigkeiten bereits erkennbar, ist die Stadt Wittenberg untrennbar mit dem Namen Martin Luther verbunden. Geboren wurde er 1483 in Eisleben, 1505 nahm er ein Studium der Rechte auf, ging jedoch noch im gleichen Jahr ins Kloster nach

Erfurt und wurde 1507 im Erfurter Dom zum Priester geweiht. Nach einem Aufenthalt in Rom kam er 1511 nach Wittenberg, wo er 1512 zum Doktor der Theologie promovierte. 1525 heiratete er die frühere Nonne Katharina von Bora.

Luther wandte sich insbesondere gegen die mit dem Ablasshandel verbundenen Missstände in der katholischen Kirche. Dagegen richteten sich auch seine weltberühmten Thesen, die er am 31. Oktober 1517 an die Schlosskirche zu Wittenberg schlug. Unmittelbarer Anlass waren die Aktivitäten des dominikanischen Ablasspredigers Tetzel, der den Auftrag hatte, durch Ablasshandel die Gebühren aufzutreiben, die vom römischen Stuhl für die Bestätigung der kirchlichen Ämter Markgraf Albrechts von Brandenburg gefordert wurden.

Lutherstadt Wittenberg

Das Streben Luthers nach Besserung der religiösen und sittlichen Zustände erregte im Kurkreis von Anfang an große Teilnahme. Sein Ziel war ursprünglich nicht die Bildung einer neuen, sondern die Reformierung der bestehenden katholischen Kirche. Die Stadt Jessen trat zwischen 1519 und 1521 auf Befehl Friedrichs des Weisen als erste zur neuen Lehre über. Nach und nach fasste die Reformation in vielen größeren Städten Fuß, auch unter katholischen Herrschaften. 1529 wurde Braunschweig, 1534 Anhalt und 1540 Brandenburg und Sachsen protestantisch.

1555 kam es zum Augsburger Religionsfrieden, durch den die existierenden konfessionellen Verhältnisse gewährt wurden. Dies bedeutete jedoch keineswegs das Ende der religiösen Auseinandersetzungen, da seit 1549 starke gegenreformatorische Bewegungen entstanden waren.

Auch heute sind die Spuren von Martin Luther in der Stadt Wittenberg allgegenwärtig und für Besucher nachvollziehbar. Außerdem steht in ein paar Jahren ein großes Jubiläum bevor: 2017 wird der 500. Jahrestag des Thesenanschlags gefeiert. Von 2008 bis 2017 führt die Lutherdekade auf dieses Ereignis hin.

ANSCHLUSS Durch Wittenberg verläuft auch der **Europa-Radweg R1.** Das Teilstück von Arnheim über Berlin nach Küstrin an der Oder finden Sie im ***bikeline*-Radtourenbuch Europa-Radweg R1** genau beschrieben.

Von Wittenberg nach Magdeburg 119 km

Die Lutherstadt Wittenberg läutet den Beginn der letzten Etappe dieser Tour ein. Die Landschaft bleibt nun bis nach Magdeburg sehr ähnlich, behäbig strömt die Elbe nach Norden, flach und eben breitet sich die Elbaue beiderseits des Flusses aus. Besonders sehenswert auf diesem letzten Stück ist die Idylle der Wörlitzer Anlagen, die Stadt Dessau-Roßlau – bekannt für ihre Bauhaus-Architektur – und natürlich Magdeburg, die Landeshauptstadt von Sachsen-Anhalt mit einer Vielzahl von Museen, Kirchen und Parks.

Die Wegequalität dieses letzten Stückes hat in den letzen Jahren deutliche Verbesserungen erfahren. Hier im Biosphärenreservat Flusslandschaft Mittelelbe sind allerdings auch viele der neu ausgebauten Wege und manche Straßen nicht asphaltiert und daher – vor allem bei und längere Zeit nach Hochwasser – etwas schlechter befahrbar. Im Biosphärenreservat Mittelelbe sind vielerorts zusätzliche (Hochwasser-)Varianten ausgewiesen.

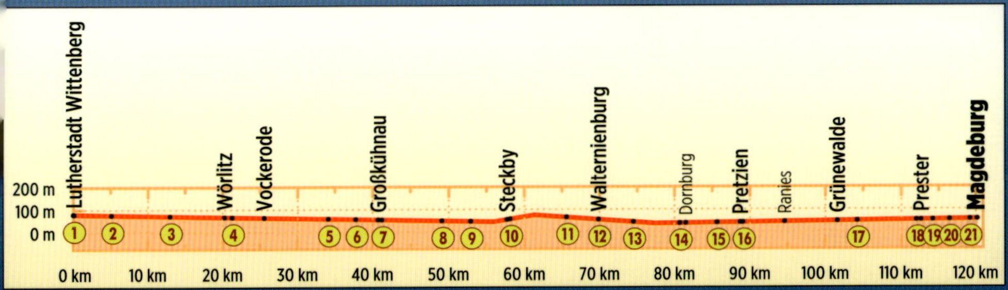

Insel Stein im Wörlitzer Park

VARIANTE Von Wittenberg nach Wörlitz haben Sie wiederum die Möglichkeit zwischen zwei Varianten zu wählen: Entweder überqueren Sie entlang der B 2 die Elbe und radeln über Pratau nach Wörlitz, oder Sie folgen der rechtselbischen Variante über Coswig (Anhalt).

Von Wittenberg nach Wörlitz (linkes Ufer) 20,5 km

1 Um auf das andere Elbufer zu wechseln, biegen Sie am Wittenberger Markt nach links in die **Elbstraße** ~ beim Bahnhof die Bundesstraße und die Bahn queren ~ am Asphaltradweg bis zur Kreuzung zur Elbebrücke ~ am Radweg über die Brücke ~ der Straße nach rechts nach **Kienberge** folgen.

Kienberge

2 Am Ortsausgang in Richtung Seegrehna nach rechts auf den Dammverteidigungsweg abzweigen und auf diesem bleiben ~ auf dem Damm südlich am **Crassensee** vorbei ~ **3** bei den Hochspannungsleitungen rechts über den Damm in die Elbaue ~ am Damm weiter in Richtung **Schönitzer See** ~ nach links auf der Pflasterstraße bis zum Hotel „Am Stein" ~ nach rechts auf die Ortsdurchfahrt von Wörlitz ~ **4** am großen Parkplatz treffen die beiden Varianten wieder aufeinander.

AndersRum (Karte C1): Am **Coswiger Elbufer** noch vor der großen Kreuzung rechts ~ an der T-Kreuzung rechts und durch die Siedlung Ratskiefern ~ am Ende auf den Radweg ~ an **Griebo** vorbei nach **Apollensdorf** ~ dort bei der Kirche rechts ab und durch die Auwiesen ~ nochmal für 1,5 km entlang der Bundesstraße, dann nach rechts dem Radweg folgend Richtung Elbe abbiegen ~ durch den Tunnel ~ die Vorfahrtstraße kreuzen und geradeaus in die Altstadt von **Wittenberg.**

*Am Südufer in Wörlitz von der **Coswiger Straße** nach links Richtung **Holzhof** ~ nach den Häusern nach rechts und am Schönitzer See vorbei ~ nach 4 km links, nach dem Rechtsbogen wieder nach links ~ nach dem **Crassensee** rechts abzweigen ~ in Kienberge an die Straße ~ links an der B 2 über die Elbe nach **Wittenberg** ~ auf der **Elbstraße** kommen Sie ins Zentrum.*

Wörlitz s. S. 103

Von Wittenberg über Coswig (Anhalt) nach Wörlitz (rechtes Ufer) 21 km

Durch die Innenstadt auf der **Collegienstraße** und der **Schlossstraße** ~ aus der Altstadt hinaus an der großen Kreuzung geradeaus, dann den Radfahrer- und Fussgängertunnel durchfahren ~ **A** am Ende sofort nach links

C1
Coswig
(Anhalt)
Griebo
Apollensdorf Nord
Reinsdorf
Tonmark
Trajuhn
Weinberg
105
Teuchel
Stadtberg
100
Friedrichstadt
Volkspark Piesteritz
Europa-Radweg R1
Rothemark
Lutherstadt Wittenberg
Apollensdorf
Siedlung Ratskiefern
Piesteritz
Werkssiedlung
Schlossvorstadt
Stadtkirche
Elstervors
Kleinwittenberg
Schlosskirche
Elbe
Elbe
Elbwiesen
Krummer See
Bodemar
Crassensee
Kienberge
Pratau
Hohenroda
Europa-Radweg R1
Sandberge
80
Blessern
Fließgraben
Schönitz
Schönitzer See
Rehsenscher See
Mehlgraben
Seegrehna
Birkenhof
Riesigk
Rehsen
Eutzsch
B107
B187
B187
B2
B2
L124
L131
C2
A
B
C
1
2
3
29
9
8
7,5
7,5
6,5
3
2,5
65
101

zum Hafengelände ~ auf der Elbpromenade dem Radweg folgen ~ die Kläranlage auf der rechten Seite passieren ~ in Piesteritz links auf den straßenbegleitenden Radweg.

L. Wittenberg-Piesteritz R

- **Romanische Feldsteinkirche**, Ortsteil Apollensdorf
- sehenswerte, geschützte **Werkssiedlung** (Expo-Projekt)
- **Zweirad Fitz**, Dessauer Str. 196, ✆ 611245

B Hinter dem Industriegebiet links ab auf einen Asphaltweg nach **Apollensdorf** ~ im Ort vor der Kirche links ~ im Linksbogen der Straße geradeaus weiter ~ an der T-Kreuzung nach rechts ~ auf diesem Weg südlich an **Griebo** vorbei ~ der Weg mündet in den Radweg an der Bundesstraße, nach ca. 600 m wieder links weg ~ bei der Siedlung **Ratskiefern** rechts auf die Straße ~ in die erste Straße nach links und dem Rechtsbogen folgen ~ am See vorbei ~ **C** bevor Sie zur **B 187** kommen, biegen Sie

Coswiger Fähre

links ab ~ ins Zentrum von Coswig (Anhalt) an der nächsten Straße rechts.

Coswig (Anhalt) R

PLZ: 06869; Vorwahl: 034903

- **Stadtinformation**, Am Markt 1, ✆ 61012, www.coswigonline.de
- **Gierfähre Coswig-Wörlitz**, ✆ 0151/14504088, Fährzeiten: März, April, Okt., Nov., tägl. 9-18 Uhr, Mai-Sept., tägl. 9-21 Uhr, Dez., Jan.,Feb. kein Fährbetrieb.
- **Stadtkirche St. Nikolai**, spätgotischer Bau mit reichen Malereien an den Emporen und hölzerner Kassettendecke
- Das **Schloss Coswig** entstand im Jahr 1555, wurde 1667-1677 zur dreiflügeligen Anlage erweitert und später mit einem vierten Flügel überbaut. Es wurde vorwiegend als Witwensitz der Fürsten von Anhalt-Köthen und Anhalt-Zerbst genutzt. Im Zuge der Nutzung als Gefängnis und Archiv im 19. und 20. Jh. wurde das Innere bis zur Unkenntlichkeit verändert.
- **Rathaus**, schlichter Bau aus dem Jahre 1669

Um für die Weiterfahrt zur Coswiger Fähre zu kommen, biegen Sie an der Vorfahrtstraße nach links ab.

Die Coswiger Fähre

Die alte Kahnfähre wurde im Jahr 1864 zu Pfingsten durch eine neue Gierfähre ersetzt. Dieser Wechsel war eine große Erleichterung für die Fährleute, die die alte Fähre bisher unter großem Kraftaufwand durch Staken und Rudern von einem Ufer zum anderen gebracht hatten. Zudem wurde durch das Einsetzen der Gierfähre – die Erfindung eines Holländers – die Tragfähigkeit um einiges erhöht und der Zeitaufwand einer Überfahrt verkürzte sich von etwa 40 auf 5 Minuten Fahrzeit.

Wie funktioniert nun so eine Gierfähre? Sie ist an einem etwa 250 Meter langen Drahtseil flussaufwärts verankert. Dieses teilt sich kurz vor der Fähre, ein Ende ist am Bug, das andere am Heck befestigt. Verändert man nun durch Seilwinden die Länge der Enden zuei-

nander, dann verändert sich automatisch der Anstellwinkel der Fähre zur Strömung. So wird bewirkt, dass die Fähre schräg zur Strömung liegt, und dieser Druck drängt das Fahrzeug von einem Ufer zum anderen.

Von der Fähre geht's auf einem neu asphaltierten Radweg entlang der Straße ins rund 4,5 km entfernte **Wörlitz** ~ die Straße führt in einem Linksbogen in das interessante Städtchen.

Oranienbaum-Wörlitz L

PLZ: 06785; Vorwahl: 034905

- **Wörlitz-Information**, Försterg. 26, ✆ 31009, www.woerlitz-information.de
- Die **Kirche St. Petri**, die in den Jahren 1804-1809 im neugotischen Stil umgebaut wurde, zieht vor allem durch ihren hohen Turm mit Aussichtsplattform die Aufmerksamkeit auf sich. Im Bibelturm ist auf 3 Ebenen die Bibelausstellung "Zwischen Himmel und Erde" zu sehen.
- **Schloss Wörlitz**. Für den „Gründungsbau des Klassizismus in Deutschland" wurde 1769 der Grundstein gelegt. Im Stil englischer Landsitze entstand in den folgenden vier Jahren nach Entwürfen von Erdmannsdorff ein zweigeschossiger Backsteinputzbau, der ursprünglich nur als „Landhaus" bezeichnet wurde.
- Das **Gotische Haus** liegt vis-à-vis vom Schloss auf der anderen Seite des Sees. Das Hauptgebäude entstand in den siebziger Jahren des 18. Jhs. Später entstanden die beiden Pavillons und der Neue Turm sowie zusätzliche Erweiterungen. Es beherbergt auch heute noch zu besichtigende Kunstsammlungen, wie eine Sammlung Schweizer Glasmalerei aus dem 15. bis 17. Jh.
- **UNESCO-Welterbe Gartenreich Dessau-Wörlitz**: Die **Wörlitzer Anlagen** entstanden während der Regierungszeit des Fürsten Leopold III. in den Elbauen zwischen Wörlitz und Dessau. (siehe auch Dessau)
- **Fahrradfachgeschäft Graul**, Grabeng. 49a, ✆ 22117 od. 20564

Am lang gezogenen Wörlitzer See, einem Altwasser der Elbe, erstrecken sich auf über 100 Hektar die Wörlitzer Anlagen mit vielen Kanälen, Inseln, einzelnen Gärten, Gebäuden und Wirtschaftsflächen. Im Süden wird der Park von der Stadt Wörlitz begrenzt, im Norden trennt ihn ein Deich von der Flussaue. Eine Besonderheit der Anlage besteht darin, dass sie sich nicht von der umgebenden Landschaft abgrenzt, sondern wirtschaftliche Elemente wie Feldflächen, Obst- und andere Nutzhölzer und sogar Viehwirtschaft einbezieht. Auch

Raues Wallwachhaus am Fliederwall

waren die Gärten und das Schloss immer öffentlich zugänglich, die Kunstschätze konnten besichtigt werden.

Ständig wechselnde Gartenbilder durch die genial geplanten Sichtachsen, wunderschöne klassizistische und neugotische Bauwerke, geheimnisvolle Grotten und unterirdische Gänge, verschiedenartigste Brücken sowie eine Vielzahl dendrologischer Besonderheiten prägen den Charakter dieses Englischen Gartens.

Besonders deutlich geht der Bezug zu England aus den neogotischen Architekturen hervor. Bei den übrigen Gebäuden, Tempeln oder Plastiken, wie Floratempel, Venustempel,

Nymphäum oder Pantheon standen vielfach italienische Vorbilder Pate.
Wer die Wörlitzer Anlagen besuchen möchte, sollte viel Zeit und bequemes Schuhwerk mitbringen. Möglich ist auch eine Gondelpartie auf einem der Kanäle oder eine Gartenführung. Eines sollten Sie beachten: Das Fahrrad muss vor den Toren des Parks abgestellt werden.

Von Wörlitz nach Dessau-Roßlau 13 km

Von **Wörlitz** (Rousseau-Insel) aus ein Stück weit der Straße Richtung Vockerode und Dessau-Roßlau folgen ⇝ an der scharfen Linkskurve der Straße geradeaus weiter ⇝ am **Hundesportplatz** vorbei in Richtung Deich ⇝ ein gut befahrbarer, gesandeter Weg führt nach Vockerode.

Vockerode

UMLEITUNG ⚠ Aufgrund von Schäden am Deich wurde der Elbe-Radweg zwischen Vockerode und der Autobahn verlegt und durch den Ort geführt. Die beschilderte Umleitung führt Sie über die Straßen Elbreihe, Elbstraße und Winkel durch den Ort. Wann die Hauptroute wieder befahrbar sein soll, stand bei Redaktionsschluss noch nicht fest.

Gartenreichtour Fürst-Franz

Von Vockerode vor der Autobahnunterfahrt nach links ⇝ nach ca. 100 m nach rechts unter der Autobahnbrücke hindurch ⇝ bevor es in den Wald hinein geht, zweigen Sie rechts ab ⇝ an der Gabelung im Wald halten Sie sich rechts ⇝ an der T-Kreuzung wenden Sie sich nach links und radeln zum Walltor **Sieglitzer Berg** ⇝ weiter im Linksbogen ⇝ auf dem **Kupenwall** bis zum **Forsthaus „Leiner Berg“** ⇝ am ehemaligen Forsthaus rechts vorbei ⇝ wieder auf einen Damm ⇝ über die **Großmutterbrücke** ⇝ auf dem Radweg neben einem unbefestigten Wirtschaftsweg (**Gartenreichtour Fürst-Franz:** Diese Tour verbindet alle Anlagen des Dessau-Wörlitzer Gartenreiches) ⇝ **5** auf der hölzernen **Jagdbrücke** über die **Mulde.**

AndersRum (Karte C2): Im Norden von **Dessau** unter der Schnellstraße hindurch ⇝ nach der Rechtskurve links (**Kleingartenanlage**) ⇝ geradeaus über Jagdbrücke und Forsthaus Leiner Berg zum **Park Sieglitzer Berg** ⇝ ⚠ hinter dem Walltor halten Sie sich links, dann kurz vor dem Waldrand im rechten Winkel nach rechts ⇝ links bis zur Autobahn ⇝ nach der Unterführung links ⇝ weiter Richtung Vockerode zwischen Elbe und ehemaligem Kraftwerksgelände zum **Fliederwall** ⇝ geradeaus auf dem Deich zur Straße nach Wörlitz ⇝ entweder fahren Sie entlang der Straße weiter zur Fähre nach Coswig (Anhalt) und am nördlichen Ufer weiter oder rechts auf der **Coswiger Straße** ins Zentrum von Wörlitz und auf der südlichen Elbseite weiter.

INS ZENTRUM Hier nach der Jagdbrücke können Sie auf einer beschilderten Route ins Zentrum von Dessau radeln; dafür biegen Sie nach der Brücke links ab und halten sich vor dem Bahnübergang links, um am östlichen Rand des Schillerparks ins Zentrum zu kommen. Für die weitere Fahrt durch Dessau folgen Sie bitte der Route im Stadtplan.

C2
Coswig (Anhalt)
Klieken
Buro
Roßlau
Schlangengrube
Wolfsgrube
Saarensee
Werder
Alte Elbe
Katschbach
Coswiger Heger
Wildeberg
Sieglitzer Berg
Dianentempel
Jagdbrücke
Schloss Luisium
Mulde-Radweg, Gartenreichtour
Naundorf
Waldersee
Schwedenhaus
Jonitz
Vockerode
Kragen
Wörlitzer Anlagen
Wörlitzer See
Wörlitz
Griesen
Münsterberg
Fließgraben
Kapengraben
Biberfreianlage
Europa-Radweg R1
Infozentrum "Mittelelbe"
Mildensee
Dessau
Dellnau
Horstdorf
Gartenreichtour
Schönitzer See
Schöbitzer See
Jonitzer Mulde
Peitze
Leiner See
B187
B185
B107
A9
L133
L131
105

Dessau-Roßlau

PLZ: 06842-06849; Vorwahl: 0340

- **Tourist-Information Dessau-Roßlau**, Zerbster Str. 2c, ✆ 2041442 und 19433, www.dessau-rosslau-tourismus.de
- **UNESCO-Welterbe Bauhaus Dessau**, Gropiusallee 38, ✆ 6508251, ÖZ. tägl. 10-18 Uhr. Das Bauhaus wurde 1925/26 nach Entwürfen von Walter Gropius errichtet. Bauhaus-Bauten befinden sich im gesamten Stadtgebiet: Meisterhäuser s.u., Städtisches Arbeitsamt, August-Bebel-Pl. 16; Gaststätte Kornhaus, Kornhausstr. 146; Stahlhaus, Südstr. 5; Haus Fieger, Südstr. 6; Siedlung Dessau-Törten; Laubenganghäuser, Peterholzstraße, Mittelbreite; Konsumgebäude, Am Dreieck 1. Die seit 2008 beschilderte, etwa 20 km lange Bauhausroute verbindet die verschiedenen Gebäude miteinander.
- **Meisterhäuser**, **UNESCO-Welterbe**, Feininger Haus/Kurt-Weill-Zentrum, Ebertallee 63, ✆ 619595, Haus Kandinsky/Klee, Ebertallee 69/71, ✆ 6610934, Haus Muche/Schlemmer, Ebertallee 65/67, ✆ 6611813, ÖZ: April-Sept., Di-So 11-18 Uhr, Okt.-März, Di-So 11-17 Uhr. Nach Entwürfen von Walter Gropius erbaut, ursprünglich ein Einzelhaus und drei Doppelhäuser mit Ateliers für die Meister am Bauhaus; Einzelhaus und eine Doppelhaushälfte zerstort. Das Wohnhaus für den Direktor des Bauhauses und eine Doppelhaushälfte waren zerstört wurden mittlerweile aber wieder aufgebaut.
- **Moses-Mendelssohn-Zentrum**, Haus in der Gropius-Siedlung, Mittelring 38, ✆ 8501199, ÖZ: März-Okt., tägl. 10-17 Uhr; Nov.-Feb., Mo-Fr 10-16 Uhr, Sa, So 13-16 Uhr. Ausstellung über Leben und Werk des deutsch-jüdischen Philosophen und der Dessauer Juden.
- **Museum für Naturkunde und Vorgeschichte**, Askanische Str. 32, ✆ 214824, ÖZ: Di-Fr 9-17 Uhr, So/Fei 10-17 Uhr
- **Museum für Stadtgeschichte**, Schloßpl. 3a (im Johannbau, dem Renaissanceflügel des ehemaligen Residenzschlosses), ✆ 2209612, ÖZ: Di-Do, Sa, So/Fei 10-17 Uhr
- **Technikmuseum „Hugo Junkers"**, Kühnauer Str. 161a, ✆ 6611982, ÖZ: tägl. 10-17 Uhr. In dem Museum wird die Industrie- und Luftfahrtgeschichte der Region präsentiert.
- **Johanniskirche**, Johannisstraße, ✆ 214975, ÖZ: Mai-Okt., tägl. 11-12 Uhr und 15-17 Uhr. Die Ende des 17. Jhs. erbaute Kirche wurde 1945 bis auf die Außenmauern zerstört und bis 1955

Dessau, Johannbau

wieder aufgebaut. Bedeutend sind drei Tafelgemälde der beiden Cranachs im Inneren.

- **Anhaltisches Theater Dessau**, Friedenspl. 1a, ✆ 25110. Die größte Bühne in Sachsen-Anhalt (Musiktheater, Schauspiel, Ballett, Konzert) wurde 1938 errichtet.
- **Biosphärenreservat „Mittelelbe“**, UNESCO-Schutzgebiet:
- **Informationszentrum Auenhaus**, Oranienbaumer Chaussee, ✆ 034904/4060, ÖZ: Mai-Okt., Mo-Fr 10-17 Uhr, Sa, So/Fei 11-17 Uhr, Nov.-April, Mo-Fr 10-16 Uhr, Karfreitag und Ostern 11-17 Uhr. Das 43.000 ha große Gebiet wurde von der UNESCO unter Schutz gestellt.
- **Biberfreianlage**, ÖZ: Mai-Okt., Sa, So/Fei 11-17 Uhr, Gruppen n. V., Nov.-April, Mo-Fr Gruppen ab 10 Personen n. V.
- **Lehrpark für Tier- und Pflanzenkunde**, Querallee 8, ✆ 614426, ÖZ: tägl. 9-18 Uhr, im Winter bis Einbruch der Dämmerung.

Das Dessauer Bauhaus

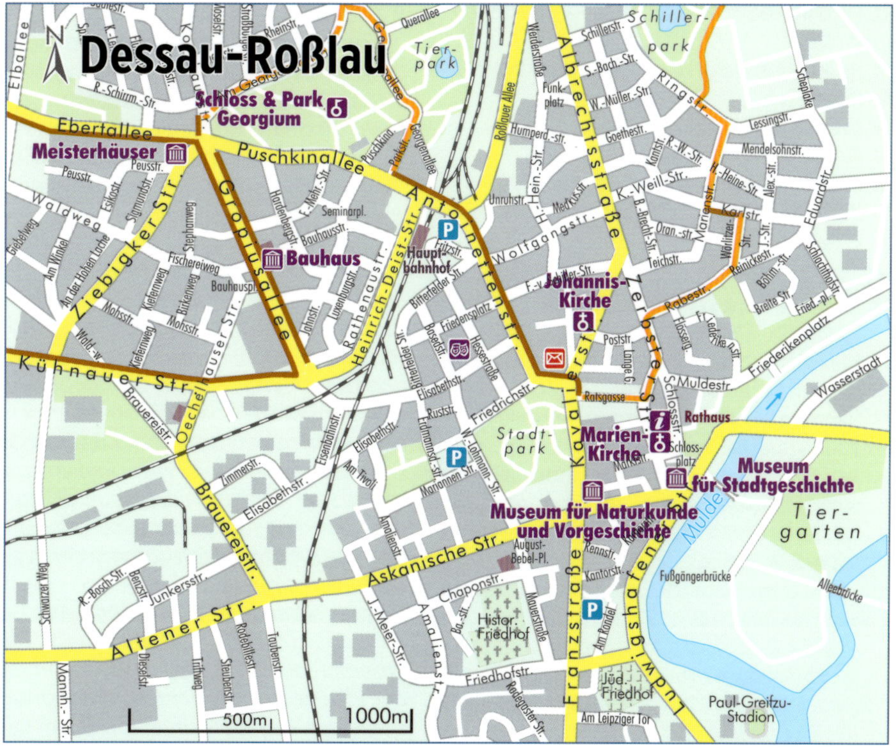

Fahrradvermietung (Mobilitätszentrale) am Hauptbahnhof, ✆ 213366

Flusskultur Radreisen, Waldweg 54, ✆ 2214881 od. 0170/3101739

Radprofi, Zerbster Str. 38, ✆ 2214996

Zweirad Meißner, Heidestr. 3, ✆ 8504322

Beckers Radhaus, Kavalierstr. 82, ✆ 2168989

Kynast & Kühnl, Kornhausstr. 31, OT Ziebigk, ✆ 613336

Beckers Radhaus, W.-Feuerherd-Str. 13, OT Waldersee, ✆ 2160113

UNESCO-Welterbe Gartenreich Dessau-Wörlitz:

Schloss und Park Luisium, im Ortsteil Waldersee, ✆ 218370, ÖZ: April, Okt., Sa, So/Fei 10-17 Uhr, Mai-Sept., Di-So 10-18 Uhr. Das klassizistische Schloss wurde 1774-1778 erbaut und liegt inmitten einer stimmungsvollen Parkanlage.

Schloss und Park Mosigkau mit Museum, Knobelsdorffallee 3, ✆ 50255721, ÖZ: Mai-Sept., Di-So 10-18 Uhr, April, Okt., Sa, So/Fei 10-17 Uhr. In der im Rokokostil erbauten Schlossanlage sind original ausgestattete Kabinette, ein bemerkenswerter Galeriesaal, u. a. mit Gemälden von Rubens und Van Dyck, Porzellane und Fayencen zu sehen.

Schloss und Park Georgium, Puschkinallee. Der Landschaftspark wurde zum Ende des 18. Jhs. von dem Prinzen Johann Georg von Anhalt-Dessau errichtet. Im Schloss befindet sich die **Anhaltische Gemäldegalerie,** die Malereien des 16.-20. Jhs., eine grafische Sammlung und Sonderausstellungen zeigt. Puschkinallee 100, ✆ 66126000, ÖZ: Di-So 10-17 Uhr

Landschaftspark Großkühnau. Um das Weinberghaus herum. Auf einem Hügel befindet sich eine Naturschutzstation, ✆ 2041583, ÖZ/Vorträge/Führungen nach telefonischer Anmeldung

Dessau-Roßlau ist nicht nur wegen des Gartenreichs Dessau-Wörlitz mit seinen Schloss- und Parkanlagen, welches von der UNESCO in die Welterbeliste aufgenommen wurde, ein reizvolles Reiseziel, hier wurde auch Technikgeschichte geschrieben und bedeutende Persönlichkeiten wirkten hier. Dazu gehören unter anderem der Dichter Wilhelm Müller, dessen Gedicht „Am Brunnen vor dem Tore..“ von Franz Schubert vertont wurde, der Komponist Kurt Weill wurde hier geboren. Desweiteren wirkten in Dessau Friedrich Wilhelm von Erdmannsdorff, der Baumeister des Frühklassizismus und Hugo Junkers, der hier sein erstes Ganzmetallflugzeug erbaute. Mit der Ansiedlung des Bauhauses im Jahr 1925 erlangte die Stadt Bedeutung in der Welt. Das Bauhaus wurde nach Entwürfen von Walter Gropius erbaut und 1926 unter seiner Leitung als Hochschule für Gestaltung eröffnet. Das Ensemble aus Glas, Stahl und Beton entspricht der Idee seines Begründers, wonach sich die Form der Funktion unterzuordnen hat. Die

AndersRum (Karte C3): Am **Akener Elbufer** links ⟶ in Deichnähe über die Bahngleise zur **L 63**, hier links auf den Radweg ⟶ nach der sanften Rechtskurve der Straße halblinks in den Wald ⟶ in **Großkühnau** zunächst über Deichverteidigungsweg und das örtliche Straßennetz zum Seeufer ⟶ nun auf geschottertem Radweg durch den Park ⟶ am Elbufer rechts ⟶ auf der Höhe des **Elbpavillon** führt die **Georgenallee** ins Zentrum von **Dessau**; auf der Hauptroute geradeaus weiter und unter der Bahn hindurch.

Entwürfe des Bauhauses vereinten Kunst und Technik und wirkten für die moderne Industriekultur bahnbrechend.
Walter Gropius zählt neben Mies van der Rohe und Le Corbusier zu den am häufigsten zitierten Architekten der Moderne. Zu seinen besonderen Leistungen gehört sein Bemühen um eine neue Architektur und sein Beitrag zur Herausbildung einer reformierten Architektur- und Kunstschule.
Bedeutende Bauhaus-Künstler in Dessau waren Paul Klee, Wassily Kandinsky oder Lyonel Feininger.
1932 erzwangen die Nationalsozialisten die Schließung des Bauhauses. Im Krieg wurde das Gebäude beschädigt und anschließend nur

C3
Neeken
Galgenberg
80
Wäldchen
Rietzmeck
Brambach
Biosphärenreservat Mittelelbe
Elbe
Steutz
Übersetzungsmögl. ab 11 Uhr!
Elzholzgraben
Augraben
Buschgraben
Untersee
Obersee
Schloss Großkühnau
Großkühnau
Kleinkühnau
Landschaftspark
Ziebigk
Wallwitzberg
Jagdbrücke
Mulde-Radweg, Gartenreich
Schloss & Park Georgium
Meisterhäuser
Bauhaus
Technikmuseum Hugo Junkers
Marien
St. Nikolai
Aken
(Elbe)
Wasserturm
Europa-Radweg R1
Susigke
Taube
Alten
Dessau
109
Peitze
Rossel
Mulde
B187a
B184
B185
L63
C4
C2

notdürftig nutzbar gemacht. 1975/76 wurde das Architekturdenkmal originalgetreu restauriert. Heute ist das Gebäude Sitz der Stiftung Bauhaus Dessau und mehr als eine Schule oder ein Museum, ein Ort der Gestaltung, Forschung und Lehre. Das Bauhaus und die Meisterhäuser wurden 1996 von der UNESCO in die Liste des Weltkulturerbes aufgenommen.

Von Dessau-Roßlau nach Aken 16 km

Für die Weiterfahrt auf der Hauptroute nach der **Jagdbrücke** weiter geradeaus an

Elbaue bei Lödderitz

Schrebergärten vorbei ⇝ an der Straße rechts ⇝ unter der **B 184** und der Eisenbahn hindurch ⇝ durch den **Beckerbruchpark** bis zum **Leopoldshafen** ⇝ geradeaus weiter bis zur Ausflugsgaststätte **Kornhaus.**

VARIANTE Wenn Sie bei Brambach zum anderen Flussufer wechseln möchten, können Sie entweder hier geradeaus weiter am Elbufer entlang radeln oder in Großkühnau von der Hauptroute abzweigen (s.u.).

6 Hinter der Gaststätte vor der **Kläranlage** links abbiegen und geradeaus auf dem gepflasterten Wirtschaftsweg bis zum **Kühnauer Park** ⇝ vorbei am Weinbergschlösschen ⇝ am Ortsrand zunächst kurz rechts am Ufer, dann geradewegs durch **Großkühnau** ⇝ an der Kirche und dem Schloss vorbei in die **Burgreinaer Straße** bis zur Wegkreuzung am **Siebeneichenweg** ⇝ **7** rechts geht es hier zum **Naturbad Großkühnau**, an der Kreuzung jedoch links bis zum Deich.

VARIANTE Als Alternative zu dem längeren Stück an der Landesstraße können Sie mit Hilfe der kleinen Fähre auch rechtselbisch bis Steutz fahren oder linkselbisch auf einem unbefestigten Weg näher am Fluss entlang radeln:

Variante Brambach

Am westlichen Rand von Großkühnau geradeaus auf den **Siebeneichenweg** ⇝ kurvig führt der Waldweg bis ans Elbufer ⇝ dort links bis zur Übersetzmöglichkeit.

VARIANTE Hier müssen Sie sich entscheiden, ob Sie mit der Fähre an das andere Elbufer übersetzen möchten oder am linken Ufer bleiben und geradeaus auf dem unbefestigten Weg weiter fahren (Beschilderung: Rundweg Aken-Dessau-Roßlau).

Brambach

PLZ: 06862; Vorwahl: 034901

- **Übersetzungsmöglichkeit ab 11 Uhr**, bei Bedarf vor Ort laut rufen, Info: Elbterrassen
- **Hotel Elbterrassen**, An der Elbe 2, ✆ 82675

Am rechten Elbufer im Dorf führt die kleine Straße nach links über **Rietzmeck** nach **Steutz** ⤳ geradeaus auf die Straße Richtung Steckby, auf die die Hauptroute wenig später einmündet.

Auf der Hauptroute nach rechts auf dem Deichverteidigungsweg bis zum Waldbeginn ⤳ auf einem gepflasterten Wirtschaftsweg geradeaus ⤳ hinter der **Hubitzkellerschleuse** rechts ⤳ an der folgenden Gabelung links ⤳ an der Landesstraße rechts auf den straßenbegleitenden Radweg bis nach Aken.

8 Am Ortsbeginn von **Aken**, kurz nach dem **Seniorenheim** zur Rechten und dem Abzweig zur **Kläranlage** nach links, nach rechts abbiegen ⤳ am **Friedhof** vorbei, über die stillgelegten Gleise und auf einem Rad- und Fußweg am Damm entlang ⤳ etwa 300 m normale Straße, dann rechts wieder auf einen Dammweg zur Elbfähre.

Aken L

PLZ: 06385; Vorwahl: 034909

- **Stadtverwaltung**, Markt 11, ✆ 80430, www.aken.de
- **Elbfähre**: April-Sept., Mo-Sa 6-20 Uhr, So 8-20 Uhr, Okt.-März, Mo-Fr 6-20 Uhr, Sa 8-19 Uhr, So 9-19 Uhr
- **Heimatmuseum**, Köthener Str. 15, ✆ 30688, ÖZ: So 14-16 Uhr. Das Museum informiert über die Geschichte der Schifffahrt und die Stadtgeschichte.
- Die **Nikolaikirche** zählt zu den ältesten Bauten der Stadt. Sehenswert ist der achteckige gotische Taufstein sowie zwei Figurengrabsteine.
- **Tortürme**. Zu sehen sind der Dessauer Torturm, der Köthener Torturm und der Burgtorturm.
- **Zweirad Groth**, Bahnhofstr. 1

Die ersten Gebäude von Aken fielen 1121 einem Feuer zum Opfer. Nach dem Wiederaufbau entwickelte sich die Stadt zu einem wichtigen Handels- und Schifffahrtsort. 1485 brannte die Stadt wieder nieder – es blieben nur wenige Häuser erhalten. Die Einwohner verdienten damals ihren Lebensunterhalt mit Ackerbau und Viehzucht sowie dem Korn- und Holzhandel. 1890 wurde Aken an die Bahn angeschlossen. Einige Fabriken der damit einsetzenden Industrialisierung, wie z. B. das Magnesitwerk und das Glaswerk, sind heute noch in Betrieb. Auch die Schifffahrt mit dem Schiffsbau und dem Hafen als Umschlagplatz blieb bis heute wichtig.

Fähre Tochheim, Alt Tochheim bei Breitenhagen

Von Aken nach Walternienburg 19 km

Auf der Hauptroute in **Aken** mit der **Fähre** ans andere Ufer übersetzen ⤳ **9** noch vor **Steutz** beginnt links ein Doppelspurweg durch die Wiesen, der schließlich auf die Straße nach Steckby mündet.

Die Saale-Mündung bei Barby

Steckby R

PLZ: 39264; Vorwahl: 039244

- **Gemeindeverwaltung**, ✆ 204
- **Storchenmühle**, Lindenweg 4, ✆ 4112, ÖZ: April-Okt., tägl. 11-18 Uhr. Restauriertes Mühlengebäude, in dem alles über das Leben der Störche gezeigt wird.
- **Radfahrerkirche Steckby**. Die St. Nicolai-Feldsteinkirche wurde um 1200 erbaut und ist seit Frühjahr 2008 die erste Radfahrerkirche in Anhalt.

Im Ort links in die **Steutzer Straße** ⁓ geradeaus in die **Hauptstraße** ⁓ **10** gegen Ortsende rechts in die **Badetzer Straße** ⁓ rund 8 km lang ist die Fahrt auf dem gut befahrbaren Waldweg, bevor Sie links in die Straße, die zur Fähre führt, einbiegen ⁓ **11** in **Tochheim** rechts in die **Kämeritzer Straße**.

VARIANTE Hier haben Sie die Möglichkeit, einen Abstecher an die Saale zu unternehmen. Die beschilderte Hauptroute verläuft ab Aken auf dem rechten Ufer bis nach Magdeburg, die Variante am linken Ufer macht einen kleinen Umweg über Groß Rosenburg an der Saale und vereint sich dann bei Barby mit der Hauptroute am rechten Ufer.

Ein Ausflug an die Saale

In Tochheim der **Rosenburger Straße** bis zur Fähre folgen ⁓ nach dem Übersetzen entlang der Fährstraße ⁓ links ab in die **Breite Straße** bis Breitenhagen.

VARIANTE Sie können auch auf der neu ausgebauten Alternative auf dem Saaledeich nach Groß Rosenburg fahren.

Breitenhagen L

PLZ: 39240, Vorwahl: 039294

- **Elbfähre**; Fährzeiten: April-Okt., Mo-Fr 5.20-19 Uhr, Sa 8-19 Uhr, So/Fei 9-19 Uhr, Nov.-März, Mo-Fr 5.20-19 Uhr, Sa 8-18 Uhr, So/Fei 9-18 Uhr
- **Schiffermuseum**, Alt Tochheim 3, Besichtigung nach Absprache mit Herrn Grötschel, ✆ 20874.
- **Fahrradservicestation**, Fährstelle nach Tochheim, ✆ 2520

Linkselbisch fahren Sie auf dem Radweg neben der Straße weiter nach Groß Rosenburg ⁓ auf der **Hauptstraße** den Ort durchqueren.

AndersRum (Karte C4): Durch das **NSG Steckby-Lödderitzer Forst** ⁓ in **Steckby** zunächst halbrechts (**Badetzer Straße**), dann linksherum ⁓ schließlich auf Pflaster kurvig zur Vorfahrtstraße ⁓ rechts auf die kleine Straße Richtung Steutz ⁓ unweit des Waldrandes gegenüber des Hauses rechts ab durch die **Steutzer Aue** ⁓ dem kurvigen (Doppelspur-)Weg folgen ⁓ an der Straße rechts zur **Fähre nach Aken.**

Groß Rosenburg L

PLZ: 39240; Vorwahl: 039294

- **Einheitsgemeinde Stadt Barby**, Nienburger Str. 1, ✆ 2520
- Die **Gierseilfähre** ist seit 1620 in Betrieb. Das historische Fährwindenhaus am linken Ufer war nötig, um mittels Spannseil die Fähre über den Fluss zu ziehen. Seit 1878 ist die Fähre mit einem Gierseil versehen, das fest im Fluss verankert ist und nur durch Wasserdruck die Fähre fortbewegt. Fährzeiten: April-Okt., Mo-Fr 5-19 Uhr, Sa, So/Fei 8-17 Uhr, Nov.-März, Mo-Fr 5-18 Uhr, Sa, So/Fei kein Fährbetrieb.
- **Burgruine Rosenburg** mit **Burgmuseum**, ✆ 21073. ÖZ (Museum): Mo-Do 10-14 Uhr, Fr 10-11.30, Sa u. So 14-16 Uhr. Der Burgverein

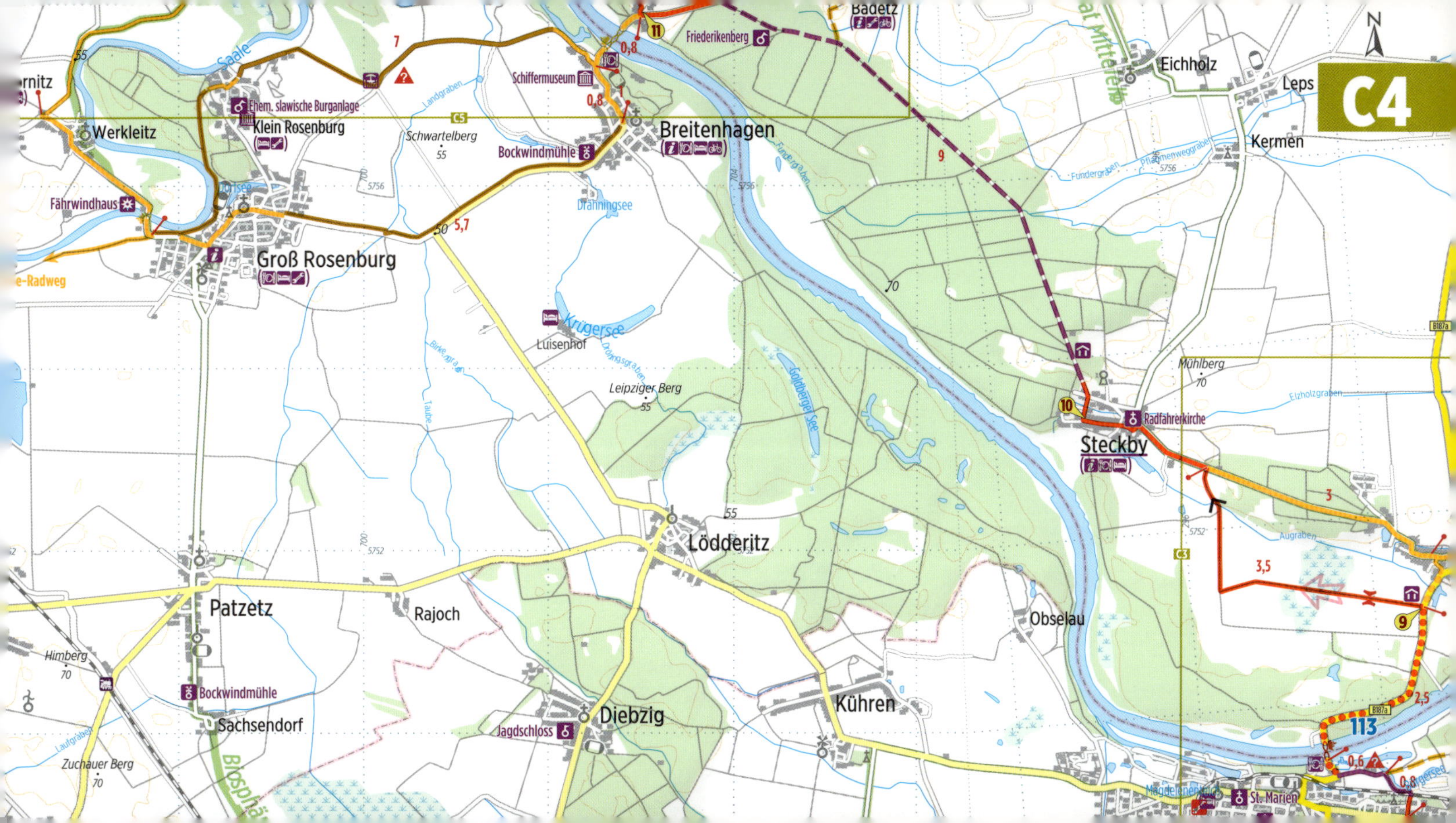
C4
C5
C3
Saale
Werkleitz
Fährwindhaus
Ehem. slawische Burganlage
Klein Rosenburg
Groß Rosenburg
-Radweg
Schwartelberg
Landgraben
Schiffermuseum
Bockwindmühle
Breitenhagen
Friederikenberg
Badetz
Eichholz
Leps
Kermen
Fundergraben
Drähningsee
Krügersee
Luisenhof
Leipziger Berg
Goldberger See
Steckby
Radfahrerkirche
Mühlberg
Elzholzgraben
Augraben
Lödderitz
Patzetz
Rajoch
Obselau
Himberg
Bockwindmühle
Sachsendorf
Diebzig
Jagdschloss
Kühren
Zuchauer Berg
Laufgraben
Taube
Magdeburgerforth
St. Marien
B187a
113
7
9
3
3,5
2,5
0,8
0,6
5,7
11
10

bietet in der ehemaligen slawischen Burganlage Führungen an. Anmeldung unter ✆ 20702

- **Autoservice Gönnert**, Patzetzer Str. 13, ✆ 20501
- **Im Baumgarten**, Baumgarten 1, Klein Rosenburg, ✆ 20604

Nach rechts auf der **Fährstraße** zur **Fähre** und ans andere Saaleufer ~ dort informiert eine große Tafel über die „größten erhaltenen Auenwälder Mitteleuropas".

Auf Kopfsteinpflaster landeinwärts ~ in **Werkleitz** auf der Hauptstraße durch den Ort ~ kurz vor Ortsende rechts hinter die Häuser und links auf den asphaltierten Radweg ~ nach rechts auf den ausgebauten Wirtschaftsweg ~ der folgende Abschnitt führt nach Norden durch die Ackerflächen und noch vor der Mündung von der Saale weg ~ Sie erreichen Barby ~ auf der **Breiten Straße** geradeaus bis zur Kreuzung mit der **Brückentorstraße**, hier nach rechts geht es zur Fähre.

Barby L

PLZ: 39249; Vorwahl: 039298

- **Einheitsgemeinde Stadt Barby**, Marktpl. 14, ✆ 6720
- **Elbe-Fähre**, Fährzeiten: Mai-Sept., Mo-Fr 5.30-19.45 Uhr, Sa, So/Fei 8.15-18.45 Uhr, Okt.-April, Mo-Fr 5.30-18.45 Uhr, Sa, So/Fei 8.15-18.45 Uhr
- **St. Johanniskirche**. Die gut erhaltene, ehemalige Klosterkirche der Franziskaner aus dem 13. Jh. war bis 1715 Begräbniskirche

Abendliche Fähre nach Barby

der Grafen von Barby; außerdem befindet sich hier eine seltene Sammlung von Grabplatten von 1271.

- **Stadtkirche St. Marien**. Der ursprünglich einschiffige Bau von 1280 wurde vier Jahrhunderte später erweitert. Unter der achteckigen Kuppelhaube von 1711 ist eine prächtige Barockausstattung zu sehen.
- **Schloss**. Errichtet 1687-1717 durch Herzog Heinrich von Sachsen-Weißenfels, heute nur noch in seinem Äußeren imposant. Als „academia barbyensis" erlangte es einigen Ruhm, heute beherbergt es das Grundbucharchiv.
- **„Prinz" und „Prinzesschen"**. Der nordwestliche und der nordöstliche Turm, die sich dieser schönen Namen erfreuen, sind Teile der mittelalterlichen Stadtmauer.
- **Biosphärenreservat Mittelelbe**, Flussauen-Landschaft mit 43.000 ha entlang der Elbe zwischen Barby und Gräfenhainichen. Es gibt seltene Tierarten, wie den Elbbiber, Storch, Kranich oder Hirschkäfer.
- **Fahrradwerkstatt Börner**, Schulzenstr. 38, ✆ 3528
- **Fahrradservicestation**, Sport- und Spielhalle neben der Rehaklinik, Schlossstraße, ✆ 26120.

Der Name Barby hat hier, im Hochwassergebiet der Elbe und unweit der Saalemündung, erwartungsgemäß nichts mit dem US-amerikanischen Mädchentraum-Produzenten zu tun. Er ist vielmehr als „barbogi" – „am kahlen Bogen" – nordisch-germanischen Ursprungs. Im Mittelalter stand hier eine von Wassergräben umgebene Burg, Zentrum der Grafschaft von Arnstein-Barby. 1659 starben die Grafen aus, als Lehnherr ließ Herzog Heinrich daraufhin anstelle der Burg einen pompösen Barockbau als zeitweilige Residenz errichten. Eine besondere Episode begann 1748, als die Herrnhuter Brüdergemeinde den Gebäudekomplex erwarb und hier neben einem Gymnasium auch eine Druckerei, Bücherei, Buchhandlung und Sternwarte betrieb. Die kulturelle Ausstrahlung von Barby währte aber nicht länger als zwei Generationen, denn nach Ablauf der Pacht zogen die Brüder davon.

TIPP: Außerhalb der Fährzeiten bietet sich die Eisenbahnbrücke hinüber zur ufernahen Hauptroute des Elbe-Radwegs (R2a) an.

AndersRum (Karte C5): Bei der Schutzhütte erst links, dann rechts ⤳ nun immer geradeaus unter der Bahn hindurch bis Ronney ⤳ auf der Straße links nach **Walternienburg** ⤳ an der Vorfahrtstraße im Ort nach rechts ⤳ an der **Poleymühle** rechts ab nach **Tochheim** ⤳ hier kurz rechts, dann vor der Fähre scharf links Richtung Badetz ⤳ nach rund 1 km halbrechts auf die Schotterstraße nach **Steckby** abzweigen.

Hier können Sie auf dem Gehweg neben den Gleisen Ihr Fahrrad über die Elbe schieben.

Auf der Hauptroute in **Tochheim** nach knapp 100 m an der Weggabelung links halten und

die **Kämeritzer Straße** verlassen ~ zunächst am Waldrand entlang ~ vor der Schutzhütte in Richtung **Poleymühle** einbiegen ~ nach etwa 3 km dort an der Straße links nach Walternienburg.

Walternienburg R

PLZ: 39264; Vorwahl: 039247

Wasserburg Walternienburg, Besichtigungen auf Anfrage, ✆ 94937. Die Wasserburg diente früher als Wehrburg und war einst mit einem Burggraben umgeben.

Von Walternienburg nach Pretzien *19 km*

VARIANTE Ab Walternienburg gibt es zwei Möglichkeiten, um nach Dornburg zu kommen: Entweder entlang der Hauptroute auf dem gut ausgebauten Radweg R2a über Ronney oder den direkten Weg über Flötz und Gödnitz. Die Strecke unmittelbar durch die herrliche Elbauenlandschaft ist jedoch bei und längere Zeit nach Hochwasser nicht befahrbar.

Die Alternative führt geradeaus durch Walternienburg und wieder hinaus ~ über die Bahn hinüber ~ nach **Flötz** und **Gödnitz** ~ noch geradeaus bis etwa 1 km vor **Prödel** ~ hier links ab, auf Dornburg zu, wo Sie wieder auf den R2a und die Hauptroute treffen.

Barby, Fähre

12 Der Elbe-Radweg führt in Walternienburg nach links in Richtung **Fähre** ~ im Weiler **Ronney,** unweit der Fähre nach Barby, rechts auf einen Doppelspurweg ~ am Waldrand eher rechts halten.

ACHTUNG Fahren Sie nicht hinaus auf die Wiesen, denn dieser Weg endet nach einigen Kilometern!

13 Unter der Eisenbahn hindurch.

INS ZENTRUM Über die Eisenbahnbrücke kann man sein Rad auch direkt nach Barby (s. S. 114) hinüber schieben.

An der Kreuzung nach der Schranke halblinks weiter ~ der Doppelspurweg geleitet Sie – vorbei an einem **Rastplatz** mit Schutzhütte direkt am Ufer – durch die Auwiesen bis kurz

AndersRum (Karte C6): In **Randau** rechts ab (**Greifenwerder**) ~ unweit der Alten Elbe an der Schutzhütte erneut rechts ~ dann auf dem Deich über **Grünewalde** bis **Ranies** ~ auf dem Deich weiter ~ beim Pretziener Wehr wieder auf die Straße nach **Pretzien** und weiter bis ins **Ferienhausgebiet** ~ im Bogen um die Feriensiedlung ~ auf der Straße nach **Dornburg** ~ an der Gabelung **Seestraße/Hauptstraße** links abzweigen und auf dem geschotterten Weg weiter ~ die Straße kreuzen und am Waldrand entlang ~ am See vorbei und weiter auf diesem Weg, der wieder an das Elbufer heranführt.

vor **Dornburg** ~ **14** hinein geht's entweder auf der gepflasterten Straße oder ein wenig dahinter auf dem Sandweg hinterm Sportplatz.

Dornburg R

Von **Dornburg** aus auf der teilweise holprigen Straße Richtung Dannigkow weiter ~ dem scharfen Rechtsknick der Straße folgen ~ **15** an der Querstraße dann links nach Pretzien.

Pretzien R

PLZ: 39245; Vorwahl: 039200

St. Thomas Kirche, romanische Saalraumkirche mit beeindruckenden Malereien aus dem 13. Jh. Ein musikalisches Erlebnis sind die jährlich wiederkehrenden Sommerfestivals von Mai-Sept.; Auskunft im Pfarramt ✆ 51957.

C6
Gommern
Wasserburg
Dannigkow
Umflutkanal
Ehlekanal
Steinzeit Dorf
Calenberge
Randau
Grüner Waldsee
Großer Waldsee
Kulk
Alte Elbe
Kolumbus See
Königsee
Silbersee
Plötzky
Pretziener
St. Thomas
Pretzien
Pretziener Wehr
Elbenau
Stilles Wasser
Scharfenberg
95
Kleegraben
Prödel
Dornburg
Sandberge
60
Grünewalde
Elbe
Biosphärenreservat Mittelelbe
Neustadt
Altstadt
Röthe
Sandberge
50
Ranies
50
Michelslaake
Salzturm
Schönebeck
(Elbe)
Glinde
Lichtmess-Museum
Landgraben
Zackmünde
Monplaisir
Kreismuseum
Solequell
Kunsthof
Gradierwerk
Felgeleben
Kreisgrabanlage
Sandberg
50
Pömmelte
Gödnitz
Gödnitzer See
B246a
B184
C7
C5
117

Pretziener Wehr (1871-75), Führungen n. Anmeldung bei STAU Schönebeck, ✆ 03928/70630. Größtes funktionstüchtiges Schützentafelwehr Europas mit 324 frei zugänglichen Tafeln.

„Rund ums Rad“, Gommersche Str. 2, ✆ 51461

Fahrradservicestation, Pension „Am Storchennest“, Am Park 25, ✆ 53705

VARIANTE Ab Pretzien gibt es zwei Möglichkeiten nach Magdeburg zu fahren: Entweder die flussnah verlaufende Hauptroute über Ranies, Grünewalde und Randau oder den R2a – diesmal die hochwassertaugliche Variante – über Plötzky, Elbenau, Calenberge und Pechau.

Hochwasservariante

Auf der **Hochwasservariante R2a** durch Pretzien auf der Ortsdurchfahrtsstraße ~ weiter geht es in das 1 km entfernte Plötzky.

Plötzky R

Fahrradservicestation, Kleiner Waldsee, ✆ 039200/50155

Im Ort an der Querstraße geradeaus ~ die Straße führt nach **Elbenau**.

VARIANTE Wenn Sie auf direktem Weg nach Pechau radeln möchten, können Sie kurz vor der Brücke über den Umflutkanal rechts abzweigen und auf dem asphaltierten Radweg am Deich neben dem Kanal entlang fahren.

Auf der **Randauer Straße** geradeaus hinein.

Elbenau R

PLZ: 39218; Vorwahl: 03928

Touristinformation, Markt 21, Schönebeck, ✆ 842742 bzw. Badepark 3, Schönebeck, ✆ 727230

Der Rechtskurve der **Randauer Straße** folgen und auf der Straße nach **Calenberge** ~ von Calenberge weiter nach Pechau ~ in **Pechau** links halten auf den Radweg entlang der Straße nach **Magdeburg-Prester** ~ dort scharf links zurück und auf die Hauptroute des Elbe-Radwegs, die direkt am Ufer des Altarmes entlangführt.

Von Pretzien nach Magdeburg 31 km

16 Auf dem Elbe-Radweg in **Pretzien** Richtung Ranies auf der direkten Verbindungsstraße ~ beim Pretziener Wehr auf den Radweg am Deich und auf diesem bis in den nächsten Ort.

Ranies R

Auf dem Elbdeich passieren Sie Ranies ~ die nächsten 7 km bleiben Sie auf dem Radweg, der bald an die Straße heranführt ~ bei Grünewalde halbrechts über die Straße hinweg in den Ort ~ geradeaus zur Kreuzung mit der Hauptstraße.

Grünewalde R

INS ZENTRUM Von hier aus können Sie einen Ausflug ans gegenüberliegende Ufer in die sehenswerte Stadt Schönebeck machen. Schönebeck ist eine alte Salzstadt und in Bad Salzelmen befindet sich das älteste Soleheilbad Deutschlands.

Schönebeck L

PLZ: 39218; Vorwahl: 03928

Stadtinformation, Markt 21, ✆ 842742, www.schoenebeck.de

Stadtinformation, Bad Salzelmen, Badepark 1, ✆ 705555

Fahrgastschiff „Stadt Schönebeck“, Star-Line GbR, ✆ 0170/4630360. Es werden u. a. Ausflugsfahrten zur Saale-

AndersRum (Karte C7): Vom **Magdeburger Hbf.** entlang der **Ernst-Reuter-Allee** bis über die Elbe und die Alte Elbe oder mittels der Route im Stadtplan durch das Zentrum von Magdeburg ↝ nach der Brücke nach rechts und auf dem Radweg am Ufer durch den **Stadtteil Cracau** ↝ nun am Elbufer immer auf dem Deich über **Prester** Richtung **Randau** oder von **Prester** nach **Pechau** auf der hochwassersicheren Straße.

mündung oder nach Magdeburg angeboten. Fahrradmitnahme möglich.

- **Kreismuseum**, Pfännerstr. 41, ✆ 69417, ÖZ: Di-So 13-17 Uhr
- **Kunsthof Bad Salzelmen**, ✆ 705555, ÖZ: März-Okt., Mo-Fr 13-18 Uhr, Sa, So 10-13 Uhr und 14-18 Uhr; Nov.-Feb., Sa 14-18 Uhr, So 10-13 Uhr und 14-18 Uhr. Historischer Komplex mit Schausiedeanlage – erlebbare Salztradition.
- **Salzturm**, Marktplatz, ✆ 710562, ÖZ: April-Sept., Di-Fr 15-17 Uhr, Sa 9-13 Uhr, So 14-18 Uhr. Der Turm stammt aus dem Jahr 1613, Turmbesichtigung möglich, Galerie Salzturm mit ständig wechselnden Ausstellungen.

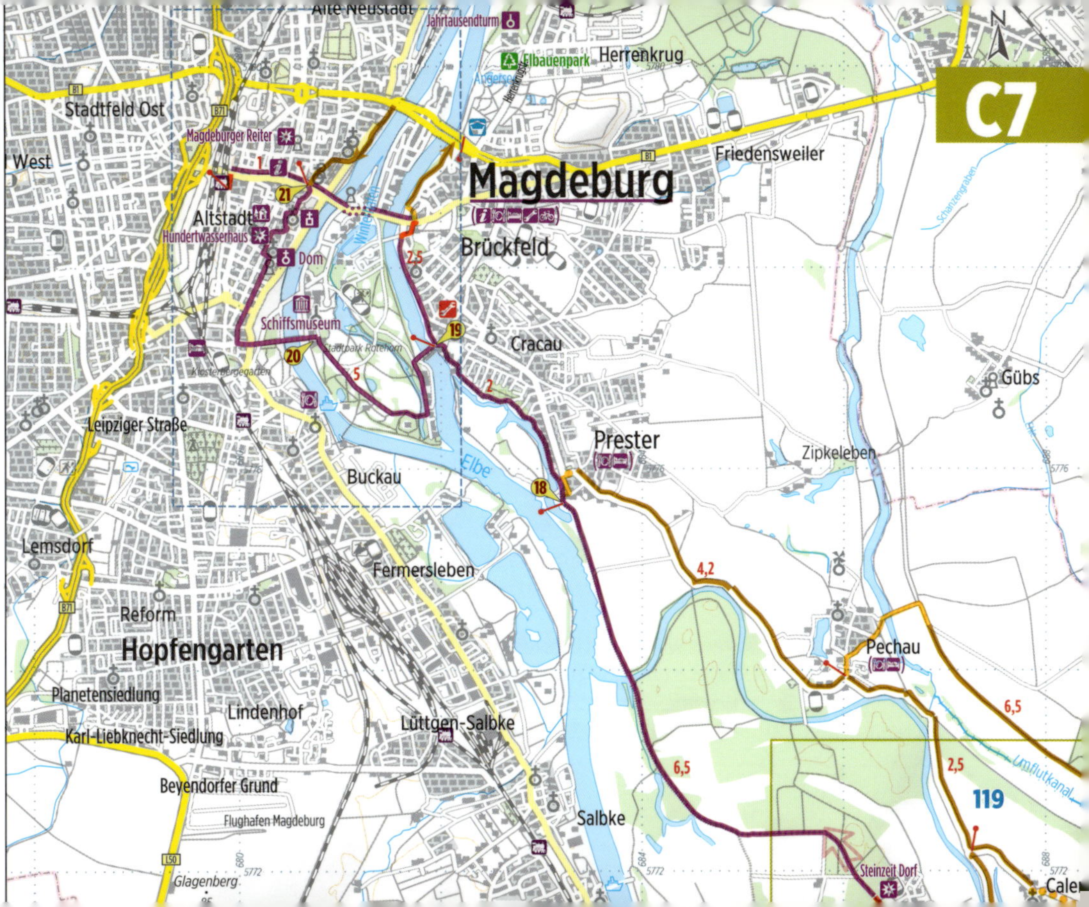

Weltrad-Manufaktur, Cokturhof 3, ✆ 429066, ÖZ: Mo-Fr 8-18 Uhr, Sa 10-14 Uhr. Seit 2004 werden hier – natürlich mit technischen Neuerungen – die legendären Weltrad-Fahrräder aus den 30er Jahren des 20. Jhs. wieder gebaut. Fahrradverleih und Besichtigung möglich.

Bierer Berg, ÖZ: Mai-Sept., 9-19 Uhr, Okt.-April, 9-17 Uhr. Heimattiergarten, Spielplatz, Bismarckturm

Lindenbad Bad Salzelmen, Badepark 1, Kurverwaltung ✆ 70550 für Terminvereinbarung, ÖZ: Mo 13-18 Uhr, Di-Fr 9-12 Uhr und 13-18 Uhr, Sa 14-18 Uhr, So 10-13 Uhr

„Skonebeke" wurde 1223 erstmals urkundlich erwähnt. Aufgrund von Salzvorkommen entwickelte sich der Ort sehr bald zu einem wirtschaftlich wichtigen Zentrum, welches bereits 1290 das Stadtrecht besaß. Das hier gewonnene Salz wurde nach Böhmen, Sachsen, Brandenburg und Schlesien verschifft. Im 18. Jahrhundert wurde das Salinegradierwerk unter Friedrich II. errichtet, heute dient es ausschließlich Kurzwecken.

In **Grünewalde** geradeaus weiter am Elbdeich entlang ⁓ dann ein Rechtsschwenk zur **Alten Elbe** hin ⁓ **17** davor an der Schutzhütte links und auf unbefestigtem Untergrund bis nach Randau.

Randau

R

PLZ: 39114; Vorwahl: 03928

Steinzeitdorf, Müllerbreite 40, ✆ 469580, ÖZ: Mai-Sept., Mo-Fr 9-15 Uhr, Sa u. So 13-17 Uhr. Nachbildung eines in Randau ausgegrabenen 4500 Jahre alten steinzeitlichen Pfostenhauses.

An der Querstraße links ab in den Ort hinein ⁓ geradewegs hinaus, am Steinzeithaus vorbei, auf einem Fuß- und Radweg ⁓ durch den Auwald des **Naturschutzgebietes Kreuzhorst** zurück zum Deich ⁓ rechts ab immer am Elbdeich entlang in den Magdeburger **Stadtteil Prester** ⁓ **18** geradeaus weiter am Ufer ⁓ auf Höhe des **Stadtteils Cracau** endet der Dammweg.

INS ZENTRUM

Um in die Altstadt von Magdeburg zu kommen, müssen Sie hier links abbiegen und über die Brücke fahren. Möchten Sie die Altstadt umfahren und auf schnellem Weg zum Bahnhof oder Ihre Tour entlang der Elbe weiter fortsetzen, dann können Sie hier entlang der Alten Elbe weiterradeln.

19 Das Zentrum erreichen Sie, wenn Sie links über die **Wasserfallbrücke** in den **Stadtpark Rotehorn** fahren ⁓ nach der Brücke nach links, an der folgenden Gabelung rechts ⁓ am **Seilerweg** links ⁓ rechts am Scherbelsberg vorbei dem **Heinrich-Heine-Weg** entlang ⁓ **20** am **Heinrich-Heine-Platz** nach links über die **Sternbrücke** ⁓ bei der **Harnackstraße** nach rechts und anschließend der **Hegelstraße** bis zum Dom folgen ⁓ mit einem Links-Rechts-Schwenk um den Dom herum ⁓ vor dem Landtag rechts ab ⁓ an der **Regierungsstraße** links ⁓ rechts in die **Große Klosterstraße** ⁓ links und geradeaus zur **Ernst-Reuter-Allee** ⁓ **21** auf dem straßenbegleitenden Radweg nach links und vor der Bahnunterführung nach links zum Eingang des Hauptbahnhofs.

ANSCHLUSS Der Elbe-Radweg weiter Richtung Hamburg führt entweder über die Jakobstraße oder westlich der Alten Elbe über die Turmschanzenstraße; das **bikeline-Radtourenbuch Elbe-Radweg Teil 2** leistet Ihnen auf dieser Strecke bis zur Nordsee in Cuxhaven gute Dienste.

Magdeburg

PLZ: 39104; Vorwahl: 0391

- **Tourist-Information Magdeburg**, Ernst-Reuter-Allee 12, ✆ 8380403, www.magdeburg-tourist.de
- **Magdeburger Tourismusverband Elbe-Börde-Heide e. V.**, Domplatz 1b, ✆ 738790, www.elbe-boerde-heide.de
- **Weiße Flotte Magdeburg**, Petriförder 1, ✆ 5328890
- **Gedenkstätte Moritzplatz für die Opfer politischer Gewalt**, Umfassungsstr. 76, ✆ 2445590, ÖZ: Mo-Fr 9-16 Uhr, 1. Sa im Monat 10-12 Uhr

Magdeburg, Elbuferpromenade

- **Kulturhistorisches Museum**, Otto-von-Guericke-Str. 68-73, ✆ 5403501, ÖZ: Di-So 10-17 Uhr. Ständige Ausstellungen gibt es u. a. zur Geschichte der Stadt und Region Magdeburg.
- **Literaturhaus**, Brandenburger Str. 9-10, ✆ 4044995, ÖZ: Mo-Fr 9-12 Uhr und 13-17 Uhr. Ständige Ausstellungen u. a. zu den Magdeburger Schriftstellern Erich Weinert und Georg Kaiser.
- **Museum für Naturkunde**, im Kulturhistorischen Museum. Die Tierwelt des Magdeburger Raumes, Entomologie (Insektenkunde) und Mineralien aus dem Harz werden hier behandelt.
- **Otto-von-Guericke-Museum**, ✆ 5410616, ÖZ: Di, So 10-17 Uhr
- **Schiffsmuseum „MS Württemberg“**, Heinrich-Heine Platz, ✆ 5411283, ÖZ: Di-Fr 10-16 Uhr, Sa, So 10-17 Uhr
- **Technikmuseum**, Dodendorfer Str. 65, ✆ 6223906, ÖZ: April-Okt., Di-So 10-17 Uhr, Nov.-März, Di-So 10-16 Uhr. Technisch bedeutsame Maschinen und Anlagen in Sachsen-Anhalt werden hier gesammelt und bewahrt.
- **Dom St. Mauritius und St. Katharina**, ÖZ: tägl. 10-16 Uhr (im Sommer 10-18 Uhr). Auf dem 1207 abgebrannten ottonischen Dom wurde der erste gotische Dom von 1209-1520 erbaut. Er beherbergt Kunstwerke aus acht Jahrhunderten.
- Die katholische **Kirche St. Petri** lässt sich bis ins 12. Jh. zurückdatieren. Erhalten geblieben aus dieser Zeit ist der romanische Westturm.
- **Kunstmuseum Kloster Unser Lieben Frauen**, Regierungsstr. 4-6, ✆ 5650213. Das älteste erhaltene Bauwerk Magdeburgs gilt als eines der hervorragendsten Zeugnisse der romanischen Architektur in Europa. Es beherbergt eine wertvolle Bibliothek und ist zugleich der wichtigste Ausstellungsort für Gegenwartskunst und Skulptur in Sachsen-Anhalt.

Magdeburg

- Die **Magdalenenkapelle** wurde 1315 als Fronleichnamskapelle in vollendeter Hochgotik erbaut. Sie weist nur ein quadratisches Joch und ein Polygon auf.
- **Pfarrkirche St. Johannis**. Diese älteste Magdeburger Kirche wurde 1131 im romanischen Stil errichtet. Die spätgotische Vorhalle entstand 1453. Nach Zerstörungen im Dreißigjährigen Krieg und im Zweiten Weltkrieg wird sie seit 1990 wieder aufgebaut.
- **Stiftskirche St. Sebastian**. Die auch schon Mitte des 12. Jhs. gegründete Kirche wurde im 14. und 15. Jh. zu einer gotischen Hallenkirche umgebaut.
- **„Hundertwasser-Architekturprojekt Die Grüne Zitadelle von Magdeburg“**, Breiter Weg 202, ✆ 5446667, ÖZ: tägl. 9-18 Uhr,

Die Grüne Zitadelle von Magdeburg

Ausstellung und Führungen. Das im Herbst 2005 eingeweihte einmalig geformte Bauwerk stellt laut dem im Jahr 2000 verstorbenen Künstler „eine Oase für Menschlichkeit und für die Natur“ dar.

- **Hasselbachplatz**, Zentrum des Gründerzeitviertels. Der Stadtbezirk mit seinen Prachtbauten blieb im Gegensatz zum kriegszerstörten Altstadtkern weitestgehend erhalten.
- **Der Magdeburger Reiter**, um 1240 erschaffen, war das erste freistehende Reiterdenkmal in Deutschland.
- Der Ursprungsbau des **Rathauses** wurde im Dreißigjährigen Krieg zerstört, der Wiederaufbau erfolgte aber schon Ende des 17. Jhs. im Stil italienisch-niederländischer Renaissance. Nach der Zerstörung im Zweiten Weltkrieg wurde das ausgebrannte Gebäude zumindest an der Marktseite wieder hergestellt.
- Der **Eulenspiegelbrunnen** wurde 1969/70 von Heinrich Apel geschaffen. Der Überlieferung nach soll Eulenspiegel den Magdeburgern weisgemacht haben, fliegen zu können.
- **Festungsanlage.** Überreste der ersten Stadtmauer sind vor allem im Elbuferbereich erhalten. Dazu zahlen der Stadtmauerzug vom Remtergang bis zur Großen Klosterstraße, die Stützmauern zwischen Johannis- und Wallonerkirche sowie zwei spätgotische Türme in der Nähe des Doms. Einer davon ist der „Kiek in de Köken“.
- **Otto-von-Guericke-Denkmal** (1907). Es wurde von Carl Echtermeier zu Ehren des 1602 in Magdeburg geborenen Naturforschers, Baumeisters und Bürgermeisters geschaffen.
- **Zoologischer Garten**, Am Vogelsang 12, ✆ 280900, ÖZ: tägl. 8-19 Uhr, im Winter bis 16 Uhr
- **Gruson-Gewächshäuser**, Schönebecker Str. 129a, ✆ 4042910, ÖZ: Di-So 9-17 Uhr
- **Elbauenpark,** Tessenowstr. 5a, ✆ 593450, ÖZ: im Sommer tägl. 9-20 Uhr, im Winter 10-16 Uhr. Im gläsernen Blumenpavillon des **Schmetterlingshauses** kann man bei 28-29° Celsius die schönsten und farbenfrohsten Schmetterlinge bestaunen. Der **Jahrtausendturm**, der als höchster Holzturm der Welt zu einem Wahrzeichen der Stadt geworden ist, beherbergt eine interaktive Ausstellung über 6.000 Jahre Geschichte der Wissenschaft und Technik.
- **Little John Bikes**, Lübecker Str. 92, ✆ 2581627
- **Little John Bikes**, Alter Markt 13/14, ✆ 5556203
- **Hotline „Dr. Speiche“**, ✆ 2445471, mobile Reparatur und Abholservice
- **Fahrrad Koch**, Simonstr. 2, ✆ 857209
- **Zweirad Schulz**, Breiter Weg 38, ✆ 5314545

Als Landeshauptstadt von Sachsen-Anhalt hat Magdeburg mit seinen ca. 230.000 Einwohnern in den letzten Jahren, besonders in wirtschaftlicher und politischer Hinsicht, stark an Bedeutung gewonnen. Aber vor allem historisch gesehen, kann Magdeburg auf eine lange und lebhafte Geschichte zurückblicken. Trotz der nahezu vollständigen Zerstörung gegen Ende des Zweiten Weltkrieges ist die Landeshauptstadt für den Kunstliebhaber und

Magdeburg, Kloster Unser Lieben Frauen

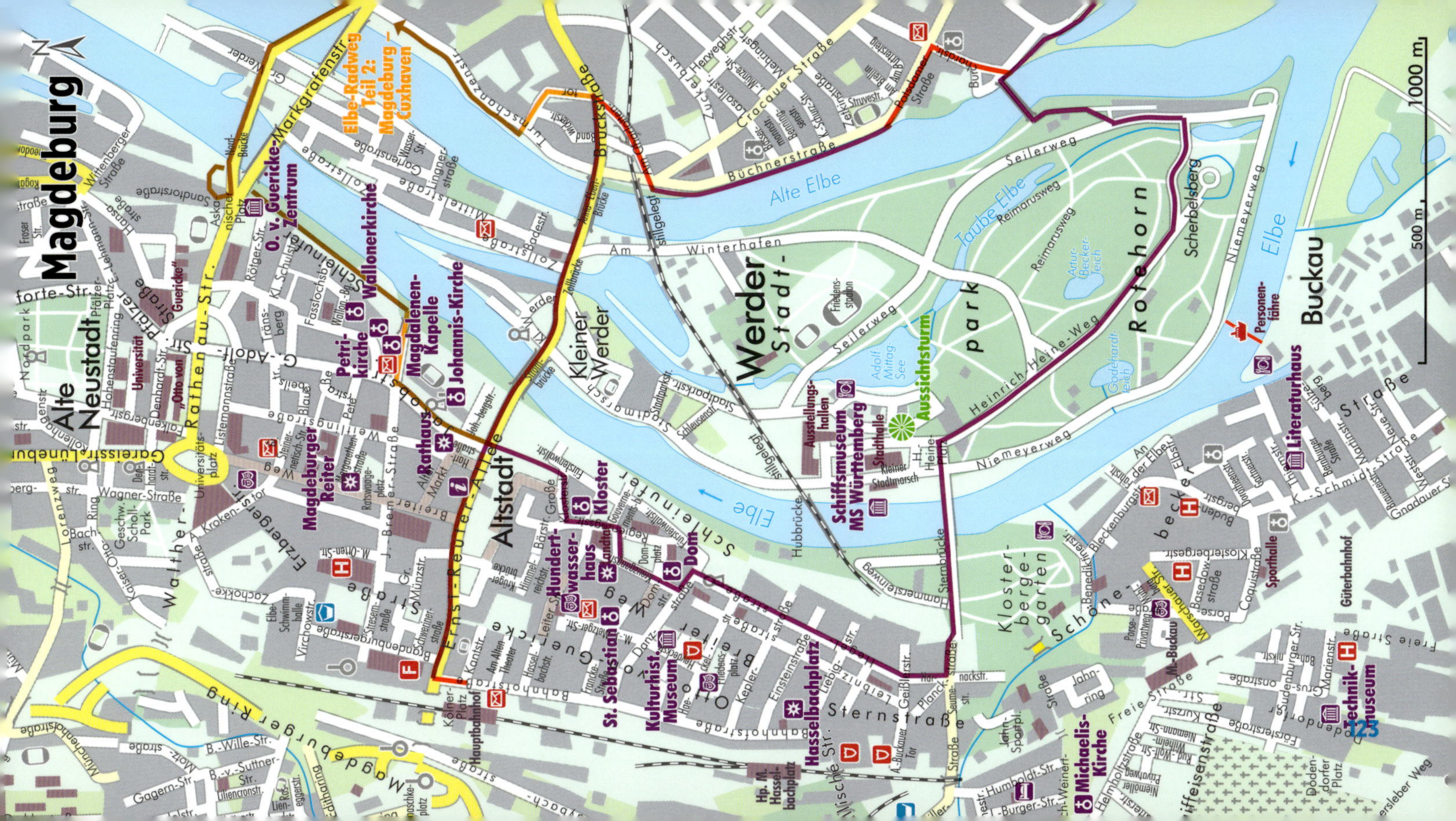
N
Magdeburg
Elbe-Radweg Teil 2: Magdeburg – Cuxhaven
Alte Neustadt
Altstadt
Werder
Kleiner Werder
Rotehorn
Stadtpark
Buckau
Elbe
Alte Elbe
Taube Elbe
Adolf-Mittag-See
Aussichtsturm
Ausstellungshallen
Stadthalle
Schiffsmuseum MS Württemberg
O. v. Guericke-Zentrum
Wallonerkirche
Magdalenen-Kapelle
Johannis-Kirche
Petrikirche
Rathaus
Magdeburger Reiter
Kloster
Hundertwasserhaus
St. Sebastian
Kulturhist. Museum
Dom
Hasselbachplatz
Hauptbahnhof
Universität
Otto von Guericke
Universitätsplatz
Literaturhaus
Klosterbergegarten
Michaelis-Kirche
Technik-Museum
Sporthalle
Güterbahnhof
Personenfähre
Friedensstation
Artur-Becker-Teich
Heinrich-Heine-Weg
Reimarusweg
Seilerweg
Niemeyerweg
Scherbelsberg
Am Winterhafen
Stadtparkstr.
Sternbrücke
Hubbrücke
Strombrücke
Zollbrücke
Anna-Ebert-Brücke
Brückstraße
Walther-Rathenau-Str.
Ernst-Reuter-Allee
Schleinufer
Otto-von-Guericke-Straße
Breiter Weg
Sternstraße
Magdeburger Ring
Büchnerstraße
Cracauer Straße
Nordpark
Wittenberger Straße
Sandtorstraße
Schöneberger Str.
Klosterbergestr.
Freie Straße
K.-Schmidt-Straße
Gnadauer Str.
Budenbergstr.
Hammersteinweg
Leibnizstr.
Liebknechtstr.
Hallische Str.
500 m
1000 m

Magdeburg, St. Immanuel

geschichtlich interessierten Besucher äußerst sehenswert.
Die erste Besiedlung am Elbufer erfolgte schon in der Steinzeit, die erste schriftliche Erwähnung kann im Diedenhofer Capitular nachgelesen werden: Im Jahre 805 wird dort die Ortschaft „Magadoburg“, Marktflecken an einer Elbfurt, genannt. Unter Otto I. erreichte der Markt seine erste Glanzzeit. Er erwählte den Ort als Residenz und errichtete eine Kaiserpfalz. Im 10. Jahrhundert wurde Magdeburg sogar als das „Dritte Rom“ (nach Rom und Konstantinopel) bezeichnet. In diesem Jahrhundert erfolgte der Bau des ottonischen Domes, das Erzbistum wurde gegründet und Magdeburg bekam das Markt-, Münz- und Zollrecht verliehen. 1207 wurde der ottonische Dom von einem Brand zerstört und an seiner Stelle ließ Erzbischof Albrecht II. den Magdeburger Dom St. Mauritius und Katharina errichten. Die Errichtung des ersten gotischen Kathedralbaus auf deutschem Boden nach französischem Vorbild mit der dreischiffigen Querhausbasilika mit Chorumgang, dem Kapellenkranz und der Doppelturmfassade wurde erst 1520 abgeschlossen.
Neben der bedeutenden geistlichen Macht entwickelte sich im Laufe der Jahrhunderte aber auch eine starke Bürgerschaft. Eine Tatsache, die sich auch im Stadtbild widerspiegelte: das klerikale Zentrum war um den Domplatz angesiedelt, das bürgerliche um den Alten Markt. Bei dieser Konstellation blieben natürlich Konflikte zwischen Bürgerschaft und Klerus nicht aus. Zu Beginn des 13. Jahrhunderts erlangte die Bürgerschaft jedoch eine erste Teilunabhängigkeit vom Klerus.
Eng verbunden mit dem Namen Magdeburg ist auch das historisch gesehen bedeutende Magdeburger Stadtrecht, das unter anderem auch in Städten Russlands und Polens Nachahmung gefunden hat und als Sachsenrecht noch bis 1899 Geltung hatte.
Eine große wirtschaftliche Rolle spielt seit Jahrhunderten die Schifffahrt. Bereits 1794 zählte die Magdeburger Elbflotte 374 Schiffe. Heute ist der Hafen von Magdeburg, am Schnittpunkt von Elbe, Elb-Havel-Kanal und Mittellandkanal, einer der bedeutendsten Binnenhäfen Ostdeutschlands.

Sie haben nun das Ende Ihrer Radreise erreicht. Wir hoffen, Sie hatten einen erlebnisreichen und interessanten Radurlaub und freuen uns, dass Sie ein *bikeline*-Radtourenbuch als Begleiter gewählt haben.

Das gesamte *bikeline*-Team wünscht Ihnen eine gute Heimreise!

Übernachtungsverzeichnis

Im Folgenden sind Hotels (H, Hg), Gasthöfe (Gh), Pensionen (P), private Unterkünfte (Pz) und Ferienwohnungen (Fw), aber auch Jugendherbergen (⌂) und Campingplätze (⛺) der meisten Orte entlang der Routen angeführt. Die Orte sind nicht in alphabetischer Reihenfolge, sondern analog zur Streckenführung aufgelistet. Der Zusatz „L" oder „R" im Ortsbalken zeigt das (in Fließrichtung) linke oder rechte Ufer an; die Buchstaben in Klammern beziehen sich auf die Moldau.

Alle mit dem Bett+Bike-Logo (●) gekennzeichneten Betriebe erfüllen die vom ADFC vorgeschriebenen Mindestkriterien als „Fahrradfreundliche Gastbetriebe" und bieten darüber hinaus so manche Annehmlichkeit für Radfahrer. Detaillierte Informationen finden Sie unter *www.bettundbike.de*.

Das Verzeichnis erhebt keinen Anspruch auf Vollständigkeit und stellt keine Empfehlung der einzelnen Betriebe dar.
Die römische Zahl (I–VII) nach der Telefonnummer gibt die Preisgruppe des betreffenden Betriebes an. Folgende Unterteilung liegt der Zuordnung zugrunde:

I unter € 15,– (unter CZK 380,–)
II € 15,– bis € 23,– (bis CZK 580,–)
III € 23,– bis € 30,– (bis CZK 750,–)
IV € 30,– bis € 35,– (bis CZK 880,–)
V € 35,– bis € 50,– (bis CZK 1250,–)
VI € 50,– bis € 70,– (bis CZK 1750,–)
VII über € 70,– (über CZK 1750,–)

Die Preisgruppen beziehen sich auf den Preis pro Person in einem Doppelzimmer mit Dusche oder Bad inkl. Frühstück. Betriebe, die nur Etagenduschen bzw. -bäder anbieten, sind durch das Symbol ✗ nach der Preisgruppe gekennzeichnet. Das Symbol ● kennzeichnet die vom ADFC zertifizierten Bett+Bike-Betriebe; „Radfreundliche Unterkünfte an der Elbe" erkennen Sie am -e-.
Da wir das Verzeichnis stets erweitern, sind wir für Anregungen Ihrerseits dankbar. Die Eintragung erfolgt natürlich kostenfrei.

Praha (Prag)

PLZ: CZ-10000-19000;
i Prager Informationsdienst, Infostellen: Staroměstské nám. 1, Rytířská 31, am Hauptbahnhof, Mostecká und am Flughafen, ☎ 221714444
i DC SERVICE Prague Incoming Travel Agency, Maiselova 4, ☎ 224816346
H A Casino Royal, Na Příkopě 13, ☎ 234076111
H Adria, Václavské nám. 26, ☎ 221081111, VII
H Amadeus, Slavojova 8/108, ☎ 222511777, VI-VII
H Ambassador, Václavské nám. 5-7, ☎ 224193111, VI-VII
H Ametyst, Jana Masaryka 11, ☎ 222921921, V-VI
H Aria, Tržiště 9, ☎ 225334111, VII
H Carlo IV Boscolo, Senovážné nám. 13, ☎ 224593111, VII
H Corinthia Towers, Kongresova 1, ☎ 261191111, VII
H Esplanade, Washingtonova 19, ☎ 224501111, VI-VII
H Extol Inn, Přístavní 2, ☎ 220876541, VI-VII
H Four Seasons, Veleslavínova 2a, ☎ 221427000, VII
H ForRest, Za Císařským mlýnem 9, ☎ 233901490, IV-V
H Golden Tulip Savoy, Keplerova 6, ☎ 224302430, VII
H Grand Hotel Bohemia, Králodvorská 4, ☎ 234608111, VI-VII
H Hilton Prague, Pobrezni 1, ☎ 224841111, VII
H Hoffmeister, Pod Bruskou 7, ☎ 251017111, VI-VII
H Intercontinental, Pařížská 43/30, ☎ 296631111, VII
H Jalta, Václavské nám. 45, ☎ 222822111, VI-VII

H Le Palais, U Zvonařky 1, ✆ 234634111, VII
H Máchová, Máchova 11, ✆ 222510107, V-VI
H Maximilián, Haštalská 14, ✆ 225303111, VII
H Meteor Plaza, Hybernská 6, ✆ 224192111, V-VII
H Old Town Square, Staroměstské namestí 20, ✆ 221421111, VII
H Otto, Na Celne 3, ✆ 257323098, IV
H Palace, Panska 12, ✆ 224093111, VI-VII
H Paříž, U Obecního domu 1, ✆ 222195195, VII
H Parkhotel, Veletržní 20, ✆ 296797111, V-VII
H Prague Marriott, V Celnici 8, ✆ 222888888, VII
H Praha, Susicka 10, ✆ 224341111, VI-VII
H Radisson Blue Alcron, Stěpánská 40, ✆ 222820000, VII
H Renaissance Prague, V Celnici 7, ✆ 221822100, VII
H Rezidence Unitas, Bartolomejska 9, ✆ 224230533, VII
H Riverside, Janáčkovo nábřeží 15, ✆ 225994611, VI-VII
H The Iron Gate, Michalská 19, ✆ 225777777, VII
H Villa Olivia, Osicka 19, ✆ 281867407, III-IV
H Wertheim, Karlovarska 51, ✆ 235325833, V
H U Klenotníka, Rytířská 3, ✆ 224211699, VI
H U Kříže, Újezd 20, ✆ 257313272, VI-VII
H U Prince, Staromestske námestí 29, ✆ 224213807, VII
Hg Luník, Londýnská 50, ✆ 224253974, V-VII
Hg Meran, Václavské nám. 27, ✆ 224238440, V
P Karnet, Nad Kokoskau 5, ✆ 284680373, III
P Balbín, Balbínova 26, ✆ 222250657, II-III
P Březina, Legerova 41, ✆ 224266779, II-III
P Camp Kotlárka, Kotlárka 115, ✆ 257213807, II
P Dientzenhofer, Nosticova 2, ✆ 257311319, V
P Holiday Home, Americká 37, ✆ 222512710, III
P Jana, Dykova 20, ✆ 222511777, II
P Košická, Košicka 12, ✆ 271742483, III-IV
P Ross Praha, Za Hospodou 3, ✆ 272700204, III
P Shalom, Na Krèské stráni 52, ✆ 261263465, III
P Sprint, Cukrovarnicka 64, ✆ 233344871, III
P Tereza, Kosicka 18, ✆ 271741147, II
P Tosca, Pod Havránkou 11, ✆ 233540746, III-IV
P U Akatu, Hanusova 23, ✆ 261210680, III
P U Cisterciák, Plaska 8, ✆ 257322233
P U Kaprála, Železničářu 20/6, ✆ 266711142
P U Lilie, Liliova 15, ✆ 222220432, IV-V

P U Medvídku, Na Perštýně 7, ✆ 224211916, V-VI
P U Suteru, Palackeho 4, ✆ 224948235, III
P U sv. Krystofa, Záběhlická 42, ✆ 272796371, II-III
P Valton, Holečkova 99, ✆ 257326482, III
P Vera, Cistovicka 29, ✆ 235322169, II-III
P Veronika, Na jezerce 29, ✆ 261222474, III
P Vetrny myln, Ruzyňská 3/96, ✆ 235301686, III
P Vetrnik, U Vetrniku 40/1, ✆ 220612405, IV-V
P Vila Kozlovka, Kozlovska 24, ✆ 224320182
P Vila Ludmila, Budejovicka 124, ✆ 261263859, II
P Villa Betty, Kralovicka 15, ✆ 274813573, III
P 7 Andelu, Jilska 20, ✆ 224238489, V-VII
Arparçay Hostel, Nerudova 40, ✆ 251552297, I-II
Camp Sokol Troja-ubytovna, Trojská 171a, ✆ 233542908, I-II
Hostel Center, Sokolská 29, ✆ 224247412, II-III
Hostel ELF, Praha 3 Zizkov, Husitska 11, ✆ 222540963, II-III
Hostel Spoas, Jankovcova 63a, ✆ 220804891
Hostel U Melouno, Ke Karlovu 7, ✆ 224918322, III
Autocamp Dana, Trojská 129, ✆ 283850482
Autocamp Hájek, Trojská 337/149, ✆ 233541352
Autocamp Trojská, Trojská 157/375, ✆ 283850487
Camp Herzog, Trojská 161, ✆ 283850472
Camp Sokol Troja, Trojská 171a, ✆ 233542908
Hostel Podoli, Na Lysin 12/772, ✆ 234678232

Klecany (R)

PLZ: CZ-25067

P Goral, Na Vyhlidce 548, ✆ 774061209
P Sarnia, U Školky 446, ✆ 284890496, II
P U svatého Václava, Tebízského nám 64, I

Kralupy nad Vltavou (L)

PLZ: CZ-27801

D centrum, Nádražní 55, ✆ 972257457,
H Sport, Na Cukrovaru 1086, ✆ 315726043, III

Nelahozeves

PLZ: CZ-27751

P Marina Vltava, Dvořákova Stezka 27, ✆ 724903473, II

Chvatěruby (R)

P Turistické centrum cyklostezki, Chvatěruby 223, ✆ 720435185

Lobeček (R)
H Stadion, Mostní 812, ✆ 315726066, II

Veltrusy(R)
PLZ: CZ-27746

P NaZávisti, Palackého 125, ✆ 315781423

Autocamp Obora Veltrusy, Ostrov 574, ✆ 315781195

Vojkovice (R)
PLZ: CZ-27744

P und Restaurant U Hoffmannu, Dedibaby 4, ✆ 608215276, II

Mělník (R)
PLZ: CZ-27601

Touristinformation, Legionářu, ✆ 315627503,

H Dům U Rytířů (Zum Ritter), Svatováclavská 17, ✆ 315621440, IV

H Jaro, 17. listopadu, ✆ 315626852, III-V

H Ludmila, Pražská 2639, ✆ 315622419, I-IV

H U Cinků, Českolipská 3444, ✆ 315671024, II-III

H Paganini, Fibichova, ✆ 315695278, III-IV

H Alabama, Okružní 2545, ✆ 315626000, III

H Olympionik, Bezručova 3819, ✆ 315622309, III

P Centrum, Jar. Seiferta 177, ✆ 725015465, II

P Hana, Fügnerova 714, ✆ 315622485, II

P Reks, Nádražní 2002, ✆ 315691816, ,II

Pz U Benišků, Palackého 125, ✆ 315622883, II

Pz Hanousková, Fügnerova 695, ✆ 777240396, I

Pz Hulička, U tanku 83, ✆ 315622751, I

Pz Taschnerová, Legionářů 74, ✆ 315625797, I

Pz U Mižilů, Italská 2085, ✆ 732821710,

Pz Vila Olina, Kokoinská 2670, ✆ 728967382, I

Pz Suttner, Beřivoje 3196, ✆ 606454155, I

Autocamp Mělník, Klášterní 720, ✆ 315623856

Ubytovna Klubu veslařů, Rybáře 743, ✆ 732215111

Liběchov (R)
PLZ: CZ-27721

P Aveco, Pod Kostelíkem 120, ✆ 206697063, II

P U Pemysla, Rumburská 72, ✆ 606126356, I-II

Autocamp SK Liběchov, ✆ 607863206

Želízy
Pz Pažitná, č.p. 15, ✆ 775031558

Autocamp Želízy, ✆ 777208975, (14.5.-15.10.)

Tupadly
H Motel Sv. Kryštof, Tupadly 78, ✆ 315697183,II

H Tupadly, Tupadly 88, ✆ 315697139, III-V

Štětí (R)
PLZ: CZ-41201

H Praha, Kostelní 174, ✆ 416500433

H Terek, Dlouhá 670, ✆ 416803828, II

P Oaza, U stadiou 146, ✆ 416810420-1, IV

Račice (L)
H Sportcentrum, Račice 130, ✆ 416813652

Roudnice nad Labem (L)
PLZ: CZ-41301

Informační centrum, Karlovo nám. 21, ✆ 416850-201 u. -202

H Amber U Svatého Vavřinec, Karlovo nám. 20, ✆ 416838716, III-IV

H B+C Sporthotel BK Pod lipou, ✆ 416837797, I

H Koruna, ul. Jana z Drazic 103, ✆ 416836247, II-IV

P Vědomice, Vědomice 25, ✆ 416837447, II

Pz Karel Hrouda, Vědomice 256, ✆ 416837999

B+C Sporthotel BK Pod lipou, ✆ 416837797

Terezín (Theresienstadt) (L)
PLZ: CZ-41201

Informační středisko, nám. ČSA 179, ✆ 416782616

H Parkhotel Terezín, Máchova 163, ✆ 416782260, III

H Memorial, Nám. ČSA 180, ✆ 416783082, V

Pz Mazancová, Dlouhá 24, ✆ 416737621

Pz Šantavý, Kréta 158, ✆ 416782708, I

Eden, ✆ 416782473

Trnovany (R)
Pz Gočarovová, Trnovany 9, ✆ 416733535

Litoměřice (Leitmeritz) (R)
PLZ: CZ-41201

Městské Informační centrum, Mírové nám. 15/7, ✆ 416732440

H Apollón, Na Valech 2094, ✆ 416531450, IV

H Dejmalík, Sovova 3, ✆ 416533660, II

H Helena, Želetická 10-12, ✆ 416739002, II-III

H Labe, Vrchlického 10, ✆ 416735442, II

H Roosevelt, Rooseveltova 18, ✆ 416733595, IV

H Salva Guarda, Mírové nám. 12, ✆ 416732506, IV

P Dubina, Horní Dubina 276/10, ✆ 602/259691, II

P JOTIS, Pokratická 75, ✆ 606/692899, I-II

P Koliba, Českolipská, ✆ 416732861, II

P Koupalíšté, Písečný ostrov 1, ✆ 601377250, I

P Pištora, Velká Dominikánská 17, ✆ 777655142, II

P Prislin, Na Kocandě 12, ✆ 603/846035, II

P U svatého Václava, Svatováclavská 12, ✆ 416737500, IV

P U Borovičků, Dominikánské náměstí 256/3, ✆ 733644398

P Zahrada Čech, Českolipská ul., ✆ 416732863, II

Pz Antonová, Mrázova 34, ✆ 416734318, I-II

Pz Barszczová, Dykova 36, ✆ 607873358, I-II

Pz Huml, Na Valech, ✆ 604531358, I-II

Pz Juristová, Švermova 14, ✆ 416735095, I-II

Pz Juristová, Žitenická ul. (Gaststätte Na Výdrholci), ✆ 416735095 od. 605/257168, I-II

Pz Marek, V zahradách 4, ✆ 606908507, I-II

Pz Pytlounová, Brožíkova 14, ✆ 416731148, I-II

Pz Saňá, Brožíkova 10, ✆ 416731144, I-II

Pz Waldhauserová, Sokolská 217, ✆ 416742221, I-II

Ho Cargonet, Kamýcká 17, ✆ 416733042 u. 416733504, I

Ho Pivovarský sál, Krajská ul., ✆ 732424086, I

Ho Sokol, Osvobozeni 17, ✆ 602/727937 od. 416732972

Ho Slavoj, Písečný ostrov, ✆ 416733052, I

Ho Slavoj Veslařská ubytovna, Ostrovní ul., ✆ 41673305

Ho Jachetní oddíl, Střelecký ostrov, ✆ 736/682895, I

Ho Vojenská ubytovna, Purkyňova I, ✆ 602/549868, I

Autocamp Slavoj S+H, Stelecký ostrov,

✆ 416734481 (Mai-Sept.)

Trnovany

Pz Dana, Trnovany 9, ✆ 604/275184, I

Žalhostice

H Club Hotel Píšťany, Píštany 3, ✆ 416731961, III
P Minipension Radobýl, Žalhostice 66, ✆ 723508002, I

Miřejovice (R)

Pz Březinová, Miřejovice 4, ✆ 723/286748 u. 777/286748
Pz Sopín, Miřejovice 26, ✆ 416742403

Skalice (R)

Pz Bartošová, Skalice 48, ✆ 416748162
Skalice, ✆ 416748168 u. 416733052

Velké Žernoseky (R)

P Žernosecké vinařství, Velké Žernoseky 1, ✆ 721142091
Pz Brůžová, Velké Žernoseky 167, ✆ 416747149
Ho Porta Bohemica, ✆ 602496918, I
Autokemp Porta Bohemica (am See), ✆ 602356173, ÖZ: April-Okt.
Porta Bohemica, ✆ 416741942

Lovosice (L)

H Lev, Kostelní 3/5, ✆ 416532317, III

Brná (R)

Pz M. Šimek, Sebuzínská 4, ✆ 475541004 od. 732824537 (sehr gutes Deutsch!)

Ústí nad Labem (L)

PLZ: CZ-40021
Informační Středisko Ústí n. L., Mírové náměstí 1/1, ✆ 475271700
H Bohemia F a.s., Mírové náměstí 6, ✆ 475311111, III
H eský Lev, Sibiřská 560, ✆ 475507063
H Interhotel MÁJ, Hoření 3140/15, ✆ 4752775200, IV-VI
H Palace, Malá hradebni 57, ✆ 475220953
H Slavie, Železničářská 28a, ✆ 475530435, I-II
H VLADIMÍR, Masarykova 36, ✆ 475235111, V
Hg Vladimir Garno Hotel, U Pivovarské zahrady 6,
P Alex, Stříbrnické nivy 12, Skřivánek, ✆ 472771079, I
P Duel, Moskevská 30, ✆ 475210640, II
P Ekopros, Sociální péče 7, ✆ 4752772039, I
P Klíšská, Klíšská 53, ✆ 475216120, I
P Petra, Pražská 129, Vaňov, ✆ 475211312, I
P Zámeček, Na Čihadle 910/18, ✆ 475531533, I-II
Pz Andělová, Zelená 431, Neštemice, ✆ 4752733971
Pz Mesíčková, Stříbrnické nivy 12, Skivánek, ✆ 4752771078
Pz Mikšová, Koněvova 47, ✆ 475207908, I
Herberge Hotel Junior, Kosmonautu 1, Všeborice, ✆ 4752741195
Camp Lodenice Vanov, Prazká 98, ✆ 475207747

Svádov

P Stará fara, Labská c.p. 118, ✆ 420602188888, III

Děčín (R)

PLZ: CZ-40501
Stadtinformation-DEZKA, Prokopa Holého, ✆ 412531333
Infozentrum Schloss Děčín, Dlouhá Jízda 1253, ✆ 412518905
H Eurohotel Česká Koruna, Masarykovo nám. 60, ✆ 412516104, II-IV
H Faust, U plovárny 43, ✆ 412516235, III
H Maxičky, Děčín 18, ✆ 412528466, II
H Pošta, Masarykovo nám. 9, ✆ 412511544
H Senátor, Kamenická 171, ✆ 412510525, II
H Schwarz, Teplická 62, Děčín IX, ✆ 412544900, I
H U kaple, U Kaple 544, Děčín VI, ✆ 412539915, I-II
H U Zámku, Nárožní 21, Děčín 1, ✆ 412513481
P Andy, Teplická 155, Děčín IV, ✆ 412532170
P Levandule, Těchlovice 619, ✆ 776175569

Nebočady

Camp Formule, Pěší 113, ✆ 412548445

Reinhardtsdorf-Schöna (L)

PLZ: 01814; Vorwahl: 035028
H Panoramahotel Wolfsberg, Zum Wolfsberg 102, ✆ 859900, IV-V
P ZirkelsteinResort, Am Zirkelstein 109b, ✆ 80425, II-III
Pz Goldener Anker, Hauptstr. 55b, ✆ 81179, III

Schmilka (R)

PLZ: 01814; Vorwahl: 035022
H Großer Winterberg (im Nationalpark), ✆ 40050, II-III
H Helvetia, Nr. 11, ✆ 92230, III-IV
H Villa Waldfrieden, Nr. 10, ✆ 9223-0
P Elb-Café, Nr. 31, ✆ 42398, III
P Rauschenstein, Nr. 30, ✆ 40900, II
P Sonnenheim, Nr. 9, ✆ 43123, II

Pz Gothsche, Nr. 63, ✆ 42837, II
Pz Rothermel, Nr. 44, ✆ 42601, II
Fw Stys, Nr. 28, ✆ 43120, II

Krippen (L)

PLZ: 01814; Vorwahl: 035028
H Erbgericht, Bächelweg 4, ✆ 8629-0, III-V
H Grundmühle, Fr.-Gottl.-Keller-Str. 69, ✆ 86190, III-IV
P Hönel-Hof, Fr.-Gottl.-Keller-Str. 15, ✆ 859600, III
Gh Ziegelscheune, Elbweg 22, ✆ 80437, II-III
Gh Zur Eiche, Bächelweg 10, ✆ 80241, III-V
Pz Langer, Fr.-Gottlob-Keller-Str. 40, ✆ 80751, II
Pz Happe, Bächelweg 26, ✆ 80158, II
Pz Kunak, Elbweg 15, ✆ 81170, III

Postelwitz (R)

PLZ: 01814; Vorwahl: 035022
H Elbpromenade, Elbufer 10, ✆ 547-0, V-VI
Pz Haus Elbfrieden, Elbufer 37, ✆ 41697, II-III
Pz Haus Elbufer, Elbufer 23-25, ✆ 41995, II-III

Ostrau (R)

PLZ: 01814; Vorwahl: 035022
Hg Ostrauer Scheibe, Alter Schulweg 12, ✆ 4880, V-VI
Gh Schrammsteinbaude, Zahnsgrund 5, ✆ 42305, III
P Hillehof, Ostrauer Ring 1, ✆ 40927, III
Jugendherberge Ostrau, Dorfstr. 14, ✆ 42408

Bad Schandau (R)

PLZ: 01814; Vorwahl: 035022
Kurverwaltung Bad Schandau, Markt 12, ✆ 90030
Tourist-Information im Bahnhof, Am Bahnhof 6, ✆ 41247
H Aparthotel Am Schlossberg, Elbstr. 6, ✆ 925100, IV-V
H Elbhotel, An der Elbe 2, ✆ 9210, V
H Elbresidenz, Markt 1-11, ✆ 919700, VII
H Forsthaus, Kirnitzschtal Str. 5, ca. 3 km von Bad Schandau, ✆ 5840, IV-V
H Lindenhof, Rud.-Sendig-Str. 11, ✆ 4890, V
H Parkhotel, Rud.-Sendig-Str. 12, ✆ 520, III-V
H Sigl's, Kirnitzschtal Str. 17, ✆ 40702, III-IV
H Zum Roten Haus, Marktstr. 10, ✆ 42343, IV
Hg Elbgarten, Dresdner Str. 9, ✆ 4840, IV
Gh Kopprasch's Bierstübl, Kirchstr. 10, ✆ 42566, II-III
Gh Zum Bären, Zaukenstr. 10, ✆ 42073, IV
P Elbblick, Elbufer 29, ✆ 42627, III

P Poliwania, Badallee 15, ✆ 42403, II
P Waldhäus'l, Kirnitzschtalstr. 89, ✆ 91786, III
Pz Gästehaus Regina, Roseng. 11, ✆ 40021, II-III
Pz Gästehaus Renate, Elbufer 103, ✆ 42943, II
Pz Landhaus Doris, Hohnsteiner Str. 52, ✆ 43071, III
Pz Schwager, Kirnitzschtalstr. 29, ✆ 0172/9529467, I
Pz Selter, Kirnitzschtalstr. 73, ✆ 43247, II-III
Pz Strohbach, Sebnitzer Str. 5, ✆ 42593, I-II
Pz Vollmann, Lindenallee 10a, ✆ 42138, II
Pz Wendler, Kirnitzschtalstr. 45, ✆ 42963, III
Ostrauer Mühle, Kirnitzschtal, ca. 3 km von Bad Schandau, ✆ 42742

Rathmannsdorf-Wendisch-Fähre (R)

PLZ: 01814; Vorwahl: 035022
Fremdenverkehrsverein Rathmannsdorf e.V., Hohnsteiner Str. 13, ✆ 50451
P Herberge Ochelbaude, Am Sebnitzbach 8, ✆ 035021/59996-0, II
Pz Grüllich, Elbstr. 7, ✆ 42583, I-II

Prossen (R)

PLZ: 01814; Vorwahl: 035022
P Lilienstein, Talstr. 6, ✆ 42097, II-III
Pz Noack, Talstr. 13, ✆ 43278, II
Pz Oeser, Bergstr. 8, ✆ 40380, II
Fw Mischner, Gründelweg 12, ✆ 43307, II-III

Halbestadt (R)

PLZ: 01824; Vorwahl: 035022
Gh Landgasthof Müller, Halbestadt 17, ✆ 92929, IV
Pz Karsch, Halbestadt 41, ✆ 42165, I-II
Pz Krabel, Halbestadt 33c, ✆ 43135, II
Ho Ferdinands Homestay, Halbestadt 51, ✆ 54775, II-III (auch)
Natur- u. FamilienOase Königstein, Halbestadt 13, ✆ 99480, (inkl. Halbpension), III-V
Kleinhennersdorf
Vorwahl: 035028
P Liethenmühle, Liethenhäuser 3, ✆ 80240, II
P Ferienhof Mandry, Neue Bauerngasse 62, ✆ 80633, II
Pz Liethenneck, Liethenhäuser 1, ✆ 80340, II-III

Königstein/Sachsen (L)

PLZ: 01824; Vorwahl: 035021
Tourist-Information Haus des Gastes, Schreiberberg 2, ✆ 68261
H Lindenhof, Gohrischer Str. 2, ✆ 68243, IV-V
Gh Schrägers Gasthaus, Kirchgasse 1, ✆ 68352, III
Gh Amtshof, Pirnaer Str. 30, ✆ 68511, III
Gh Sachsenstübel, Amtsgasse 16, ✆ 68332, III
P Bomätscher, Schandauer Str. 49, ✆ 99080, IV
P Kleine Einkehr, Elbhäuserweg 23, ✆ 67539, III
P rock-hostel, Schandauer Str. 36, ✆ 59616, II
Pz Pertig, Bielatalstr. 106, ✆ 67076, II
Camping Königstein, Schandauerstr. 25e, ✆ 68224

Kurort Rathen

PLZ: 01824; Vorwahl: 035024
Haus des Gastes, Füllhölzelweg 1, ✆ 70422

Niederrathen (R)
Vorwahl: 035024
H Amselgrundschlösschen, Mühlenweg 1, ✆ 74333, V-VI
H Elbschlösschen, Kottesteig 5, ✆ 750, V-VI
H Erbgericht, Elbufer 5, ✆ 7730, V-VI
P Burg Altrathen, Am Grünbach 10-11, ✆ 7600, III
P Lug ins Land, Waltersdorfer Berg 11, ✆ 70369, III
P Margaretenhöhe, Waltersdorfer Berg 5, ✆ 70365, II
P Panorama, Zur kleinen Bastei 4, ✆ 70669
P Rosengarten, Kottesteig 1, ✆ 70232, III-V
P Zum Talwächter, Waltersdorfer Berg 17, ✆ 70250, III
Pz Fels, Amselgrund 8, ✆ 70831
Pz Gästehaus Sonnenheim, Wehlener Weg 7, ✆ 70878, II-III
Pz Haus Bergglück, Waltersdorfer Berg 6, ✆ 70930, II
Pz Haus Bergland, Waltersdorfer Berg 13, ✆ 70871, II
Pz Haus Edelweiss, Trebenweg 7, ✆ 70227, II-IV
Pz Reinig, Amselgrund 15, ✆ 70353, II

Oberrathen (L)
Vorwahl: 035021
H Ettrich's Hotelrestaurant, Elbweg 2, ✆ 68524, V
P Laasen Perle, Laasensteig 1, ✆ 68302, II-III
Pz Gästehaus Eglin, Dr. Crede Steig 1, ✆ 60043, II-III
Pz Gästehaus Hampel, Dr. Crede Steig 16, ✆ 60505, II
Herberge auf dem Kulm, Weißig, ✆ 68714 o. 68522, I

Stadt Wehlen (R)
PLZ: 01829; Vorwahl: 035024
Tourist-Information, Markt 7, ✆ 70414
H Café Richter, Karl-Marx-Pl. 4, ✆ 70217, II
H Strandhotel, Markt 9, ✆ 78490, IV-VI
H Wehlener Hof, Markt 3, ✆ 78490, III-V
P u. Fw Herrenhaus Orangella, Pirnaer Str. 163, ✆ 79392, III-IV
P Am Nationalpark, Hofewiese 19, ✆ 70650, ab III
P Burgblick, Lohmener Str. 2, ✆ 71077, II
Fw und Pension Herrenhaus Orangella, Pirnaer Str. 163, ✆ 79392, IV-V
P Hirschberger, Pirnaer Str. 118, ✆ 70376, II
Pz Grützner, Kirchstr. 4, ✆ 70377, I
Pz Pönitz, Mennickestr. 9, ✆ 70743, II
Pz Riedel, Elbufer 1, ✆ 70479, II
Pz Ruppert, Markt 8, ✆ 70691, I-II

Pz Schönherr, Kirchstr. 1, ✆ 70259, II

Struppen-Naundorf (L)
PLZ: 01796; Vorwahl: 035020
Fw Urban, Lindenweg 4, ✆ 70267, II

Pirna-Obervogelgesang (L)
PLZ: 01796; Vorwahl: 03501
P Villa Romantica, Niedervogelgesang 26, ✆ 755755, IV-V

Pirna-Posta (R)
PLZ: 01796; Vorwahl: 03501
H Elbparadies, Oberposta 2, ✆ 527403, III-IV
Hg Villa Hennes, Postaer Str 16f, ✆ 464266, III-IV
Pz Großer, Oberposta 62, ✆ 521507, II-III

Pirna-Copitz (R)
PLZ: 01796; Vorwahl: 03501
P Jantzen, Damaschkestr. 13, ✆ 524790, I-II
Pz Arnold, Damaschkestr. 27, ✆ 524871, II
Pz Kotsch, Damaschkestr. 26, ✆ 524851, II
Pz Copitzer Elbcafé, Hauptplatz 13, ✆ 470555
Pz Quendt, Postaer Str. 10, ✆ 521536, II
Jugendherberge Pirna-Copitz, Zum Wesenitzbogen Str.9, ✆ 445601
Naherholungszentrum der Stadt Pirna, Söbriger Weg, ✆ 523773
Waldcamping Pirna-Copitz, Äußere Pillnitzer Str.19, ✆ 523773

Pötzscha (Wehlen) (L)
PLZ: 01829; Vorwahl: 035020
P Bauernhäusel, Bahnhofstr. 4, ✆ 7790, II
P Zur Fähre, Fährstr. 4, ✆ 70236, I
Pz Beckert, Bahnhofstr. 18, ✆ 71297, II
Pz Täubrich, Fährstr. 3, ✆ 70760, I

Pirna
PLZ: 01796; Vorwahl: 03501
TouristService Pirna, Am Markt 7, ✆ 556446
H aktiv-Hotel, Rottwerndorfer Str. 56b, ✆ 79000, III-V
H Romantik Hotel Deutsches Haus, Niedere Burgstr. 1, ✆ 46880, VI
H Elbparadies, Oberposta 2, ✆ 56740, III-IV
H Pirna'scher Hof, Am Markt 4, ✆ 44380, V-VI
H Sächsischer Hof, Gartenstr. 21, ✆ 447551, IV-V
H Zur Post, Liebstädter Straße 30, ✆ 5500, V
Hg Bernardo Bellotto, Lange Str. 29, ✆ 46040, V
P Am Elbhang, Postaer Str. 4, ✆ 523361, II-III
P Am Schlossberg, Am Schlossberg 2, ✆ 523772, I-II
P Donatus, Niedere Burgstr. 3, ✆ 466879, III-IV
P Irene, Heidenauer Str. 102, ✆ 570-100 u. -104, III
P Pirnaer Elbschlösschen, Am Elbufer 1, ✆ 460505, III
P Schau, Joseph-Haydn-Str. 7, ✆ 780362, II
P Villa Romantica, Niedervogelgesang 26, ✆ 755755, III-V
P Ziegelscheune im Waldpark, Ziegelstr. 4, ✆ 5710080, III
Fw Elbblick, Oberleite 6, ✆ 0147/9221456
Fw Pirnaer Schifftorvorstadt, Ziegelstr. 4b, ✆ 528368

Fw Neumann, Damaschke Str. 1, ☎ 524733

Birkwitz (R)

Pz Großmann, Pratzschwitzer Str. 216, ☎ 525235, II

Heidenau (L)

PLZ: 01809; Vorwahl: 03529

i Touristinformation, Bahnhofstr. 8, ☎ 511015

H Alte Reichskrone, Dresdner Str. 84, ☎ 52760, III-IV

H Mühlenhof, Mühlenstr. 4-6, ☎ 517600, III -IV

H Ausspann, Großlugaer Str. 1, ☎ 515576, III-V

P Schütze, Dresdner Str. 19, ☎ 517774

P Villa Else, Pirnaer Str. 39, ☎ 523968

P Zum Nähstübchen, Friedensstr. 2, ☎ 56510

Dresden-Pillnitz (R)

PLZ: 01326; Vorwahl: 0351

P Zur alten Säge, Dresdner Str. 107, ☎ 2618420, II-III

Dresden-Kleinzschachwitz (L)

PLZ: 01259; Vorwahl: 0351

P Therese-Malten-Villa, Wilhelm-Weitling-Str. 3, ☎ 2053521, V-VII

P Ehlers, Peter-Schmoll-Str. 7, ☎ 2013159,

P In Kleinzschachwitz, Meußlitzer Str. 20, ☎ 4938291, III

P Kurhaus Kleinschachwitz, Berthold-Haupt-Str. 128K, ☎ 2001996, V

P Pension a.d. Pillnitzer Schlossfähre, Hosterwitzer Str. 22, ☎ 2107850, III

Pz Alttolkewitzer Pension u. Privatzimmer, Alttolkewitz 11, ☎ 8746900, III

Fw Häcker, Damaschkestr. 68, ☎ 2021873

Fw Zuschke, Bernhard-Shaw-Str. 25, ☎ 2050523, III-IV

Wostra, An der Wostra 7, ☎ 2013254

Dresden-Zschachwitz

P Dresden Zschachwitz, Fritz-Schreiter-Str. 13, ☎ 0351/2036627

Dresden-Laubegast (L)

PLZ: 01279; Vorwahl: 0351

H Ramada Resident Hotel Dresden, Brünner Str. 11, ☎ 25620, IV-VI

P Weinbauer, Österreicher Str. 15, ☎ 0163/6649200

Dresden-Tolkewitz (L)

PLZ: 01279; Vorwahl: 0351

H Alttolkewitzer Hof, Alttolkewitz 7, ☎ 2510431, V-VI

H Gutshof Hauber, Wehlener Str. 62, ☎ 254660, V-VI

H Prinz Eugen, Gustav-Hartmann-Str. 4, ☎ 255900, V-VI

P Förster, Leubener Str. 20, ☎ 254680, IV

P Zum alten Fährhaus, Fährstr. 20, ☎ 2571842, III-V

Pz Pension & Privatzimmer, Alttolkewitz 11, ☎ 8746900, II-V

Fw Apartment Haueis, Kamelienweg 9, ☎ 2019517

Fw Tolkewitz, Rittershausstr. 8, ☎ 2542110, IV-V

Fw Mrosk, Alttolkewitz 13-15, ☎ 2551511, II-III

Dresden-Wachwitz (R)

PLZ: 01326; Vorwahl: 0351

P Im Grünen an der Elbe, Pillnitzer Landstr. 174, ☎ 21500421, III

Dresden-Loschwitz (R)

PLZ: 01326; Vorwahl: 0351

H Hotel am Waldschlösschen, Am Brauhaus 8b, ✆ 8951330, III-IV

H Villa Loschwitz, Bautzener Str. 179, ✆ 4034693, V-VI

P Arends, Villa Elbthürmchen, Pillnitzer Landstr. 112, ✆ 2688974

P Landhaus Maria, Körnerweg 4, ✆ 2640497, IV

P Loschwitz, Grundstr. 40, ✆ 2687785, II-IV

Dresden-Blasewitz (L)

PLZ: 01309; Vorwahl: 0351

H Am Blauen Wunder, Loschwitzer Str. 48, ✆ 33660, VI-VII

H Smetana, Schlüterstr. 25, 01277 Striesen, ✆ 256080, V

H Villa Freisleben, Loschwitzer Str. 19, ✆ 336890, V-VI

P Nebenan, Schillerpl. 10, ✆ 3148711, V-VI

P Andreas, Mendelssohnallee 40/42, ✆ 315770, V

P Rudolph, Karl-Roth-Str. 6, ✆ 3108368, III

P Zur Krone, Heinrich-Schütz-Str. 11, ✆ 3100438

P Am Vogelnest, Ludwig-Hartmann-Str. 41, ✆ 3100900

Dresden (DD)

Vorwahl: 0351

i Dresden Marketing GmbH, Messering 7, ✆ 501730

i Tourist-Information im Kulturpalast Dresden, Schlossstr. 2, ✆ 50160160

H Ibis Hotel, Prager Str. 9, ✆ 48562000, V-VI

H Artis Suites, Berliner Str. 25, ✆ 86450, III-V

H Am Terrassenufer, Terrassenufer 12, ✆ 4409500, V-VI

H Achat-Hotel, Budapester Str. 30, ✆ 473800, V-VI

H art'otel, Ostra-Allee 33, ✆ 49220, VII

H City-Herberge, Lingnerallee 3, ✆ 4859900, IV-V

H Classic, Winckelmannstr. 6, ✆ 478500, VI

H Dorint Hotel, Grunaer Str. 14, ✆ 4915-0, VI

H Dresdner Höhe, Südhöhe 19, ✆ 4032222, IV

H Elbflorenz, Rosenstr. 36, ✆ 86400, VI

H Etap Hotel Dresden City, Wilsdruffer Str. 25, ✆ 83393820, V

H Hexenhaus, Hofwiesenstr. 28, ✆ 414190, IV-V

H Hilton, An der Frauenkirche 5, ✆ 86420, VII

H Kempinski Taschenbergpalais, Taschenberg 3, ✆ 49120, VII

H Kim Hotel im Park, Otto-Harzer-Str. 2, ✆ 4102400, V

H Landhotel Dresden, Fritz-Meinhardt-Str. 105, ✆ 28030, V

H L Hotel Dresden Altstadt, Magdeburger Str. 1a, ✆ 486700, V-VII

H Maritim Hotel Dresden, Devrientstr. 10-12, ✆ 2160, VI-VII

H Privat, Forststr. 22, ✆ 811770, IV-V

H Ramada Hotel, Wilhelm-Franke-Str. 90, ✆ 47820, V-VI

H The Royal Inn Leonardo, Bamberger Str. 14, ✆ 46600, V-VII

H Villa Seraphinum, Donhaer Str. 31, ✆ 4277360, IV-V

Gh Reik, Hülßestr. 22, ✆ 2727404, II-III

P Weltcafé, Schillingstr. 7 (Eingang Reisewitzer Str.),

✆ 4207825, III-V
P Am großen Garten, Beilstr. 30, ✆ 254740, III-V
P An der Weißeritz, Hofmühlenstr. 14, ✆ 4287407, IV
P Köhler, Röntgenstr. 29, ✆ 4707398, III
Fw Apartements „An der Frauenkirche", Münzg. 10, ✆ 42667499
Jugendgästehaus, Maternistr. 22, ✆ 492620
Rudi Arndt, Hübnerstr. 11, ✆ 4710667, II
Dresden-Nord, Elsterweg 13, ✆ 8809792
Mockritz, Boderitzer Str. 30, ✆ 4715250

Dresden-Neustadt nördl. d. Elbe (R)

Vorwahl: 0351
H Martha Dresden, Nieritzstr. 11, ✆ 81760, VI
H AHA Hotel, Bautzner Str. 53, ✆ 800850, V

H Backstage, Prießnitzstr. 12, ✆ 8887777, V-VI
H Park Inn Dresden, Melanchthonstr. 2, ✆ 80610, V-VII
H NH Hotel Dresden, Hansastr. 43, ✆ 84240, VI-VII
H Rothenburger Hof, Rothenburger Str. 19a, ✆ 81260, V-VI
H Schloss Eckberg, Bautzner Str. 134, ✆ 80990, VI-VII
H Stadt Rendsburg, Kamener Str. 1, ✆ 8041551, III-V
H The Westin Bellevue, Große Meißner Str. 15, ✆ 8050, VI-VII
H Tulip Inn Dresden, Fritz-Reuter-Str. 21, ✆ 80950, V-VI
H Zu den Linden, Plattleite 62, ✆ 2682485, IV
Gh Mezcalero, Königsbrücker Str. 64, ✆ 810770, III-IV
P Arcade, Bautzner Landstr. 58, ✆ 269950, IV-V
P Edith, Prießnitzstr. 63, ✆ 8028342, III
P Sportpension Dresden, Marienallee 14b, ✆ 8009971, IV
P Alte Remise, Königsbrücker Str. 45, ✆ 3265721, III-IV
P Gästehaus der Ev.-Luth. Diakonissenanstalt, Hedwigstr. 5, ✆ 3210762, III-V
Pz A bed Privatzimmer,Hedwigstr. 5, ✆ 3210762,III-V
Fw Gästewohnungen im Barockviertel, Rähnitzg. 7, ✆ 3209460, IV-V
Hostel kangaroo-stop, Erna-Berger-Str. 8-10, ✆ 3143455, III
Hostel Louise 20, Louisenstr. 20, ✆ 8894894, II-III
Mondpalast, Louisenstr. 77, ✆ 5634050, III-IV
Lollis Homestay, Görlitzer Str. 34, ✆ 8108458, III

Dresden-Reick

H Azimut Dresden, Hülßestr. 1, ✆ 7958990, V-VI

Dresden-Pieschen (R)

PLZ: 01127-01129; Vorwahl: 0351
H Novalis, Bärnsdorfer Str. 185, ✆ 82130, IV-V
Pz Carsten Füg, Weinböhlaer Str. 20, ✆ 8495213, III
Fw Altpieschen, Torgauer Str. 56, ✆ 853740, II-III

Dresden-Mickten, -Übigau (R)

PLZ: 01139; Vorwahl: 0351
H Windsor, Rossmäßlerstr. 13, ✆ 8397730, VI
Gh Gästehaus am Schloss, Werftstr. 1, ✆ 8589765,

II-V

Dresden-Briesnitz, -Cotta (L)

PLZ: 01157; Vorwahl: 0351
H Lindenhof, Podemusstr. 9, ✆ 454490, V
H Mercure Elbpromenade Dresden, Hamburger Str. 64-68, ✆ 42520, V-VI
H Residenz Alt Dresden, Mobschatzer Str. 29, ✆ 42810, VI
H Zum Nussbaum, Wirtschaftsweg 13, ✆ 4273690, V
H Best Western Quintessenz Forum, Mobschatzer Str. 29, ✆ 424390, V
P Abfahrt Altstadt, Meißner Landstr. 3, ✆ 4100177, III
P Altbriesnitz, Alte Meißner Landstr. 26, ✆ 423900, III
P Fischhaus Alberthafen, Magdeburger Str. 58, ✆ 4982110, III-IV
P Kost&Logis, Alte Meißner Landstr. 24, ✆ 4242173, III
P Tyrian, Wilhelm-Müller-Str. 1, ✆ 4212034, III
P Villa Reiche, Meißner Landstraße 77, ✆ 4210331, III

Gauernitz (L)

PLZ: 01665; Vorwahl: 0351
H Gut Wildberg, Gutsweg 8, ✆ 453610, III-V

Scharfenberg (L)

PLZ: 01665; Vorwahl: 03521
P Am Elbtal, Bergwerk 17, ✆ 457215, II
Campingplatz Rehbocktal, Rehbocktal 4, ✆ 404827

Cossebaude (L)

PLZ: 01462; Vorwahl: 0351
H Am Friedensstein, Dresdner Str. 1, ✆ 453660, IV
P Biergarten "Am Fährhaus", Am Fährhaus 3, ✆ 4538727

Radebeul (R)

PLZ: 01445; Vorwahl: 0351
Touristinfo, Meißner Str. 152, ✆ 19433 od. 8954120
H VillaSorgenfrei, Augustusweg 48, ✆ 7956660, VI-VII
H Landhotel Lindenau, Moritzburger Str. 91, ✆ 839230, V
H Radisson Blu Parkhotel, Nizzastr. 55, ✆ 83210, VI-VII
H Stadt Radebeul, Meißner Str. 216, ✆ 6563114, V
H Villa Constantia, Karl-Marx-Str. 8, ✆ 832660, V
H Zum Pfeiffer, Pfeifferweg 51, ✆ 839870, V
Hg Alexander, Meißner Str. 509, ✆ 837120, V
P Schallon, Karl-May-Straße 4, ✆ 8305113, III

P Katrin, Meißner Str. 463, ✆ 8387700, III
P Am Elberadweg, Kötzschenbrodaer Str. 127, ✆ 6563651, III
P Britta, Buchholzweg 15, ✆ 0175/7900565, III
P Elchlepp, Dr.-Rud.-Friedrichs-Str. 15, ✆ 8309078, III-IV
P Jägerhof, Jägerhofstr. 79b, ✆ 8387381, III
P Kaden, Dresdner Str. 20, ✆ 8302046, II
P Landpension John, Altwahnsdorf 28, ✆ 8303343, II
P Restaurant am Bilzbad, Meiereiweg 108, ✆ 7955428, III-IV
P Trauschke, Eduard-Bilz-Str. 18, ✆ 8302757, III-IV
P Villa Marie, Dr.-Rud.-Friedrichs-Str. 17, ✆ 8307140, V
P Weingut Hoflößnitz, Knohllweg 37, ✆ 8398350, III
P Zu den Linden, Meißner Str. 64, ✆ 8362226, IV
P Zur Brunnenschänke, Altlindenau 27, ✆ 8363443, III
P Zur guten Quelle, Kötzschenbrodaer Str. 56, ✆ 8386462, III
Pz Alter Weinkeller Oberlößnitz, Weinbergstr. 16, ✆ 8303543, II
Pz Bachellé, Bennostr. 42, ✆ 8301344, II-III
Pz Bellmann, Ledenweg 27, ✆ 8385854, II
Pz Brussig, Lößnitzgrundstr. 97, ✆ 8362232
Pz Falk, Meißner Str. 108, ✆ 3550088, II
Pz Freudenthal, Maxim-Gorki-Straße 4, ✆ 8363805, II
Pz Hummig, An der Jägermühle 36, ✆ 8387125, III
Pz Kleint, Altzitzschewig 9, ✆ 8387584, II
Pz Lehmann, Meißner Str. 315, ✆ 8302779, II
Pz Oehmichen, Meißner Straße 309, ✆ 8302162, III
Pz Pelz, Marienstraße 22, ✆ 8364309, II
Pz Plänitz, Dr. Schmincke-Allee 1, ✆ 8306034, III
Pz Schlupsky, Karl-Liebknecht-Str. 23, ✆ 8307951, II-III
Pz Westhoff, Paradiesstr. 40, ✆ 8385715, I-II
Pz Wittwer, Fürstenhainer Str. 18, ✆ 8385657, III
Fw Spitzhausblick, Schuchstr. 13, ✆ 2086236, II-III
Jugendherberge, Weintraubenstr. 12, ✆ 8382880
SSV Planeta Radebeul e.V., An der Festwiese 9, ✆ 8386837

Radebeul-Altkötzschenbroda (R)

PLZ: 01445 Radebeul; Vorwahl: 0351
H Goldener Anker, Altkötzschenbroda 61, ✆ 83990100, V
P Ott, Altkötzschenbroda 38, ✆ 8386865, III-IV
P Radler-Pension, Altkötzschenbroda 27, ✆ 6563760, II-IV
Fw Geller, Fürstenhainer Str. 16, ✆ 8337101, III

Friedewald (R)

PLZ: 01468 Moritzburg; Vorwahl: 0351
P Kolitsch, Heinrichstr. 4, ✆ 8387798, II

Moritzburg (R)

PLZ: 01468; Vorwahl: 035207
Tourist-Information, Schlossallee 3b, ✆ 854-0
H Eisenberger Hof, Kötzschenbrodaer Str. 8, ✆ 81673, V
H Landhaus Moritzburg, Schlossallee 37, ✆ 89690,

V
H Waldschänke, Große Fasanenstraße, ✆ 8600, V-VI
P Alte Posthalterei, Bahnhofstr. 1, ✆ 81103, II-III
P Am Rossmarkt, Rossmarkt 11, ✆ 81130, III
P Bräuer, Kötzschenbrodaer Str. 30, ✆ 81213, III
P Jägerhof, Waldstr. 16, ✆ 80221, III
P Landpension Voß, Kirchweg 1, ✆ 82332, III
P Waldpension, Fasanerie 1, ✆ 81548, III
Pz Böhme, Kötzschenbrodaer Str. 12, ✆ 82190, II
Pz Callauch/Hanschmann, Brauhofstr. 13, ✆ 81313, II
Pz Hof Türke, Schulstr. 1, ✆ 81190, III
Pz Schultze, Rossmarkt 9, ✆ 82273, III
Pz Zerbin, Bahnhofstr. 1a, ✆ 82065, II

Reichenberg

PLZ: 01468; Vorwahl: 0351
H Bilz Kurhotel im Lößnitzgrund, Lößnitzgrund-str. 101/103, ✆ 8386329, IV
Hg Sonnenhof, August-Bebel-Str. 69, ✆ 8305527, V
P Am Stadtrand, Wahnsdorfer Str. 22, ✆ 8304916, III
P Marlis, August-Bebel-Str. 86, ✆ 8960065, III
P Zu den Vier Pappeln, Wiesenstr. 4, ✆ 8305173, II
P Weigelt, Niederg. 20, ✆ 8364153
Bad Sonnenland, Dresdner Str. 115, ✆ 8305495

Coswig bei Dresden / Sörnewitz (R)

PLZ: 01640; Vorwahl: 03523
Touristinformation im Rathaus, Karrasstr. 2, ✆ 66330
H Förster's Stammlokal, Zaschendorfer Str. 15, ✆ 701638, IV
H Börse, Hauptstr. 29, ✆ 700186, III
H Forsthaus, Weinböhlaer Str. 64, ✆ 701347, III
H Historische Spitzgrundmühle, Am Spitzberg 2, ✆ 77500, IV-V
H Neumanns Dampfschiff, Dresdner Str. 290, ✆ 63835, III-IV
Gh Boselspitze, Boselweg 101, ✆ 03521/402757, II
Gh Lindenhof, Dresdner Str. 191, ✆ 533463, III
Gh Talkenberger Hof, Am Talkenberger Hof 15, ✆ 74317, III
P Lindengut, Brockwitzer Str. 7a, ✆ 78801, III
P Alt-Coswiger Hof, Hauptstr. 25, ✆ 774900, III
P Am Friedewald, Auerstr. 195, ✆ 535344
P Birkas, Dresdner Str. 159, ✆ 73153, III
P Boselblick, Dresdner Str. 313, ✆ 72601, III
P Boselspitze, Boselweg 101/102, ✆ 402757, III-IV
P Kötitz, Seestr. 2, ✆ 51074, II
P Ratspension Heinze, Hauptstr. 24-26, ✆ 72645, II-III
P Skopi's Elbgarten, Tännichtweg 37, ✆ 700654
P Zur Bosel, Dresdner Str. 314, ✆ 84810, III
Pz Miersch, Neucoswiger Str. 33, ✆ 67296, II
Pz Trapp, Auerstr. 287a, ✆ 72655, III
Fw Voll, Kötitzer Str. 44, ✆ 50787
Campingplatz Am Badesee, Feldweg 40, Coswig-Kötitz, ✆ 700220 u. 53420
Campingplatz Coswiger Kanuverein, Feldweg 15, ✆ 75417

Weinböhla (R)

PLZ: 01689; Vorwahl: 035243
H Waldhotel Weinböhla, Forststr. 66, ✆ 41439, V-VI
P Laubenschlößchen, Moritzburger Str. 79, ✆ 32364, III
P Nickus, Friedensstr. 57, ✆ 30494, II
P Overheu, Beethovenstr. 30, ✆ 36606, II

Meißen

PLZ: 01662; Vorwahl: 03521
Tourist-Information, Markt 3, ✆ 41940,
H Am Markt Residenz, An der Frauenkirche 1, ✆ 41510, V-VI

H Andree, Ferdinandstr. 2, ✆ 7550, IV-V
H Burgkeller, Domplatz 11, ✆ 41400, VI
H Goldener Löwe, Heinrichsplatz 6, ✆ 41110, VI
H Goldgrund, Goldgrund 14, ✆ 4793-0, III-V
H Goldenes Fass Meißen, Vorbrücker Str. 1, ✆ 719200, V
H Landhaus Nassau, Nassauweg 1, ✆ 738160, III-V
H Welcome Parkhotel Meißen, Hafenstr. 27-31, ✆ 72250, VI
H Ross, Großenhainer Str. 9, ✆ 7510, V-VI
H Siebeneichen, Wilsdruffer Str. 35, ✆ 47760, IV-V
Hg Elbdamm, Siebeneichener Str. 44, ✆ 456600, V
P Schweizerhaus, Rauhentalstr. 1, ✆ 457162, II-III
Pz Altstadtherberge, Baderberg 8, ✆ 452530, III

Pz Wittig, Meisastr. 26, ✆ 454367, II
P Alte Schmiede, Uferstr. 9, ✆ 457872, III
P Am Markt 8, Markt 8, ✆ 454326, III
P An der Porzellan-Manufaktur, ,Talstr. 5, ✆ 452397, IV
P Burkhardt, Neug. 29, ✆ 458198, III
P Elbblick, Ratsweinberg 6a, ✆ 737597, III
P Göckert, Bohnitzscher Str. 12, ✆ 736614, III
P Meißner Burgstuben, Freiheit 3, ✆ 453685, IV
P Schmidt, Roter Weg 11, ✆ 733448, II
P Schönitz, Neugasse 22, ✆ 452561, III-IV
P Stadtblick, Stadtblick 8, ✆ 421118, II-III
P Triebischtal, Talstr. 60, ✆ 453806, III
P Weincafé Fuchshöhl, Hohlweg 7, ✆ 459481, III-IV
Pz Bartnik, Heiliger Grund 14, ✆ 739593, II
Pz Bechtloff, Jüdenbergstr. 14a, ✆ 452622, II
Pz Erler, Leipziger Str. 46, ✆ 401427, II
Pz Heil, Leipziger Str. 8, ✆ 4070061, II
Pz Klöden/Stelzner, Weinbergg. 8b, ✆ 730662, II
Pz Kupke, Dammweg 8, ✆ 710092, III
Pz Am Weinberg, Oberspaarer Str. 36, ✆ 733718, II
Pz An der Stadtmauer, Nossener Str. 10, ✆ 401152, II
Pz Märker, Nossener Str. 26a, ✆ 405993, II
Pz Ufert, Neugasse 54, ✆ 458852, II-III
Pz Währer, Leipziger Str. 66, ✆ 733169, III
Pz Weis, Gartenstr. 27, ✆ 737737, II
Fw In den Weinbergen, Jagdsteig 25, ✆ 710504, II-III
Fw Weingut Mariaberg, An der Spaargasse 1, ✆ 0170/4335586, II

Meißen-Winkwitz (R)

PLZ: 01665; Vorwahl: 03521
H Knorre, Elbtalstr. 3, ✆ 72810, V
P Albertlinde, Thomas-Münzer-Str. 5, ✆ 734827
Pz Kämpfe, Elbtalstr. 28, ✆ 738461, III

Zadel (R)

PLZ: 01665; Vorwahl: 03521
P Lipp´sches Gutshaus, Dorfanger 19, ✆ 76760, V

Zehren (L)

PLZ: 01665 Diera-Zehren; Vorwahl: 035247
P Gasthof Zehren, Leipziger Str. 22, ✆ 56588

Kleinzadel (R)

PLZ: 01665; Vorwahl: 03521
Pz Heller, Elbstr. 44, ✆ 738875, II

Nieschütz (R)

PLZ: 01665; Vorwahl: 035267
Hg Moissl, Ringstr. 1a, ✆ 5130
P Reiterhof Schmidt, Elbstr. 77, ✆ 03521/72070, II
P Kranz, Ringstr. 9A, ✆ 54280, I-II
P Reiterhof Schmidt, Meißner Str. 5, ✆ 72070, I-II
Pz Klotsche, Löbsaler Str. 2, ✆ 50514, II
Pz Kobelt, Querstr. 17, ✆ 54221
Pz Radler Zimmer Maul, Am Sand 13a, ✆ 0178/1614693
Pz Reichel, Querstr. 16, ✆ 54220
Pz Ronge, Ringstr. 8, ✆ 54048, II
Pz Tittes, Winzerweg 3, ✆ 50518
Pz Winkler, Löbsaler Str. 3, ✆ 50050, I

Löbsal (R)

PLZ: 01665; Vorwahl: 035267
Gh Jägerheim, Dorfpl. 6, ✆ 50758, III
P Leonhardt und Mayer, Elbstr. 36, ✆ 714061, III
Pz Am Golkwald, Dorfplatz 9, ✆ 50230
Pz Müller, Dorfpl. 8, ✆ 50730

Nünchritz-Diesbar-Seußlitz (R)

PLZ: 01612; Vorwahl: 035267
Touristinformation, An der Weinstr. 1a, ✆ 50225
H Lehmanns Sußlitzer Weinstuben, An der Weinstr. 26, ✆ 50236, III
H Zum Roß, An der Weinstr. 50, ✆ 5180, III
Gh Merkers Weinstuben, Ab der Weinstr. 45-46, Nünchritz, ✆ 50780

P Liebscher, Am Brummochsenloch 2, 50102, II
Pz Engel, Kirchberg 9, 54781, II
Pz Lange, Am Brummochsenloch 3, 50720, II
Pz Mildner, An der Weinstr. 29, 50237, II

Zehren-Niederlommatzsch (L)

PLZ: 01665; Vorwahl: 035247
H Elbklause Niederlommatzsch, Fährg. 6, 51414
P und Weinhof Günther, Niederlommatzscher Str. 6, 51286, III
P Kochschule Lebensart, Niederlommatzscher Str. 5, 569970, IV

Merschwitz/Sachsen (R)

PLZ: 01612; Vorwahl: 035267
P Max, Münchsberg Nr. 5, 50036
Pz Mitsch, Elbstr. 32, 50666
Pz Radlerpension Richter, Elbstr. 30a, 50698

Nünchritz (R)

PLZ: 01612; Vorwahl: 035265
Gh Zschaiten, Weißinger Str. 9, 54222
P Kolping Bildungszentrum für Riesa, Adolf-Kolping-Pl. 1, 57282

Grödel

PLZ: 01612; Vorwahl: 035265
P Rosengarten Grödel, Elbstr. 47, 56775, III

Leutewitz

Gh Einkehr, Leutewitzer Dorfstr. 3, 035266/84849, III

Zeithain-Moritz (R)

PLZ: 01619; Vorwahl: 03525
H Moritz an der Elbe, Dorfstr. 2, 51230, V
P AVS Grunewald, Dorfstr. 4, 657941, II

Riesa (L)

PLZ: 01587 u. 01589; Vorwahl: 03525
Riesa Information, Hauptstr. 61, 529420
H Mercure Hotel Riesa Dresden Elbland, Bahnhofstr. 40, 7090, V
H Wettiner Hof, Hohe Str. 4, 7180, V
H Peking, Leipziger Str. 20, 6590220, ab III
H Sachsenhof, Hauptstr. 65, 733629, III
H Saxonia, Bahnhofstr. 41, 728800, II
H Zur Mühle, Alexander-Puschkin-Pl. 7, 50660, IV
P Bootshaus, Elbstr. 14a, 734738 (auch)
P Bürgergarten, Rudolf-Breitscheid-Str. 41, 738811

P Goldener Löwe, Dr.-Külz-Str. 20, ✆ 733803, II-III
P Große, Altmarkt 3, ✆ 730445, II
P Zscherneck, Dr.-Külz-Str. 8, ✆ 734108, II
P Zum Lindengarten, Heidebergstr. 2, ✆ 872700
P Zum Metzgereck, Friedr.-Engels-Str. 11f, ✆ 734564
P Zur Oase, Grenzstr. 11, ✆ 737273
P Friedland, Goethestr. 55, ✆ 734509, II
Pz DRK Kreisverband Riesa e. V., Schulgasse 11, ✆ 65730
Pz Gelbhaar, Poppitzer Str. 21, ✆ 738227
Pz Gollin, Am Biesenberg 16, ✆ 632034
Pz Haase, Alleestr. 29, ✆ 892620
Pz Haupt, Am Anger 20, ✆ 872582, I-II
Pz Heber, Dr.-Scheider-Str. 3, ✆ 736617
Pz Kießling, Prausitzer Str. 59, ✆ 735383
Pz Seniorenhaus Albert Schweitzer, Robert-Koch-Str. 7, ✆ 61750, II
Pz Vogel, Popitzer Landstr. 31, ✆ 631204
Pz Jentzsch, Stegerstr. 14, ✆ 634068
Fw P. Reisky, Am Biesenberg 24, ✆ 632092
Zeltplatz, Riesa-Göhlis, ✆ 0176/10194856

Mautitz

H Linde, Bauernring 1, ✆ 72760

Röderau-Bobersen (R)

PLZ: 01619 Zeithain; Vorwahl: 03525
P Hänel's, Gartenstr. 4, ✆ 762228, III
P Maik Thiere, Lessaer Str. 38, ✆ 762147
P Melzer, Lessaer Str. 30, ✆ 761745
P Kurze, Hauptstr. 47, ✆ 762230
P Raffler, Lindenstr. 7, ✆ 760677
Pz R. Thiere, ‚Lessaer Str. 40, ✆ 761750

Gohlis bei Riesa (R)

PLZ: 01619 Zeithain; Vorwahl: 03525
Pz Elberadstation Gohlis, Lindenstr. 3, ✆ 516715, II
Fw Wagner, Elbweg 20, ✆ 762633, II

Zschepa (R)

PLZ: 01619 Zeithain; Vorwahl: 035264
P Fischer, Elbstr. 13, ✆ 97187, II

Lorenzkirch (R)

PLZ: 01619 Zeithain; Vorwahl: 035264
Pz Hof Lange, Alte Salzstr. 10, ✆ 97329

Kreinitz

PLZ: 01619; Vorwahl: 035264
Gh Landgasthof Kreinitz, Schenkg. 1, ✆ 97324, II

Strehla (L)

PLZ: 01616; Vorwahl: 035264
Touristinformation, Am Schloßpark 1, ✆ 907391
H Ambiente Hotel, Torgauer Str. 20, ✆ 9860, III-IV
P Am Nixstein, Trebnitzer Weg 13, ✆ 92927 od. 0152/23031999, III
P Zur Nixe, Am Wasserturm 16a, ✆ 22630, II-III
P Bäckerei & Café Behnisch, Markt 3, ✆ 90611, II-III
P Lorenz, Reußner Str. 1a, ✆ 0170/5200780, II
P Stavenow, Oschatzer Str. 33, ✆ 90490
Pz Reichert, Altoppitzscher Str. 14, ✆ 92382
Jugendherberge „Zur Windmühle", Torgauer Str. 33, ✆ 90733 o. 92030
Campingplatz am Erlebnis(Frei)bad, Torgauer Str., ✆ 90754

Görzig

Pz Wuttke, Görziger Str. 5, ✆ 91509

Staritz (L)

PLZ: 04874; Vorwahl: 034224
Gh Lindenhof, Holzweißigstr. 4, ✆ 49480, III

Dröschkau (Belgern) (L)

PLZ: 04874; Vorwahl: 034224
H Waldhotel Forsthaus Dröschkau, Dorfstr., ✆ 45180, V-VI
Gh Rittergut Dröschkau, Dröschkau 12, ✆ 0172/3406620, II

Mühlberg (R)

PLZ: 04931; Vorwahl: 035342

- Tourist-Information, Neustädter Markt 1, ☎ 81628 (ab 2014 im Stadtmuseum, Klosterstr. 9)
- Hamburger Hof, Herrenstr. 23, ☎ 431, IV
- Herberge "Alte Meisterey", Herrenstr. 22, ☎ 70305, III-IV
- Wendland, Am Viertelfeld 2, ☎ 233 u. 70025, III
- u. Gaststätte Seeblick, Am Hafen 1b, ☎ 72147
- u. FW Hänsel, Brauhausg. 2, ☎ 0162/5883568, II
- Naturerlebnis GbR, Elbstr. 9, ☎ 0151/53613362, III
- Zum Zwerghahn, Hohe Str. 14, ☎ 293, III

Belgern (L)

PLZ: 04874; Vorwahl: 034224

Pension und Gaststätte "Seeblick"

Direkt am Elbradweg zwischen Hafen und Schloss, Fahrradgarage, Biergarten im Grünen mit idyllischem Blick auf See, täglicher Mittagstisch, frische saisonale Hausmannskost mit Kräutern aus eigenem Anbau.

Am Hafen 1 b • 04931 Mühlberg
Tel.: (035342) 72147 Fax: (035342) 87739
Mobiltelefon: (0152) 57099775
seeblick.muehlberg@googlemail.com
www.elbe-seeblick.de

Herberge ** Alte Meisterey**

- Direkt am Altstädter Markt
- Nähe Kloster Marienstern
- 2010 Vollsanierung unter Berücksichtigung natürlicher Ressourcen
- 4 Zimmer, gemütlich und rustikal eingerichtet
- Idyllischer Hofgarten mit Sitz- und Grillecke zum Entspannen
- EZ € 32,- · DZ € 60,- · MBZ ab € 75,-

Herrenstraße 22 • 04931 Mühlberg
Tel.: 0152 29135907
www.herberge-alte-meisterey.de
zeitungsfritze.bayer@t-online.de

Pension und Ferienwohnung Familie Hänsel

Brauhausgasse 2a • 04931 Mühlberg
Tel.: 0162/588 3568 + 0173/3571422 + 035342/422, Fax: 035342/872700
farbdesign.haensel@gmx.net

Die Pension der Familie Hänsel ist in ruhiger Lage, in der Innenstadt gelegen. Für die Gäste stehen 3 Doppelzimmer u. 1. komplette Ferienwohnung zur Verfügung. Die Zimmer sind mit Dusche u. TV ausgestattet. Es gibt einen Fahrradraum u. Parkplätze, sowie auf der Außenanlage Sitzgelegenheiten u. Möglichkeiten zum Grillen.

Pension & Speiserestaurant Wendland

- Zimmervermietung / 24 Betten in 10 Zimmer
- gutbürgerliche Küche • Frühstück, Abendkarte
- Partyservice für Heim • Sauna

Am Viertelfeld 2 • 04931 Mühlberg
Tel.: 035342/233 • Funk: 0162 7548829
pension-wendland@gmx.de
www.pension-wendland.de

Hotel Hamburger Hof

Herrenstr. 23, 04931 Mühlberg/Elbe
Tel.: 035342 / 431
Fax: 035342 / 485
www.hamburger-hof-muehlberg.de

Gepflegte Gastlichkeit im Herzen der Stadt

Wir sind ein familienfreundliches Unternehmen im Herzen der Stadt Mühlberg. In unserer gastronomischen Einrichtung finden Sie gepflegte Gastlichkeit. Langjährige berufliche Tradition stehen bei uns im Einklang mit dem Anliegen unserer Familie.
Restaurant mit 50 Plätzen, Weinkeller für kleine Feierlichkeiten, Hotelbetrieb Biergarten, Jugendzimmer, Barbetrieb, Bowlingbahnen, Konferenzräume.
Radlerfreundlicher Mittagstisch
Wir verfügen über 5 Zweibettzimmer und 2 DZ unterschiedlichen Stils mit TV, Telefon, Dusche/WC.
2 Ferienwohnungen mit je 4 Betten.

Radfahrer bezahlen nur 30,- € p.P.!

Öffnungszeiten:
Mo - Fr. 11.00-24.00 Uhr,
Sa 18.00 - 4.00 Uhr, So 8.00 - 24.00 Uhr

Fremdenverkehrsbüro, Markt 10, ✆ 46536
H Alte Post, Markt 13, ✆ 42450, IV-V
P Sigwarth, Feldstr. 5, ✆ 40689, III
P Café „Zur Zittelmühle", Torgauer Str. 20, ✆ 40057, II
P Kirchstraße 7, Kirchstr. 7, ✆ 41781, II
P Müller, Ritterstr. 3, 41428, II
P Villa Kuntzsch, Kirchstr. 12, ✆ 40584, II
P Weißes Ross, Elbstr. 22, ✆ 41178, III
Pz Müller, Kraußnitzmühlenweg 1b, ✆ 40784, I-II
Pz Theile, Mühlberger Str. 29, ✆ 41796, II
Pz Berlgern, Ritterstr. 3, ✆ 41428, II
Zeltmöglichkeiten im Freibad

Kranichau (L)

PLZ: 04889; Vorwahl: 03421
Fw Rittergutshof, Elbstr. 13, ✆ 717818, V

Mehderitzsch (L)

PLZ: 04889; Vorwahl: 03421
Erholungsbad, Obere Walkmühle 3a, ✆ 701955

Bennewitz (L)

PLZ: 04889; Vorwahl: 03421
Gh Zur Schmiede, Bennewitzer Dorfstr. 12, ✆ 902988, II-IV

Weßnig (L)

PLZ: 04889; Vorwahl: 03421
Gh Zur Elbaue, Lindenstr. 20, ✆ 717323, II

Arzberg-Kathewitz (R)

PLZ: 04886; Vorwahl: 034222
Fw Deichhof Kathewitz, Elbstr. 5, ✆ 43769, II

Pülswerda (R)

PLZ: 04886; Vorwahl: 034222
H Schloss Pülswerda, Schlosshof 7, ✆ 43940, V

Torgau (L)

PLZ: 04860; Vorwahl: 03421
Torgau-Informations-Center, Markt 1, ✆ 70140
H Zum Markt, Bäckerstr. 12, ✆ 711379, III-IV
H Alter Elbehof, Werdau Nr. 12, ✆ 904525, III-V
H Central-Hotel, Friedrichpl. 8, ✆ 73280, III-V
H Goldener Anker, Markt 6, ✆ 73213, III-V
H Sachsenhotel, Süptitzer Weg 250, ✆ 73340, II-V
H Torgauer Brauhof, Warschauer Str. 7, ✆ 73000, III-V
P Kleine Pension am großen Teich, Abfindungen Weg 1, Nr. 49, ✆ 906677, II
P Schneidewind, Werdau Nr. 11, ✆ 717870, II
P All inclusive, Enteng. 1, ✆ 711282, II
P Altes Bootshaus, Pestalozziweg 15, ✆ 7741170, III-IV
P Am Glacis, Fr.-Naumann-Str. 5, ✆ 710838, II-IV
P Deutsches Haus, Spitalstr. 12, ✆ 712721, III
P Gotthardt, Pestalozziweg 5, ✆ 904360, II-III
P Schwirtz, Straße der Jugend 9, ✆ 708393, II-III
P Wehner, Spitalstr. 21, ✆ 904921, III
P Zum Eisbären, Lassalleestr. 1, ✆ 706756, II
P Zum Alten Salzhof, Fischerdörfchen 14, ✆ 7788321 od. 0162/9294110, III
Pz Café del Mar, Bäckerstr. 18, ✆ 738694
Pz Dres. Strohbach, Dahlener Str. 22, ✆ 904037, II
Pz Gästehaus Klaus, Elbstr. 28, ✆ 034921/20943, III
Pz Hauffe, Gartenstr. 5, ✆ 713651, II-III
Pz Held, Spitalstr. 19, ✆ 904161, II
Pz Illmann, Wittenberger Str. 5, ✆ 713109, II
Pz Wernitz, Spitalstr. 26, ✆ 712778, II
Fw Held, Spitalstr. 19, ✆ 904161
Fw Herzog, Markt 5, ✆ 712829, V
Am Großen Teich, Turnierplatzweg, ✆ 902875

Döbern (L)

PLZ: 04880; Vorwahl: 03421
P Am Storchennest, Siedlungsstr. 4, ✆ 711080, II
P Gasthof Döbern, Zur Alten Elbe 4, ✆ 711098, III

Elsnig

PLZ: 04880; Vorwahl: 034223

P Die Radler Pension, Dorfallee 48, 48068

Triestewitz (R)

PLZ: 04886; Vorwahl: 034222

H Schloss Triestewitz, Triestewitz 39, 40254, III

Polbitz (R)

PLZ: 04880; Vorwahl: 03421

P Rodler, Elbstr. 17, 0177/3010798, II

Drebligar (L)

PLZ: 04880; Vorwahl: 034223

Pz Zimmervermietung am Radlertreff, Dommitzscher Str. 45, 40428, II

Dommitzsch (L)

PLZ: 04880; Vorwahl: 034223

Informationszentrum, Markt 1, 43924

H Fährhaus Dommitzsch, Elbstr. 15, 40346, III

Gh Zum Fuchsbau, Leipzigerstr. 74, 40395, II-III

Greudnitz (L)

PLZ: 04880; Vorwahl: 034223

P Schöne Aussicht,Schmiedebergerstr. 1, 41219 u. 0173/8884490, I-III

P Zur Schah Mühle, Schmiederberger Str. 1a, 0176/51031303

Mahlitzsch (L)

PLZ: 04880; Vorwahl: 034223

Internat. Radfreundlicher Campingplatz „Lindenmühlenberg", Dorfstr. 1a, 40646

Prettin (R)

PLZ: 06922; Vorwahl: 035386

Stadt Annaburg OT Prettin, Hohe Str. 18, 7020

H Stadt Berlin, Herrenstr. 22, 22457

Gh Zum Fährhaus, Fährstraße 29, 22946, II

Pz Touristenzentrum Prettin, Hinterfährstr. 42, 70228

Fw Gästewohnung Prettin, Ringstr. 7, 0152/22465556, II

Campingplatz Prettin, 22249

Sachau (L)

PLZ: 06909; Vorwahl: 034926

Gh/P Zur Müllerin, Sachau 17, 57897, II-III

Bad Schmiedeberg-Priesitz (L)

PLZ: 06909; Vorwahl: 034926

P Am Storchennest, Priesitz 34, 57693, III

Pretzsch (L)

PLZ: 06909; Vorwahl: 034926

Pretzsch-Information, Goetheallee 3, 5680

H Parkhotel Pretzsch, Goetheallee 3, 5680, V

P Haus Schütze, Wittenberger Str. 3, 57425, II

P An der Domäne, Gartenstr. 13a, 57348, II-III

Bh Körtge, Körbin-Alt 6, 57342

Campingpark Pretzsch, Lausiger-Teich-Str. 1, 57475

Merschwitz/Sachsen-Anhalt:

PLZ: 06905; Vorwahl: 034926

H Golmer Weinberg, Merschwitz - Am Gollmer Berg 1, 58671, IV

P Schneider, Merschwitz 4, 57675, II -III

Fw In der Elbaue, Merschwitz 37, 57751

Klöden (R)

PLZ: 06917; Vorwahl: 035388

P Auf der Tenne, Elbstr. 4, 20251, III

P Kastanienhof, Neustr. 1, 20381, II

Pz Cerych, Neue Str. 13, 20225, II

Schützberg (R)

PLZ: 06917; Vorwahl: 035388

P Kermel, Hauptstr. 51, 70045, II

Pz Eier, Hauptstr. 1, 20450, III

Listerfehrda (R)

PLZ: 06918; Vorwahl: 035383

H Landgasthof Sonneneck, Nordstr. 17, 21323, III

Wartenburg (L)

PLZ: 06901; Vorwahl: 034927

Fw Glaubke, Holländer Winkel 20c, ✆ 20847, I

Zahna-Elster (R)

PLZ: 06895; Vorwahl: 035383

Gh Elster - Elbterrassen, Markt 18, ✆ 60022, IV

Gh Zur Fähre, Markt 6, ✆ 20868

P Elbflair, Gielsdorfer Str. 4, ✆ 0160/3315214, II-III

P Hiob, Wittenbergerstr. 42, ✆ 20998, III

Bootshaus Kanuverein „Harmonie", Elbstr. 9p, ✆ 21444

Zahne-Elster/Iserbegka (R)

PLZ: 06895; Vorwahl: 035383

Fw Greschok, Hauptstr. 27, ✆ 21518, I

Zahna-Elster/Gallin (R)

PLZ: 06895; Vorwahl: 034922

Pz Herberge Haus Gallin, Dorfstr. 8, ✆ 66678, II

Zahne-Elster/Mühlanger (R)

PLZ: 06895; Vorwahl: 035383

P Zum Holzwurm, Schulstr. 21, ✆ 60555, II

P Lindeneck, Lindenstr. 16, ✆ 60553, II

P Haus Christina, Elbstr. 5, ✆ 60632, II

Pz Kreher, Wittenberger Str. 110, ✆ 60284, II

Lutherstadt Wittenberg (R)

PLZ: 06886; Vorwahl: 03491

TourismusRegion Anhalt-Dessau-Wittenberg e. V., Neustr. 13, ✆ 402610

Tourist-Information Lutherstadt Wittenberg, Schlosspl. 2, ✆ 498610, kostenfreie Urlaubshotline ✆ 0800 2020114,

H ACRON, Am Hauptbahnhof 3, ✆ 43320, IV-V

H Am alten Anker, Dessauer Str. 286, ✆ 768760, III

H Am Schwanenteich, Töpferstr. 1, ✆ 402807, IV

H Brauhaus, Markt 6, ✆ 433130, V

H Goldener Adler, Markt 7, ✆ 404137, III-V

H Stadthotel Wittenberg Schwarzer Baer, Schlossstr. 2, ✆ 4204344, V

P An der Stadthalle, Sternstr. 58, ✆ 49770, III

P Sternstädtchen, Rooseveltstr. 10/11, ✆ 42010, II

P Gästehaus Lindemann, Friedrichstr. 73, ✆ 403427, III

P Zur Elbe, Elbstr. 4a, ✆ 419024, III

H Alte Canzley, Schlossplatz 3-5, ✆ 429110, V-VII
H Best Western Stadtpalais Wittenberg, Collegienstr. 56/57, ✆ 4250, V-VI
H Brückenkopf, Brückenkopf 1, ✆ 4540, V
H Luther-Hotel Wittenberg, Neustr. 7-10, ✆ 4580, V-VI
Gh Central, Mittelstr. 20, ✆ 411572, III
Gh Gästehaus Wolter, Reinsdorfer Weg 77, ✆ 412578, III
P ALABAMA, Berliner Str. 57b, ✆ 43310, III
P Adventgemeinde, Gustav-Adolf-Str. 10, ✆ 402879, III
Pz Wolter, Reinsdorfer Weg 76, ✆ 410074, II
Pz Behrendt, Rooseveltstr. 1a, ✆ 405444, II

Pz Hecht, Glöcknerstr. 28, ✆ 440487, II
Fw Wohnungsbaugenossenschaft, ✆ 6140-10
CVJM Freizeitheim, Fleischerstr. 17, ✆ 889077, II-III
Jugendherberge Wittenberg, Schlossstr. 14-15, ✆ 505205
Sport- und Begegnungsstätte, Dresdener Str. 160, ✆ 403125
Marina-Camp Elbe, Brückenkopf 1, ✆ 4540, V

Lutherstadt Wittenberg-Seegrehna (L)

PLZ: 06888; Vorwahl: 034928
P Kastanienhof, Seegrehnaer Lindenstr. 9, ✆ 20280, III

Lutherstadt Wittenberg-Braunsdorf (R)

H Grüne Tanne, Am Teich 1, ✆ 6290, IV

Lutherstadt Wittenberg-Piesteritz (R)

PLZ: 06886; Vorwahl: 03491
H Piesteritzer Hof, Karl-Liebknecht-Platz 18-19, ✆ 769060, III-IV
P Zur Einkehr, Heinrich-Heine-Str. 15, ✆ 662075, II-III
Gh Gästehaus Elbebogen, Dessauer Str. 121, ✆ 683300, IV

Coswig (Anhalt) (R)

PLZ: 06869; Vorwahl: 034903
Stadtinformation, Am Markt 1, ✆ 61012
H Zur Fichtenbreite, Fichtenbreiten 5, ✆ 474290, III
P Villa Elbheim, Zerbster Str. 50, ✆ 63432, III
P Elbblick, Zerbster Str. 23, ✆ 64667,

P Grasshof, Hasenwerder 60, ✆ 63617, I-II
P Liebchens Waldschlösschen, An der B 107, ✆ 62568, III
P Weinhof, Zerbster Str. 62, ✆ 64538, II
Pz Müller, Lange Str. 50, ✆ 62443, II
Pz Plötz, Lange Str. 6, ✆ 62201, II
Fw An der Elbe, Elbstr. 15, ✆ 63572, II
Fw Feriendorf und Paddelabenteuer, Zlekoer Landstr. 4, ✆ 59260, II-III
Marina, Elbstr. 19, ✆ 496224

Klieken (R)

PLZ: 06869; Vorwahl: 034903
H Waldschlösschen, Hauptstr. 10, ✆ 68480, IV

Oranienbaum-Wörlitz (L)

PLZ: 06785; Vorwahl: 034905
Wörlitz-Information, Försterg. 26, ✆ 31009
H Wörlitzer Elbterrassen, Elbterrasse 1, bei der Elbfähre Coswig, ✆ 034903/89095, IV-V
H Landhaus Wörlitzer Hof, Markt 96, ✆ 411-0, V-VI
H Parkhotel Wörlitz, Erdmannsdorffstr. 62, ✆ 20322, V-VI
H Zum Gondoliere, Angergasse 131, ✆ 20329, III
H Ringhotel „Zum Stein", Erdmannsdorffstr. 228, ✆ 500, VI
Gh Drei Linden, Neue Reihe 149a, ✆ 20509, II
P Am Park, Markt 12, ✆ 20282, III-IV

P Zum Hauenden Schwein, Erdmannsdorffstr. 69, ✆ 30190, III-IV
Pz Boese, Bahnhofstr. 14, ✆ 20032, II
Pz Buchholz, Neuer Wall 102b, ✆ 20129, II
Pz Karohl, Försterg. 28, ✆ 21771, II
Pz Stieler, Georg-Forster-Str. 159, ✆ 20078, II
Pz Weiser, Mittelhölzer 2, ✆ 20114, II

Vockerode (L)

PLZ: 06786; Vorwahl: 034905
P Pension an der A9, Kapenweg 13, ✆ 20792, II
P Zum kleinen Landhaus, Griesener Str. 20, ✆ 20633, II
P Forsthaus Leiner Berg, Birnbaumweg, ✆ 0163/7444135, III

Dessau-Waldersee (L)

PLZ: 06844; Vorwahl: 0340
P Am Luisium, ✆ 2161321 o. 01774496813, III
P Landhaus Dessau, Landhaus 1, ✆ 2106461, III-IV
P Igel, An der Igellache 4, ✆ 2161999
Fw Herzog, Birnbaumweg 23, ✆ 2161208
Fw Berger, Schönitzer Str. 10a, ✆ 2164074, III
Fw Schlangenhaus, Luisium, ✆ 646150
Fw Eyserbeck, Luisium, ✆ 646150
Fw Traegner, Wittenberger Str. 71, ✆ 2160230, II

Dessau-Mildensee (L)

PLZ: 06842; Vorwahl 0340
H Parkhotel Dessau, Sonnenallee 4, ✆ 21000, IV
Hg ETAP, Sollnitzer Allee 4, ✆ 210690, III
Fw Kretschmer, Obstgutgarten 19, ✆ 2161985, II

Fw Am Scholitzer See, Pötnitz, ✆ 2162568, II
Campingplatz Adria, direkt am Badesee, ✆ 2304810 (direkt am Badesee)

Zentrum-Nordost (L)

PLZ: 06844; Vorwahl 0340
Touristinformation Dessau-Roßlau, Zerbster Str. 2c, ✆ 2041442 o. 19433
H NH Dessau, Zerbster Str. 29, ✆ 25140, VI
H Radisson Blu Fürst Leopold Hotel, Friedensplatz, ✆ 25150, V-VI
Gh Mahnel, Kantstr. 6, ✆ 214075, II
P Elbzollhaus, Elbzollhaus 1, ✆ 0160/90386234, II
P Nord, Kantstr. 2, ✆ 2210827, III
P Bürgerhaus, Mendelssohnstr. 43, ✆ 2204528, III

P Schiller, Schillerstr. 11, ✆ 212322, III-IV
P Siewert, Wilhelm-Müller-Str. 19, ✆ 212318, II-III
Fw Falkenberg, Karlstr. 13, ✆ 2205116

Südost (L)

PLZ: 06842
P City-Pension, Ackerstr. 3a, ✆ 8823076, V

Süd (L)

PLZ: 06849
P Süd, Heidestr. 181, ✆ 8825184, IV
P Hohmann, Staakener Weg 6, ✆ 8581243, III
P König, Peterholzhang 7, ✆ 5168480
P Pension in der Gropiussiedlung, Kleinring 51, ✆ 8500344, III
Pz „Bauhaus erleben“, Kleinring 5, ✆ 0163/2593393
Fw Am Waldbad, Am Schenkenbusch 1a, ✆ 8581074, III

Südwest, Kochstedt (L)

PLZ: 06847
Hg Kochstedt, Königendorfer Str. 36, ✆ 512343, III
P Heideperle, Pfaffendorfer Str. 16, ✆ 5034160, III

Ziebigk (L)

PLZ: 06846
P An den 7 Säulen, Ebertallee 66, ✆ 619620, V
P Damm, R.-Schirrmacher-Str. 18, ✆ 616295, III
P Müller, Straßburger Str. 23, ✆ 611720, II-III
P Seesportverein Dessau e.V., Leopoldshafen 4, ✆ 617235, I (auch)

Pz Haus Berlin, Fischereiweg 41, 2169160
Pz Linde, Isarstr. 16, 617031, II
Pz Justus, Knarrbergweg 11, 611436, II
Fw Elbpavillon, Georgenallee, 646150
Fw Am Georgengarten, Gropiusallee 78, 619161
Fw Fischer, Stephanweg 6, 610666, II
Fw Stahl, Saalestr. 15, 610741
Fw Flohr, Stefanweg 17, 613056, III
Jugendherberge Dessau-Roßlau, Ebertallee 151, 619803, II-III
Camping Junkers-Paddelgemeinschaft e.V., Leopoldshafen, 0176/20011977

Kleinkühnau (L)

PLZ: 06846; Vorwahl: 0340
Fw Böhler, Hauptstr. 164, 618854 , II

Großkühnau (L)

PLZ: 06846; Vorwahl: 0340
P Neidigk, Ebenhanstr. 4, 616448, III
P Kilometer 267, Burgreinaer Str. 16, 618156, III
Fw Süß, Burgkühnauer Str. 29, 0170/4180531,II
Kühnauer See, 0170/4180531

Mosigkau (L)

PLZ: 06847; Vorwahl: 0340
H Zum Kleinen Prinzen, E.-Weinert-Str. 16, 517071, V

Brambach (R)

PLZ: 06862; Vorwahl: 034901
H Elbterrassen, An der Elbe 2, 82675, II-III

Aken (L)

PLZ: 06385; Vorwahl: 034909
Stadtverwaltung, Markt 11, 80430
P Am Nussbaum Heenemann, Köthener Chaussee 83, 86233, III
P An der Alten Post, Bahnhofstr. 8, 339881, III-IV
P Mender, Meisterstr. 19, 82665
P Drei Kastanien, Dessauer Landstr. 76, 39955, ,III
Pz Zoetzsche, Freiheitsstr. 7, 39206, II
Fw A. Ebert, Philippsburg 23a, 84393, II
Boot & Campingcenter, Am Russendamm, direkt an der Elbe, 0177/3472566

Seebad Aken - Camping am Akazienteich, Pappelweg 6, 82255

Kleinzerbst

P Herberge Waldhaus, Waldweg 7, 034909/15243 (auch)

Steckby (R)

PLZ: 39264; Vorwahl: 039244
P Zum Biber, Hauptst. 18, 296, III

Breitenhagen (L)

PLZ: 39240; Vorwahl: 039294
P Radlerrast Breitenhagen, Breite Str. 16, 25977, II
Pz Dehn, Schifferstr. 24, 20787, III

Klein Rosenburg (L)

PLZ: 39240; Vorwahl: 039294

P Im Baumgarten, Fam. Malecki, Baumgarten 1, ✆ 20604, II
Bh Luisenhof, Burggraben 5, ✆ 50010, II
Camping Im Baumgarten, Im Baumgarten 1, ✆ 20604

Badetz (R)

PLZ: 39264; Vorwahl: 039247
Gh Domäne Badetz, Pappelallee 9-10, ✆ 5434, III

Barby (L)

PLZ: 39249; Vorwahl: 039298
Einheitsgemeinde Stadt Barby, Marktplatz 14, ✆ 6720
H „Augustusgabe" Barby, Brauhausstr. 24, ✆ 68510, III-IV
P Zu Haus in Barbogi, Birkenweg 5, ✆ 28821, III
H „Am Colphus", Otto-Beckmann-Str. 14, ✆ 7317, II-III
Hg Omas Heuhotel „Zur Galerie", Breite Str. 30, ✆ 27057, III-IV
Gh Zum Rautenkranz, Schlossstr. 29, ✆ 3396, III-IV
Gh Zur Quelle, Monplaisirstr. 37b, ✆ 3119
P Roseneck, K.-Liebknecht-Str. 2, ✆ 29013, II-III
P Restaurant Grüner Anker, Marktpl. 6, ✆ 25977, II

Glinde (L)

PLZ: 39249; Vorwahl: 039298
P Elb-Saale-Pension, Dorfstr. 18, ✆ 3080, II-III

Walternienburg (R)

PLZ: 39264; Vorwahl: 039247
P Carmen bed&breakfast, Hauptstr. 58, ✆ 5324
P Volkshaus Walternienburg, Hauptstr. 50, ✆ 333 u. 0174/3818788

Rooney

PLZ: 39264; Vorwahl: 039247
Gh Zum Fährmann, Rooney Nr. 2, ✆ 5505, II

Gödnitz (R)

PLZ: 39264; Vorwahl: 039247
Gh Zur Linde-und Pension am See, Dorfstr. 33, ✆ 433, II
Fw Elbe, Seestr. 9, ✆ 231

Prödel

PLZ: 39264; Vorwahl: 039200
Camping Prödler See, ✆ 51616

Schönebeck-Pretzien (R)

PLZ: 39217; Vorwahl: 039200
H Parkhotel, Am Park 10/11, ✆ 7230, II
P Am Storchennest, Am Park 25, ✆ 53705, III
P Café Braun, Große Sorge 11, ✆ 53457, III
Fw Im Grünen, Dr.-Martin-Luther-Str. 8, ✆ 53682, II
Fw Reetz, Gommernsche Str. 7, ✆ 53629

Plötzky (R)

PLZ: 39245; Vorwahl: 03928
Gh Alte Fähre, Alte Fähre 2a, ✆ 469151, II-V

P Birkenblick, Friedhofsweg 9, ✆ 51186
P Zur alten Schmiede, Salzstr. 14, ✆ 66728, II
Gisela-/Edersee, ✆ 51585
Ferienpark Plötzky, Kleiner Waldsee 1, ✆ 50155, I
Kolumbussee, ✆ 51585
Steinhafen, ✆ 51585

Dannigkow

PLZ: 39245; Vorwahl: 039200
P Freizeit- und Erholungszentrum Plattensee, Ernst-Thälmann-Str. 2, ✆ 51616, I-II

Gommern (R)

PLZ: 39245; Vorwahl: 039200
Gommern-Information, Platz des Friedens 10, ✆ 7789-22
H Robinienhof, Salzstr. 49, ✆ 640
H Wasserburg zu Gommern, Walter-Rathenau-Str. 9-10, ✆ 78850, VI-VII
P Guntmiri, Martin-Schwantes-Str. 11, ✆ 51440

Ranies

Gh Zur Tanne, Dorfstr. 62, ✆ 039200/51652, II

Dornburg

P Lippert´s Pausen Gaststübchen, Hauptstr. 31, ✆ 039242/530

Schönebeck (L)

PLZ: 39218; Vorwahl: 03928
Stadtinformation, Markt 21, ✆ 842742
Stadtinformation, Bad Salzelmen, Badepark 1, ✆ 705555
H WELTRAD manufactur Restaurant & Quartier am Elbufer, Cokturhof 3, ✆ 429066 od. 421015, III
H Domicil, Friedrichstr. 98a, ✆ 7123, V-VI
H Kulturhaus Felgeleben, Gnadauer Str. 17, ✆ 400125, II
H Schiffshotel Sonnenschein, Buschweg 1, ✆ 70610, III
H Sleep&go, Am Stremsgraben 10, ✆ 7054100, I-II
P „Anni's“, Wilhelm-Hellge-Str. 129, ✆ 844058, I
P Athos, Friedrichstr. 115, ✆ 425662, II
P Elbe, Elbtor 1, ✆ 400581, II
P Jägerstube, Magdeburger Str 153a, ✆ 844076, IV
P Margot, Burgstr. 7, ✆ 402122, I
Pz Pilgerherberge St. Jakobi, Breiteweg 33, ✆ 423267 (Mehrbettzimmer!)
Pz Wanderrastplatz Bootshaus Delphin, Buschweg 5, ✆ 403061, I (auch)
Pz Wassersportzentrum Henning, Burgwall 2a-2b, ✆ 0391/4082435, I (auch)

Elbenau

P Ferienhof Elbaue, Alt Elbenau 15, ✆ 424019

Bad Salzelmen

P Villa Agnes, Akazienstr. 1, ✆ 425287, II

Grünewalde

P Gisela, Nachtigallenstieg 7, ✆ 402907

Magdeburg-Randau

P „Predigerwitwenhaus“, Randauer Dorfstr. 25, ✆ 404110, II-III

Pechau (R)

PLZ: 39221; Vorwahl: 0391
Gh Kelly, Breite Straße 11, ✆ 8117185, III

Magdeburg-Prester (R)

PLZ: 39114; Vorwahl: 0391
H ElbRivera "Alt Prester", Alt Prester 102, ✆ 8193-0, IV-V
P Lüder, Alt Prester 71-73, ✆ 818560, III-IV

Magdeburg (MD)

Vorwahl: 0391
Tourist-Information-Magdeburg, Ernst-Reuter-Allee 12, ✆ 8380403
H „Geheimer Rat“, Goethestr. 38, ✆ 7380-3, V-VI
H Maritim, Otto-von-Guericke-Str. 87, ✆ 59490, VI
Hg Residenz Joop, Jean-Burger-Str. 16, ✆ 62620, V-VI
Hg Sleep&go, Rogätzer Str. 5a, ✆ 537791, III-IV
H City Hotel, Maybachstr. 25, ✆ 7448888, IV
H Classic Hotel, Leipziger Chaussee 141, ✆ 62900, V
H Formule 1, Carnotstr. 5, ✆ 6244920, II
H Historisches Herrenkrug Parkhotel, Herrenkrug 3, ✆ 85080, VI-VII
H Elbresidenz Magdeburg, Seilerweg 19, ✆ 5969200

u. 0160/4711433, III
H In der Grünen Zitadelle, Breiter Weg 9, 620780, VI
H Intercity Hotel, Bahnhofstr. 69, 59620, V
H Karkut, Waschauer Str. 21, 4020666, III
H Löwenhof, Halberstädter Chaussee 19, 6313576, III-IV
H Plaza, Halberstädter Str. 146-150, 6051-0, V
H Ramada Hotel, Hansapark 2, 63630, V
H SKL Hotel, Unterhorstweg 18 A, 4069330 , II
H Stadtfeld, Maxim-Gorki-Str. 31-37, 506660, V
H Sudenburger Hof, Wolfenbütteler Str. 67, 6119999, III
H Ratswaage Magdeburg, Ratswaageplatz 1-4, 59260, VII
P Aaron, Zur Hubbrücke 3, 0177/5757171, III
P Alte Wache, Brandeburger Str. 2, 5639166, II
P Am Birkenweiler, Süplinger Weg 52, 2522579, III
P Am Krug, Krugstr. 8, 0174/1636369, II
P Bördebahn, Oschersleber Str. 13, 4046164, II
P Cafe Seestraße, Seestr. 24, 5045234, V
P Gästehaus am City-Carré & Cafe Hansen, Ernst-Reuter-Allee 40, 532230, III
P Gardenia, Friedrich-Aue-Str. 49, 7270579, II-V
P Haus Stadtblick, Am Spionskopf 28a, 4010534, III
P Kirchhoff, Weststr. 7, 4011571, II
P Maihack, Pfeifferstr. 35, 8115504, II-III
P Rackebrandt, Birkenweiler 9. Gartenweg 11, 2511447, II
P Roncalli-Haus, Max-Josef-Metzger-Str. 12/13, 5961400, V
P Schulze, Pechauer Str. 16, 857592 od. 8117405, II
P Umlauft, Birkenallee 28, 7240404, II-III
Pz Fleischmann, Scheidebuschstr. 27, 5051777, I-II
Pz Germer, Kirchstr. 6, 6314589, II
Fw Am Petriförder, Wallonerberg 5, 55557753, IV-V
Fw Heller, Nordhäuser Str. 16, 6200722
Jugendherberge Magdeburg, Leiterstr. 10, 5321010, II-III
Barleber See, 503244

Hohenwarthe

PLZ: 39291; Vorwahl: 039222
H Waldschänke, An der Waldschänke 1a, 95990, V

Danke

Dank an alle, die uns bei der Erstellung dieses Buches tatkräftig unterstützt haben. Besonderen Dank an die zahlreichen Leser, die uns mit Korrekturen und aktuellen Informationen versorgt haben: W. Müller, BW; A. und A. Graff, Lutterbach; U. Böttger-Pannekamp; Dr. S. Süß, Grünwald; T. Rathjen, Biberach; D. u. T. Goetz, Hannover; G. Steidler, Schwechat; D. Müller-Danert, Berlin; M. Hammer; M.-H. Lechno; B. u. V. Röthlisberger; C. Sossna, Berlin; F. Pörner, Leipzig; D. Heidenreich, Winnenden; O. Harant, Steyr; U. u. B. Schöppe, H. Rohm; U. Reiche; M. Vordermark, Essen; C. u. J. Dohndorf; A. Schröter, Hamburg; B. Stephan-Grüneberg, H. Grüneberg, Braunschweig; R. Wittlich, Hausen; Reinhold B.; B. u. H. G. Bachmann, Bonn; Dr. D. Herden; M. Sterthaus; P. Mortensen, Holbæk, DK; S. Meyer; S. Halbfaß; W. Weitfeld; C. Faigle; R. Keller; G. Wollenschläger, Berlin; E. Schmidt; B. Lankenau; C. Schierhorn; H. König; W. Züst; Münchenbuchsee; F. Kappenberg; K. Englert, Stuttgart; M. Schwenkenbecher; J. Stefan, Bregenz; M. Arnold, Bad Schandau; Fam. Keller, Pechau; H.-G. Heumann; E. Biedenbach, Kaufungen; H. Lembach, Lohr; K. Finger, Steckby; C. Hauf, Dresden; M. Langanky, Eningen; U. Kannengießer, Lüneburg; H. Hiebner und E. Schober; Meyer, Hannover; R. Böttcher; D. Brettschneider, Wolfsburg; M. und L. Heinrich, Bonn; T. Brockerhoff, Osnabrück; G. Reese, Münster; J. Dether, Berlin; M. Guth, Steinau a.d.Str.; S. Kopf, Biberach; I. Holtschulte; Dr. H. und B. Kutnewsky, Wiesbaden; P-J. Siebert, Hagen; C. und U. Peiffer, Bremen; H. Eberhard; Dr. R. Budde, Höhr-Grenzhausen; Dr. R. Müller, München; U. Kirchhof, J. Richter, Tornesch; M. Schroeren, Berlin; Prof. Dr. S. Heiland, Heidelberg; M. Löffler; Dr. H.-P. Walter; M. Hüsch, Lenzing; A. Then, Neuburg/Donau; K. Montz, Dülmen; U. Mildner, Struppen; Dr. W. Patzelt, Wetzlar; H. und M. Pelchen; R. Tippe; P. Franz; P. Blenninger;G. Lücking, Kirchlengern; B. Funke; W. Barron; G. Wildgrube; M. Seider; Th. Dunker; H. und R. Dissel, Dülmen; F.-J. Ebert; B. Seliger, Bad Dürrheim; H. Christian, Steyr; A. Hunter, Koenigsfeld-Neuhausen; H. Lembach; M. Killian; E. Schorn; F. Bielefeld, Hamburg; A. Büchel-Bernhardt, Markleeberg; G. Vogel; E. und E. Pinkos, Berlin;K. Rasch; S. und W. Liedgens; K. Montz, Dülmen; T. Riechert; H.W.Hundhausen, Herford; A. und A. Bergemann, Trittau; D. Begemann, Köln; U. Klose; H. Schultz, München; Dr. L. Pätzold, Korntal-Münchingen; L Schmidt, Höhenkirchen; H. Markus, Freiberg; P. Bloch, Muttenz (CH); K. Störtenbeker, Hamburg; A. und F. Veerkamp, Leiden (NL); R. Thielsen-Thies; M. Erb, Heilbronn; M. Jankowiak, Bochum; G. Meißner; K. Schmidt; H. Schanz, Triebischtal; K. Nichte; M. Ditz und R. Wachs; G. Moll, Stuttgart; P. Müller, Kirchberg; Dr. T. Link; H. Sellmeier, Meppen; M. und K. Weisenburger, Neuburg; E. Krüll; Fam. Knaak, Erlangen; C. Mehling; D. Reichel; C. Missler, Münster; E. Boese, Springe; J. Wolff, Frankfurt am Main; S. Göhler, Gera; D. Rieder; Schönebecker Sportclub e.V., Schönebeck; Dr. W. Schneider, Bad Laasphe; R. Steinwachs; H. Teipel; Dr. H. Spicher; Dr. E. Biechele, Köln; G. Dingfelder, Würzburg; S. Boris, Erfurt; D. Weber; A. und W. Tiedemann; R. Steck, Gingen/Fils; Dr. G. Bührin, Berlin; G. und K.-H- Benecke, A. und M. Bergner, Brake; C. und R. Geiß, Mörfelden-Walldorf; Fam. Krause, Spremberg; B. Verweyen, Essen; A. und A. Niem, Quakenbrück; V. Hase, Bremen; Kneipp Aktiv Club Salzburg; J.F.M. Boddeke, BG Ermelo; W. Kimmer; H.-G. Schubert; H. Schäfer; S. Scharf; U. Schwarz, Köln; R. Hultsch, ADFC-Dresden; A. Bigga, Dresden; H. Köster, Hannover; A. Christoffel, Brüttisellen; M. Käppeli, Chur; U. Moser, La Chaux-de-Fonds; F. Stresska, Norderstedt; J. Schmidtke, Paderborn; B. Basten; R. Kleicke, Dresden; B. Wethkamp; R. Werner, Berlin; R. und H. Maske, Hamburg; H. Liess; M. Schmidt; O. Fischer, Lorch; W. Frank; H. Schröder; H. Teßmer, Chemnitz; G. Bönisch; B. Jakob; F. Kalthoff; H. Steinert, Berlin; R. Heider, Dresden; C. Wermuth, Berlin; R. Budde, Höhr-Grenzhausen; B. Klein-Reesink, Salzbergen; Paul Reiser; Fam. Klingenberg, Magdeburg; Rudolf Hrovat, Magdeburg; Dr. Eckart Bohn, Ludwigsburg; Karin u. Wilfried Reisen, Oranienburg; Michael Meier, Kellinghusen; Gertrud Scheuberth u. Uwe Liebe-Harkort, Tübingen; Frido Baumann, Hamburg; Helmut Böcker, Münster; Jan Neumann; Susanne Grossegesse, Arzberg; Constanze Hauf, Dresden; Ingrid Proske; Hannelore Ubricht; Gerald Gruner, Berlin; Johannes Riel, Gföhl; Roland u. Beate Neumann, Pirna; Christian Ziegfeld, Berlin; Friedrich Grün, Ebsdorfgrund; Michael Lemée, Donauschingen; Anke Wiechert, Hamburg.

Ortsindex

Einträge in *grüner Schrift* beziehen sich aufs Übernachtungsverzeichnis.